U0929450

2013年度教育部人文社会科学研究一般项目研究成果（项目编号：13YJC710010）

德育理论探新丛书

范树成◎主编

# 德育时机论

何　珊◎著

中国社会科学出版社

**图书在版编目(CIP)数据**

德育时机论／何珊著．—北京：中国社会科学出版社，2018.8（2019.6 重印）
（德育理论探新丛书）
ISBN 978-7-5203-2958-3

Ⅰ.①德… Ⅱ.①何… Ⅲ.①德育-研究-中国 Ⅳ.①G41

中国版本图书馆 CIP 数据核字(2018)第 180391 号

出 版 人 赵剑英
责任编辑 任 明
责任校对 沈丁晨
责任印制 李寡寡

出 版 中国社会科学出版社
社 址 北京鼓楼西大街甲 158 号
邮 编 100720
网 址 http：//www.csspw.cn
发 行 部 010-84083685
门 市 部 010-84029450
经 销 新华书店及其他书店

印刷装订 北京君升印刷有限公司
版 次 2018 年 8 月第 1 版
印 次 2019 年 6 月第 2 次印刷

开 本 710×1000 1/16
印 张 13.5
插 页 2
字 数 225 千字
定 价 75.00 元

# 总　　序

无论人们如何理解和界定德育，德育总是在一定的时间、空间条件下，在德育理念的指导下，教育者运用一定的策略与方法，引导受教育者内化德育内容，并将其外化为相应的行为习惯的过程。因此，德育的时间（时机）与空间、内化与外化、具体的德育理念与策略方法便成为德育理论研究与实践必须关注的最基本问题之一。鉴于此，我在指导博士生论文选题和研究过程中，有意识地引导他们围绕这些德育理论与实践问题确定选题和进行研究。经过十多年的不辍耕耘、辛勤劳作，终于结出了硕果。今天呈现在大家面前的这套《德育理论探新丛书》便是这一努力的成果。

当前，我国德育改革不断深入，德育实践进一步发展。在德育理论与实践中，一些旧的问题尚未解决，而且在新的时代条件下这些问题还呈现出了新的表现形式；同时，与时代发展相伴随，又出现了一些新的问题。这些问题都需要我们去探讨、去研究，提出解决这些问题的时代对策，促进这些问题的解决，推动德育理论与实践的进一步发展。

德育是我们这个时代的一个重要话题和课题。德育理论及其研究随着时代的变迁而变化和发展，具有鲜明的时代特征。理论是行动的先导，德育实践的发展需要德育理论的引领。要实现德育理论的引领作用，就必须从学理上对德育中的课题进行新的探究，对这些课题做出新的回答。本套丛书就是我们对这些课题做出新回答的一种尝试。本套丛书围绕德育在什么时间（时机），什么场所（空间），以何种理念为指导，采用什么样的策略与方法，以什么为目标进行才能取得理想的效果，来确定选题和研究思路，对当代中国德育的一些基本理论、基本问题进行新的研究，主要包括德育时间与空间、德育内化与外化，礼仪教育、榜样教育、智慧德育、道德智慧培养、导育等，内容具有广泛性。本套丛书力图对这些基本的理论问题和实际问题，从不同维度和视角，运用不同的方法和言说方式作出体现时代特征、符合德育规律的回答。

这套丛书力求体现以下特色。

创新性。德育理论和实践呼唤创新，德育理论研究贵在创新，德育实践同样需要进行创新，需要在新的德育理论指导下突破传统的低效的德育的束缚。因此，本套丛书并不寻求建构系统的理论体系，而是着眼于在德育理论与实践领域的某一方面有所创新。因此，从选题到具体内容均以提出新的观点和新的见解为追求。在这些著作中，有的选题学者很少研究，选题本身就具有创新性；有的选题虽然是老的话题，已有一些研究，但是人们很少作为一个专门的研究课题进行系统、深入的学理探讨；有的课题虽已有一定的研究，但这些课题是常探常新的，本套丛书试图对这些问题运用新的理论与方法，从新的视角，根据时代的特征，提出新的观点和看法。

实践性。德育理论是一门实践性很强的理论，是一种实践理性，德育理论研究旨在服务于德育实践。因此，本套丛书虽然注重德育理论的形而上的研究，注重德育基本理论的探讨，但是，本套丛书从选题到具体内容都力求做到理论联系实际，对选题进行形而下的研究，对德育实践进行深刻的反思，并提出具体的德育实践策略，以为德育实践提供具体的理论指导。

开放性。开放是创新的必要条件。本套丛书根据研究与创新的需要，尊重作者的创作自由，从选题到研究范式与方法，从研究思路到框架结构等方面均坚持开放性，不追求形式上的一致。本套丛书的作者努力解放思想，冲破传统思维方式和观念的束缚，提出了自己的新观点、新看法。

反思性。在当代中国，从党和政府到学界都高度重视德育理论与实践。国家和社会投入了大量的人力、物力和财力进行德育，然而德育的实效性却常常遭到人们的质疑、诟病。是何种原因造成了此种状况，如何扭转这种现状，是本套丛书非常关注的一个问题。本套丛书根据研究的主题运用不同的视角对我国德育现状进行审视，从理论依据、指导思想、操作理念、实践策略等多维度反思造成这种状况的深层次的原因，以求提出具有针对性的对策。

本套丛书，除了我的《德育中的道德智慧培养研究》一书，均是我指导的博士生在其博士论文的基础上精修而成的。尽管每部专著的作者研究基础不同、学术造诣不同，但是他们都在自己能力所及范围内尽了最大努力，对自己研究的课题大胆探索、缜密思考、严谨论证、勇于创新，为本套丛书的出版贡献了自己的智慧。

我们愿借本套丛书的出版求教于专家、同人，同时我们也期待本套丛书有助于推进我国德育理论研究和德育实践的进一步发展。由于我们的理论水平和认知能力有限，书中难免有缺点、不足甚至错误，祈请各位专家、同人指教。

本套丛书的出版，得到了原河北师范大学法政学院领导的大力支持，任明编审为本套丛书的出版倾注了大量的心血，在此一并表示真挚的谢意。

范树成

2016 年 1 月 20 日

于河北师范大学

# 目　　录

# 绪　言

## 一　问题的提出

时机一向被人们视为关系到事情成败的关键。它存在于特定的时间之中，并随着时间的流逝而转瞬即逝。这使人们极其看重对时机的把握和利用。所谓“机不可失，时不再来”，这句话一方面反映了人们对时机的希求，另一方面体现了把握和利用时机对于事情成败的重要意义。由于时机存在于各种社会实践活动中，德育作为一种精神层面的实践活动，其中必然存在德育时机，因此，鉴于德育时机对提高德育的实效性甚至对德育成败所起到的重要作用，我国许多学者发表了一些有关德育时机的论文，提出了诸多颇有见地的观点，但研究角度多侧重于德育时机的某个层面，缺少对德育时机系统、完整的理论研究；还有不少德育工作者提出了有关德育时机的创设、捕捉和利用原则、方法及途径等方面的观点，但只是对德育实践工作经验的总结而未能上升到理论层次。因此，德育时机理论体系的完善和应用体系的建构乃当前德育研究领域中的一个重要课题。基于此，本书将德育时机理论与实践问题的研究作为研究课题。

本书对德育时机的研究，至少具有以下两个方面的价值。第一，德育时机论的学术价值。本书整合国内外诸多有关德育时机的观点，从哲学、心理学、教育学等多个视角，进一步研究德育时机的内涵、构成要素、特征及类型，并对德育时机形成及其主客观条件等问题进行深入剖析，初步建构了德育时机论的理论体系，从而丰富、完善了当前的德育理论。第二，德育时机论的应用价值。当前多数有关德育时机的观点强调受教育者身心成熟水平以及外部环境诱因等客观因素与德育时机的关系，而忽视了教育者自身德育时机意识、德育机智等主观条件的作用，因此在实践工作中往往强调对德育时机的捕捉和利用，而忽视了发挥教育者主观条件创设德育时机。此外，德育时机的利用与德育目标的实现、受教育者品德形成与发展不无密切联系，因此，如何科学地利用德育时机以及如何发挥德育时机最大价值是获得最佳德育效果的关键。本书在研究德育时机理论体系的基础上建构了德育时机的应用体系，即德育时机的创设途径、捕捉方法和利用原则，无疑对德育实践工作具有一定的指导作用和应用价值。

## 二 研究现状

德育时机一向被我国古代道德教育思想家视为影响德育效果的重要因素。孔子主张“不愤不启、不悱不发”；孟子主张教育应“如时雨化之”。《学记》中则将把握德育时机作为一条教学原则——“时过然后学，则勤苦难成”。改革开放以后，我国曾出现过有关教育时机的研究高峰，如《教育研究》曾发表了《论教育时机》《学生心态与德育时机》等论文；《中国教育报》举办了“捕捉最佳教育时机”的征文活动。福建师范大学教授胡志刚在《教育时机论》中首次把德育时机作为章节进行论述。

德育时机理论研究范围较为广泛，包括德育时机的含义、结构、特点、类型、创设方法、捕捉方法等。当前很多学者从不同角度提出了德育时机相关问题的观点，但多是对实践经验的总结而缺少系统、全面的论证及理论支撑。

关于德育时机的含义，不少学者各抒己见。胡志刚多年致力于教育时机的理论与应用研究，其在《论教育时机》一文中提到，关于教育时机的定义，目前散见于近几年教育类的报刊书籍中，且多指德育时机。因此，某些学者提出的有关教育时机的观点可视为对德育时机的表述。孙孔懿在其著作《教育时间学》中提到：教育时机就是受教育者在一定的身心成熟水平的基础上由外部诱因引发的迫切需求某种教育的关键时候。胡志刚在《教育时机论》中提到，所谓德育时机应该是针对特定教育者与教育对象客观存在的可以获得最佳德育效能的一段时间的契机。这里需要指明的是，由于德育在概念上有狭义和广义之分，狭义的德育即道德教育；广义上的德育则包括思想教育、政治教育、法制教育、道德教育几个组成部分。因此，对于有些学者提出的思想政治教育时机的观点，也可视为德育时机的观点。肖湘绪认为，思想政治教育时机，是指进行思想政治教育过程中在时间上的有利条件。谢正才在《抓住时机有效地开展思想政治工作》中提到，所谓思想政治工作的“最佳时机”，就是思想政治工作者充分利用人们所处的那种积极的情绪状态下的“最佳时机”。郑明鹏在《试论大学生心态与创设思想政治工作时机、环境》一文中提到，高校思想政治工作时机就是大学生在某一时间出现的有利于接受教育并能获得良好效果的某种心态和机遇。在现实生活中，大学生外在心理不平衡以至剧烈冲突而又迫切希望解决矛盾时就是做思想政治工作的大好时机。白铭欣在《论德育时机》一文中提到，在德育过程中，有时受教育者一时产生某种要求，或想满足某种要求，或受到某种刺激，会使他们的心理暂时失去平衡。这时候，受教育者心理（思想）矛盾特别突出，形成思想品德发展的一个“燃点”，这就是实施德育工作的有利时机。房利魁认为，每一个人都有向上的心理，都希望自己成为群体中瞩目的一员。教育工作者应善于掌握这一普通的动机，创造条件达到心理相容，即集体中成员心理协调一致。成员之间的言谈举止、思想观点、个性品德等互被对方在心理上所接受，这时是思想教育的最佳时机。李海鹏认为，所谓最佳教育时机，乃是学生在遇到不能自解的问题时，所产生的心理上的迫切要求。如需要倾诉心理的痛苦，畅谈心中的打算，诉说受到的委屈，讲出面临的困难等等。这种心理要求达到最迫切的时候，便呈现出了“最佳教育时机”。此外，有很多学者认为，一些具有积极作用的偶发事件可视为德育时机。王健敏在《道德学习论》中提到，在儿童的生活中存在很多具有偶然性的德育时机——“在儿童的日常学习与生活中，有许多偶发事件，并非教育者的有意设计，却提供给受教育者一种真实的道德情境，引发许多适应性行为，构成具有教育意义的事件，使个体无意识进入一种德育需要状态。若能抓住这类契机进行有效干预，必然会获得一种深刻的道德体验。”[①] 杨金良认为，学生日常生活中的突发事件往往可构成最佳德育时机。总之，众多学者从不同的角度对德育时机进行了界定，认为德育时机就是有利于受教育者品德形成和发展的客观条件。然而，德育时机存在客观性的同时还带有主观性，即德育时机及其德育价值需要被教育者在德育实践活动中发挥主观能动性意识并捕捉到，对于德育时机与教育者

① 王建敏：《道德学习论》，浙江教育出版社 2002 年版，第 238 页。

主观能动性之间的关系在以上观点中未有体现。

在德育时机构成要素的研究方面，不少学者提出了不同看法。孙孔懿提到："教育时机是三个方面要素相互作用的产物，一是空间因素，包括受教育者的内部空间和外部空间。内部空间指受教育者身心发展，特别是中枢神经系统发展的成熟度。外部空间指受教育者所处的特定环境。二是受教育者内部的力量因素，指客观对象作用于受教育者的感觉器官，或者由代表客观对象特性的符号（语言、文字等）反映到受教育者的大脑中，引起受教育者希望得到教育者的引导、指点、帮助的一种内驱力，这种内驱力是教育时机得以形成的内部力量。三是时间因素，上述空间因素和力量因素处于不断的发展变化之中，当它们在教育时间流程中构成最佳结合点时就是教育者所希望出现的教育时机。"胡志刚在《教育时机论》中提到，德育时机出现的条件包括有效适宜的外部刺激、有利于学生思想向积极方面发展的情境和心理氛围和学生对外部刺激的反应并形成"矛盾点"。还有诸多学者虽然未明确指出德育时机的构成要素，但从他们给出的德育时机定义中可以分析出，受教育者的心态、外界环境刺激、时间是构成德育时机的核心要素。

关于德育时机的特征，诸多学者结合理论与实践进行了研究。白铭欣认为，德育时机具有短暂性、外现性、饥渴性、突发性、差异性的特点。孙孔懿认为，教育时机具有内发性与外现性、偶然性与必然性、易逝性与可重复性的特点。有些人认为，德育时机具有短暂性、突发性及可把握性的特点。从现有的观点来看，关于德育时机特征的研究缺少全面而有针对性的概括和系统的分析。

关于德育时机的创设、捕捉和利用，郑明鹏认为，首先，要结合学生特点，针对性地创设能引起学生心理冲突并能激发其解决愿望的外部刺激。其次，注重感情投资，针对性地创设良好的心理环境。再次，调整学生心态，有针对性地创设有利于培养大学生积极心态的内部条件。最后，有意识地优化外部条件，创设有利于大学生心态正常发展的教育情境。李海鹏认为，最佳教育时机的出现要靠教师对学生的体贴关怀、深厚感情和由此产生的相互信任；要靠教师对学生的启发诱导，为学生创造认识错误、改正错误的环境和气氛，甚至要教给学生认识、改正错误的方法和途径。马爱华提到，教师要把思想教育过程，看作成双向了解、感情沟通的过程，及时地、充分地认识学生作为人的价值，认识学生自我认识的觉醒，并且让它对主体的触动反馈到自身去。抓住这样的最佳时机，是取得思想教育成功的重要一环。有人认为，把握德育时机要求教师应具备较高的素质和水平、能敏感地认清社会环境的变化、了解学生，善于利用思想政治教育的成果。胡志刚认为，德育时机的创设原则包括积极性、创造性、可行性、预见性、随机性、适宜性原则；可通过集体活动创设德育情景，调节学生心态来创设德育时机；德育时机的捕捉和利用原则包括及时性、有效性和准确性原则；可通过了解学生的心态和变化，注意捕捉“点”（包括兴奋点、兴趣点、情感点、潮流点、竞争点、逆反点等）；遵循敏捷性、果断性和迅速性原则，并通过了解学生、关注社会变化的形式、善于揭示矛盾等方法捕捉和利用德育时机。总体上说，多数关于德育时机的创设、捕捉和利用的观点是对实践经验的总结。

当前在国外德育理论中，多数学者把德育时机看作是进行道德教育的最佳时期。儿童晚期被卢梭、康德、赫尔巴特、斯宾塞认为是进行德育的最佳时机，这一观点强调德育时机与儿童认知判断能力水平的联系。涂尔干基于社会学理论视角，认为儿童少年期（小学阶段）是最佳德育时机。夸美纽斯在著作《大教学论》中提到“及时就教”，并认为德育时机是在儿童的少年期或者是晚期，即儿童已具备一定的认知和判断能力的时候。马克斯·范梅南认为，教育时机是存在于教育情境中的际遇。他在其著作《教学机智——教育智慧的意蕴》提到，每个情境都富有教育的内容，因为我们期望成人、父母或者老师能做点什么。在每一个情境中都要求有所行动，即便这个行动是什么也不做。这样一个主动的际遇就是教育的时机（pedagogical moment）。换句话说，教育的情境是我们每天教育活动、教育实践的场所。教育时机就位于这种实践的中心，为了让教育的情境产生教育的时机，成人必须站在某个孩子或一群孩子的关系位置上采取教育方面适当的行动。换言之，在每个情境中，成人必须以行动来显示怎样做才对孩子好。

综合以上对德育时机研究现状的分析可知，当前对于德育时机含义的界定还存在着局限性和片面性；对于德育时机的构成要素、特征及其类型的认识缺少系统的分析、梳理和概括；对于德育时机的形成过程及其条件的研究尚存空白；对于德育时机的创设、捕捉和利用问题，虽然不少学者提出了颇有见地的观点，但尚属对于实践经验的总结，缺少相应的理论支撑。鉴于此，本书试图在现有德育时机观点的基础上，结合与之相关的心理学、哲学及教育学方面的理论，对德育时机的含义、构成要素、特征及其类型进行全新诠释；对德育时机的形成过程进行创新性探索；对于德育时机的创设、捕捉和利用，将在借鉴当前德育理论的基础上，从具体德育实践的案例中提炼、概括出具有可行性的具体方法，从而使德育时机理论于德育实践有着一定应用价值。

## 三　研究思路与研究方法

本书的研究思路大致如图 1 所示。德育时机的立论基础是研究德育时机的理论依据，其大致包括两个方面：一是我国古代先哲教育思想中所蕴含的“教育时机”思想及当前国内外诸多学者提出的一些值得借鉴的观点；二是与德育时机理论紧密联系的时机思想及当代时机理论，心理学方面的情感动力理论、需要理论和道德发展阶段理论，及主体性和主体间性教育理论。通过对以上与德育时机相关的理论和观点进行分析和梳理，从而为后面德育时机理论的研究奠定基础。德育时机的释义是德育时机理论研究的起点。研究德育时机，首先要弄清楚德育时机的含义、德育时机的特征、类型等基本问题。德育时机的形成是贯穿全书的逻辑线索。一方面，结合现有的时机理论对德育时机的形成过程、促使德育时机形成的客观条件及其相互关系进行分析，从而为后面德育时机的创设、捕捉和利用问题的研究提供了理论依据；另一方面，通过对德育时机的形成过程进行深入研究和分析，从而进一步确证了前面对于德育时机含义的界定具有一定的科学性。德育时机的主观条件——德育机智，是对教育者在捕捉、利用和创设德育时机时所需的观察力、判断力、决策力等主观条件的综合概括，其在整个德育时机理论体系中处于承上启下的位置。一方面，作为德育时机形成的主观条件，德育机智是对教育者在判断某种客观条件是否具有价值以及价值的大小，即判断某种客观条件是否能够成为德育时机时所必需的知识经验、观察力、判断力等主观条件的概括；另一方面，德育机智是教育者在创设、捕捉和利用德育时机时能够果断地采用有效策略的一种能力，是创设、捕捉和利用德育时机的前提条件。德育时机的创设，主要依据的是德育时机具有偶然性的同时还具有客观必然性，即其形成和出现受到客观规律的支配。因此，在德育过程中，教育者只要遵循客观规律，发挥德育机智，就能够创设出德育时机。德育时机的捕捉和利用，也是德育时机价值判断和实现的过程。在这一过程中，需要教育者发挥德育机智，及时对德育时机的价值进行判断并采取有效策略加以利用，从而实现德育时机的价值并取得最佳德育效果。

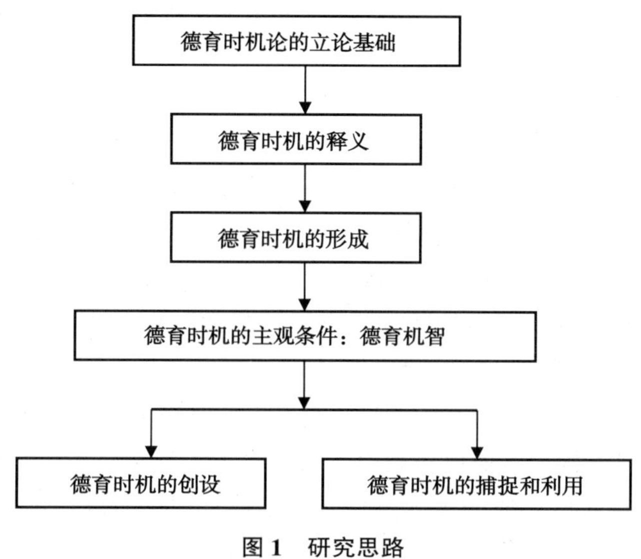


图 1　研究思路

本书旨在借鉴国内外诸多观点基础上，结合时间学、机会学、心理学、哲学等相关理论，完善德育时机的理论体系，即德育时机的含义、德育时机的构成要素、德育时机的特征、德育时机的类型、德育时机的形成及促使其形成的主客观条件；在以上理论基础和德育实践基础上，建构德育时机的应用体系，即德育时机的创设、捕捉和利用。为此，本书采用了以下研究方法：第一，比较研究法。运用比较研究方法对我国古代先哲的教育思想及当代国内外德育时机理论观点进行比较，从中获得一些重要启示和借鉴。第二，多学科整合法。运用多学科整合法，特别是哲学和机会学的整合、哲学和心理学的整合，以拓宽德育时机理论的研究思路。第三，逻辑法。依据唯物辩证方法论，运用逻辑法，对德育时机构成要素以及主客观条件之间的关系进行分析，从而全面掌握德育时机形成的规律。

## 四　研究重点和创新点

德育时机的含义、构成要素、特征及类型、德育时机的形成及其促进其形成的主客观条件是本书的研究重点。本书旨在运用文献分析法、逻辑法、比较研究法，提出德育时机的含义、构成要素、特征及类型、德育时机的形成过程及其促进其形成的主客观条件等相关理论观点，从而建构德育时机论的理论体系；在德育时机理论体系的基础上提出德育时机的创设途径、捕捉方法和利用原则，从而建构关于德育时机论的应用体系。本书主要的创新点大体包括三个方面。

（1）德育时机的含义。本书通过对德育时机的逻辑前提进行解读和对当前具有代表性的观点进行深入分析，初步厘定了德育时机的含义，即在特定的时间之中，由主客观条件相互作用而产生的一种有利于教育者和受教育者获得最佳德育效果的客观条件；从德育时机的含义出发，本书提出了德育时机的构成要素，即时间、内驱动力、价值及其显现形式。

（2）德育时机的形成过程。本书通过借鉴时机形成理论，在结合德育实践活动的特征——主体间性的基础上，提出了德育时机的具体形成过程及其构成要素之间的相互关系，从而为德育时机主客观条件的具体分析以及德育时机的创设、捕捉和利用等问题的研究提供了逻辑线索。

（3）德育时机形成的主观条件——德育机智。通过借鉴已有的教育机智、教学机智的观点，并结合德育的特征，本书提出了“德育机智”这一概念，即教育者在常态德育情境中创造性地运用德育理论和非常态德育情境中（如：偶发事件）能够果断、准确地采取有效行动，从而获得德育目标的实现和受教育者思想品德发展双重德育效果的综合能力。虽然德育机智在具体德育实践活动中不仅仅局限于对德育时机的创设、捕捉和利用上，但如果教育者缺少德育机智这一重要的综合能力，那么在德育过程中则难以捕捉和利用德育时机。因此，本书提出“德育机智”这一概念来概括在德育时机形成过程中，教育者知识、经验、直觉、思维能力及时机意识等主观条件。

# 第一章

# 德育时机论的立论基础

德育时机论这一课题并不是空想的，而是在一定的立论基础上提出的。德育时机的立论基础大致包括两个方面：一是我国古代先哲教育思想中所蕴含的教育时机思想及当前国内外诸多学者提出的一些值得借鉴的观点；二是与德育时机理论紧密联系的时机思想及当代时机理论，心理学方面的情感动力理论、需要理论和道德发展阶段理论，及主体性和主体间理论，这些理论为德育时机理论的研究提供了立论依据。

## 一　德育时机的思想渊源

在中国古代先哲及西方教育学家的教育思想中，德育一向被视为极为重要的部分。无论是从孔子首创私学所开设的《诗》《书》《礼》《易》《乐》《春秋》六门课程来看，还是后来宋代的朱熹又在“五经”的基础上增加的《大学》《中庸》《论语》《孟子》四书来看，德育课程几乎成了古代教育课程体系中的主导部分。在西方，教育被视为一种使人为善的活动，教育目的包括德育意图。在古希腊，智者派的杰出代表苏格拉底，提出“认识你自己”“美德即知识”等命题。19 世纪末 20 世纪初的美国著名教育哲学家、近代教育理论的奠基人之一杜威，认为教育的最终目的在于养成品德，他提到：“道德的目的在一切教学中，不论什么课题，(它都）处于普遍的和统治的地位。要是没有这种可能，一切教育的最终目的是形成人格，大家所熟悉的这句话，将是伪善的装腔作势。”① 由此可见，德育在西方教育中同样占据着十分重要的地位。虽然“德育时机”

---

① 赵祥麟：《杜威教育论著选》，华东师范大学出版社 1981 年版，第 98 页。

这一概念在我国古代先哲及国外教育学家的教育思想中未有体现，但鉴于德育在我国及西方教育中所处的主导地位，其中一些经典著作中关于“教育时机”“教学时机”的主张和见解可视为德育时机的观点，而这些观点则为我们研究德育时机提供了有益的借鉴。

### （一）中国古代先哲对德育时机的认识

1. 孔、孟、荀的德育时机思想

中国古代思想家、教育家、儒家学派创始人孔子在其启发式教学实践中认识到了德育时机的重要作用。他曾提到，“不愤不启，不悱不发”，[①]其意为只有当受教育者进入积极的思维状态并产生强烈的求知愿望时，才是教育者进行启发教学的最佳教学时机。因为在此时，受教育者正处于“心求通而未得”“口欲言而未能”的状态，如果教育者能够及时地给予诱导、引发，进行“开其意”“达其辞”，帮助受教育者打开求知的门扉，那么就能取得最好的德育效果。另外，孔子还提到“可与言而不与之言，失人；不可与言而与之言，失言。”[②]——采用对话法时，要注意把握时机，否则会对受教育者造成不良影响。因此，孔子主张教育者应做到“言不可不慎”，并且“知者不失人，亦不失言”。此外，孔子认为，人的道德培养是一个过程，因此教育者应在受教育者的发展过程中实施德育。他提到，“少之时，血气未定，戒之在色；及其壮也，血气方刚，戒之在斗；及其老也，血气既衰，戒之在得”。[③]这些论述反映出孔子“及时施教”的德育主张，即教育者要把握受教育者不同发展阶段的身心成熟水平并适时进行具有针对性的教育。

我国战国时期儒家思孟学派代表之一孟子在《孟子·尽心上》中提到：“君子之所以教者五：有如时雨化之者，有成德者，有达财者，有答问者，有私淑艾者。此五者，君子之所以教也。”孟子主张，把道德教育建立在个体差异性的基础上，道德教育中应注重根据受教育者的不同特点采取不同的教育方法，把握时机对受教育者进行德育，即“如时雨化之”。

荀子在其教育名篇《劝学》中，提到了德育时机的问题。“不问而告

① 《论语·述而》。

② 《论语·卫灵公》。

③ 《论语·季氏》。

谓之傲，问一而告二谓之囋。傲、非也，囋、非也；君子如向矣……故未可与言而言，谓之傲；可与言而不与言，谓之隐；不观气色而言，谓之瞽。故君子不傲、不隐、不瞽、谨顺其身。”教育者过早地解答疑问，称为急躁；教育者能够解惑却不教授，叫作隐瞒；教育者不观察受教育者的情绪和神色就解其困惑，称之为盲目。所以教育者要不急躁、不隐瞒、不盲目，谨慎地根据受教育者的神情和情绪变化来解惑。荀子的这一观点表明，教育者解惑要避免急躁和有意隐瞒，应注意观察受教育者情绪变化和神情气色而掌握其心理变化，从而把握最佳的德育时机。

2. 颜之推的德育时机思想

南北朝时期的教育家颜之推在《颜氏家训》中提到了“及早施教”的观点。他认为，道德教育是教育内容的主要方面。他分别从受教育者在幼年时奠定基础和幼年期的可塑性两个方面，论证了受教育者早期教育的重要性，并认为受教育者早期乃进行教育的最佳时机。

首先，对于幼儿期，结合了孔子的“少成若天性，习惯成自然”的观点，他认为：“当及婴稚，识人颜色，知人喜怒，便加教诲，使为则为，使止则止。比及数岁，可省笞罚。”①他认为，这个时期的受教育者能够察言观色，教育者要开始认真加以教海，否则就会错失教育的良机。其次，对于少儿期，他认为：“人生小幼，精神专利，长成已后，思虑散逸，固须早教，勿失机也。”②也就是说，受教育者在这一时期精神集中，可塑性强，教育效果好；成年后，思想分散，教育效果差，因此，不可错过受教育者少儿时期这个最佳教育时机。再次，对于少年期，他认为“人在年少，神情未定，所与款狎，熏渍陶染，言笑举动，无心于学，潜移暗化，自然似之”。③受教育者在这个时期“神情未定”，外部环境对其品德形成至关重要，因此，他强调教育者应利用受教育者的心理特点为其创设一个好的环境进行“潜移暗化”的教育。

3. 张载的德育时机思想

北宋思想家张载认为：“洪钟未有声，由扣乃有声；圣人未尝有知，由问乃有知。‘有如时雨化之者’，当其可，乘其间而施之，不待彼有求

① 颜之推：《颜氏家训·教子》。

② 颜之推：《颜氏家训·勉学》。

③ 颜之推：《颜氏家训·慕贤》。

有为而后教之也。”[①] 张载强调，德育要“当其可，乘其间而施之”，即根据受教育者的年龄特征和知识水平等身心发展状况，采用与之相适应的教育方法，把握最佳时机对受教育者加以适时、适当的引导。此外，张载主张，儿童早期是进行德育的最佳时期，提出了“养正于蒙”的教育思想。他认为，“‘蒙以养正’，使蒙者不失其正，教人者之功也”，[②] 即培养受教育者的良好品德和行为习惯，必须从童蒙时期抓起，及时教之，使不失其正。

4. 朱熹的德育时机思想

南宋哲学家、教育家、理学思想的集大成者朱熹从维护封建统治秩序的目的出发，特别强调对受教育者要进行道德教育，并继承了孔子的教育思想，提倡启发式教学，主张教育者应注意把握时机，对受教育者进行启发、诱导，激发受教育者学习的积极性和主动性。他在注释《论语》中的“不愤不启，不悱不发”时说：“愤者，心求通而未得之意；悱者，欲言而未能之貌。启，谓开其意；发，谓达其辞。”[③] 他比喻说：“草木之生，播种封植，人力已至而未能自化，所少者，雨露之滋耳。及此时而雨之，则其化速矣，教人之妙，亦犹是也。”[④] 教育者如能当受教育者“心求通而未得”“口欲言而未能”之际适时启发，其效果就像春风时雨生化万物。

此外，朱熹指出，幼年时期是进行道德教育的最佳时机，主张对受教育者及早教育。他认为受教育者在幼年时期“德性未定，闻见未广，易受熏染”，[⑤] 因此，“必使其讲而习之于幼稚之时，使其习与知长，化与心成，而无扞格不胜之患也”。[⑥]

5. 王夫之的德育时机思想

“因机设教”是明末清初杰出思想家王夫之所主张的“因材施教”教育思想中的一个重要原则，体现了王夫之注重把握教育时机的思想。此外，对于“因机设教”的方法，王夫之在其著作中也有所表述。

① 张载：《正蒙·中正》。
② 同上。
③ 《朱子全书·论语六》。
④ 朱熹：《孟子·尽心章句》。
⑤ 《朱子语类》卷七。
⑥ 朱熹：《小学书题》。

把握教育的时机和遵循教育的时序是王夫之“因机设教”思想中的两个重要原则。对于教育时机，王夫之认为，“教者之所以教，学者之所以学，皆以因人心自有之机，而纳之于道”，[①] 也就是说教育者之所以能够施教，受教育者之所以能够接受教育，是因为受教育者身心发展遵循一定规律并存在接受教育的最佳时机。同时，王夫之将张载提出的“当其可，乘其间而施之”解释为“可者，当其时也；间者，可受之机也”，[②] 进一步强调了教育者应及时把握最佳教育时机，对受教育者适时施教。对于教育的时序，王夫之认为，“知道之序而尽人之材，则因机设教而人无不可喻者矣”。[③] 也就是说，如果教育者遵循受教育者身心发展阶段的时间顺序，把握其不同发展阶段中的教育时机进行施教，那么任何受教育者均“可喻也”。对于“因机设教”的方法，王夫之认为，由于“其一时一事之机也”，[④] 所以教育者应根据教育时机的性质和特征来选择相应的教育方法；另外，教育者在施教时，所选择的教育内容和教育方法应适合受教育者的年龄特征和现有发展水平，正所谓“所遇之适当乎此也”。[⑤] 相反，如果教育者急于求成，对受教育者灌输不适合他们年龄特征和现有发展水平的知识，那么对受教育者的身心发展不仅无益反而有害。对此，王夫之提到：“六年以上，固有早慧而可与于六艺者矣，而古人不及焉岂靳教哉！盖迫之小成，而固不足以达于广大深远之义理，则聪明局隘，志意苟且，将终其身于粗浅卑近之中，而不足以入斯道之室。故必待其可喻而后迪之。斯以正蒙而为功之大成也。”[⑥] 即教育者在教育过程中必须有忍耐性，等待受教育者的智力发育到可以接受“六艺”教育的程度，出现了进行“六艺”教育的最佳时机，然后予以“六艺”教育，否则有“局隘苟且”的流弊。

此外，王夫之继承了孔子启发式教育的思想，不仅主张教育者在教育过程中要注意把握启发式教育的时机，还对受教育者接受教育的最佳心理

① 王夫之：《四书训义》。
② 王夫之：《舟山遗书》，中华书局 1975 年版，第 36 页。
③ 王夫之：《礼记章句 · 卷十八》。
④ 王夫之：《周易内传 · 卷五》。
⑤ 同上。
⑥ 王夫之：《礼记章句 · 卷十二》。

状态进行了表述。他认为，“当告则告，不可告则不告，中道而立，使自得之”。[①] 也就是说，在教育过程中，教育者要根据受教育者的思想状态，把握施教的最佳时机，即“当告则告，不可告则不告”，给予适当的启发，使受教育者通过独立思考从教育者的启发和引导中获得感悟。在谈论启发的时机时，王夫之还对受教育者的最佳心理状态做了具体表述。他在注释《论语》中的“不愤不启”时说：“教人者固以无有不教为与善之公，而抑以有所不教以待人之悟。固有所启焉，以开示其所未知，必待其有求通之志，而识不能及之，自怀愤悁以不宁，乃一示以方，而欲然请事也。若不愤者付之于可知可不知之中，而悠悠自任，虽与启之，即不疑以为不必然，亦且视为固然矣。不启也。有所发焉，以达其所可知者，必待其有深求之力，而心不能决之，中怀悱憓而难言，乃一达其情，而晓然自信也。若不悱者初无有若知若不知之机，而茫然罔测，虽与发之，即能信以为实然，而终不知其所以然矣。不发也。”[②] 即教育者在启发和引导受教育者之前，应观察受教育者是否有“求通之志”，即是否有强烈的求知欲。如果有，则可予以教导或启发，否则受教育者将认为教育者所讲的知识没有任何意义和价值。另外，教育者在启发和引导受教育者之前，还应观察受教育者是否具有“深求之力”，即为深入探求道理而锲而不舍的意志力。若具备这种心态，则教育者可予以适时指导或启发，否则教者虽解说详尽，而受教育者则茫然莫测高深，即知其然而不知其所以然。通过以上分析可知，教育者捕捉启发和引导的教育时机，要依据受教育者当时的心理状态。当受教育者表现出强烈的求知欲和锲而不舍的意志力时，才是对其进行启发式教育的最佳时机。

6. 陶行知的德育时机思想

我国近代教育家陶行知认为人的幼年时期是进行道德教育及人格培养的最关键时期。他在《幼稚园应有之改革及进行方法》中指出，人格教育，要在六岁以前进行，并在《创造乡村幼稚园宣言书》中提到，六岁以前是人格陶冶最重要的时期。这个时期培养得好，以后只须顺着他继续增高的培养上去，自然成为社会优良的分子；倘使培养得不好，那么，习惯成了不易改，倾向定了不易移，态度决了不易变。

---

① 王夫之：《周易内传·卷一》。

② 王夫之：《四书训义·卷十一》。

### （二）国外德育时机思想

法国著名启蒙思想家卢梭将人接受教育的全过程划分为四个阶段。在2岁前的婴儿期、2至12岁的童年期以及12至15岁的少年期，他都不主张开展道德教育。他认为，道德教育应该在15岁以后，并进一步指出，道德教育主要是与人的情感相关联的教育，情感的问题主要是对人际关系的一种意识，而这种意识是在儿童晚期随着儿童对社会了解和接触需要的增强而突出出来的，所以道德教育的实施应该晚些，即对儿童进行德育的时机在儿童晚期。

德国著名教育学家康德把儿童受教育过程分为管束、教化及道德陶冶三个步骤。管束是防止本来就有的恶的本性膨胀，抑制天生的野性，保障善的本性向外显露；教化是要教育和训练儿童知晓各种社会交往立身处世的礼俗，对问题有分析判断的本领。管束和教化都是为了儿童适应社会环境，在社会上取得较好的地位。第三步是道德陶冶，即教育的最高层次。管束和教化阶段的教育是道德陶冶阶段的基础，因此，道德教育的最佳时机是在儿童的管束和教化阶段之后。

英国教育家洛克主张，德育要“及早实践”，提出必须从儿童很小的时候起重视对他们进行德育，“应该在儿童极小的时候早早加以管教”。[①]可见，在洛克看来，儿童早期是进行德育的最佳时机。

德国著名教育学家赫尔巴特把一个人接受教育的全过程分为相互联系的三个阶段，即管理、训育和教学。他认为，道德教育是一个比较长的过程，不能一蹴而就，道德教育可以延迟至教育期以后，即道德教育的最佳时机在儿童发展晚期。在儿童处于幼儿期，对儿童进行管理是日后对他们进行五种道德观念教育的前提，而且他提到：“约束学生，它对年幼者特别适用，因其不善于抑制自己的行为，故应用教育的方法促其随时遵守行为的界限；其次，确立行为规则，保持学生心灵总会‘宁静明朗’，不让情欲有所发展；再次，以奖励和谴责来鼓舞学生的心灵，劝诫学生，指出其过失，并予以纠正。”[②] 训育阶段是管理阶段向教学阶段过渡的中间过程——经过训育阶段使儿童在心理上得到制约和规范，形成一种有利于教

---

① ［法］约翰·洛克：《教育漫画》，上海人民出版社1963年版，第56页。

② 参见张焕庭《西方资产阶级教育论著选》，人民教育出版社1979年版，第231页。

学的心理准备状态，为教学奠定基础。可见，在赫尔巴特看来，管理和训育阶段是为教学打基础阶段，在儿童脱离幼儿期后才进入施教阶段，即儿童晚期是对儿童进行道德教育的最佳时机。

英国社会学家赫伯特·斯宾塞提出，道德的根本原则是“自然后果”原则——利用儿童自己行为引起的后果，或者不可避免的后果来教育儿童，使儿童以后的行为更加明智。对于这一原则的运用，斯宾塞指出该原则适用于儿童晚期，因为幼年儿童判断能力差，需要成人指导和管理。由此可见，在斯宾塞看来，进行道德教育的最佳时机是儿童晚期。

法国社会学家涂尔干认为小学阶段，即少年期，是最恰当的道德教育年龄阶段——小学之前儿童没有理解道德概念的情感基础、智力基础、思维基础和实践经验基础，所以不宜过早地进行道德教育。然而进入小学，学校环境作为小型社会，有利于儿童人际关系的培养和发展，因此，小学阶段，即少年期，是进行德育的最佳时机。

捷克资产阶级民主主义教育家扬·阿姆斯·夸美纽斯在其著作《大教学论》中提到“及时就教”的观点。他认为，进行教育（包括德育在内）的最佳时期在青年时期——“当孩子还是一个儿童的时候，他是不能够受教育的，因为他悟性的根芽离地面还太远。一旦老了，那时再去教他又太迟了，因为那时的智能和记忆力已在衰退，在中年的时候，教导是困难的，因为智能的力量分散到了形形色色的事物上面，不容易集中起来，所以，我们应该选定青年时期。”① 可见，夸美纽斯所认为的德育时机应该是儿童的少年期或者是晚期，即儿童已具备一定的认知和判断能力的时候。

加拿大阿尔伯塔大学教育学教授马克斯·范梅南，在其著作《教学机智——教育智慧的意蕴》中提到：“……每个情境都富有教育的内容，因为我们期望成人、父母或者老师能做点什么。在每一个情境中都要求有所行动，即便这个行动是什么也不做。这样一个主动的际遇就是教育的时机（pedagogical moment）。换句话说，教育的情境是我们每天教育活动、教育实践的场所。教育时机就位于这种实践的中心……”，② “为了让教育的情境产生教育的时机，成人必须站在与某个孩子或一群孩子的关系位置

① ［捷］扬·阿姆斯·夸美纽斯：《大教学论》，人民教育出版社 1984 年版，第 92 页。

② ［加拿大］马克斯·范梅南：《教学机智——教育智慧的意蕴》，教育科学出版社 2001 年版，第 55 页。

上采取教育方面适当的行动。换言之，在每个情境中，成人必须以行动来显示怎样做才对孩子好。”[①]

苏联教育理论家和教育实践家苏霍姆林斯基认为，儿童早期是进行道德教育的最佳时期，并提倡及早对儿童进行道德教育。因为“童年时代由谁引路，周围世界中哪些东西进入他们头脑和心灵，决定着长大以后成为一个什么样的人”。[②] 他多次举例说明，“人类现已发现的 30 多个早年被野兽掠去抚育，后来返回人间生活的‘野孩子’，没有一个被造就成为合格的人，这个事实足以说明早期教育的重要性”。[③] 虽然苏霍姆林斯基并不否认青年期和成人期进行道德教育的重要性，但他更强调幼年教育的奠基作用。他认为幼年是儿童最敏感的时期，幼小的心灵很容易接受情感的作用，这时的任务是要向他们展示全人类的道德准则，把初步的道德教给他们。通过培养儿童遵守基本道德原则的习惯，做到使每个儿童都能幸福地生活和劳动。如果在童年和少年时期没有形成牢固的道德习惯，那么即使有道德认识，知道应该怎么做也不会去做，而到了少年晚期和青年早期就只能是巩固的问题了。

苏联心理学家维果茨基根据实验研究的结果，提出了著名的“最近发展区”理论。在阐述这一理论时，他提到了“教学最佳期”这一概念，并进一步对二者的关系进行了说明。他认为，在儿童发展过程中有两种发展水平：一个是儿童在独立完成任务或解决问题时所达到的发展水平，即现有发展水平；另一个是在别人帮助或指导下所达到的发展水平。这二者之间的差距就是“最近发展区”。“最近发展区”决定了“教学最佳期”——“教学只有在由最近发展区决定的一定时期的界限之内进行，才是最有效的。”[④] 此外，维果茨基进一步指出，最佳期的教学之所以能干预发展的进程并对其施加决定性的影响，就是因为处于最近发展区内与教学相应的发展程序尚未完成，心理机能尚不成熟，因而教学有可能以一定的形式组织这些机能的进一步发展并决定其今后的发展情况。由

---

① ［加］马克斯·范梅南：《教学机智——教育智慧的意蕴》，教育科学出版社 2001 年版，第 55 页。

② 参见李社教《略论苏霍姆林斯基的道德教育思想》，《河南大学学报》（社会科学版）2001 年第 5 期。

③ 同上。

④ 《维果茨基教育论著选》，人民教育出版社 2005 年版，第 249 页。

此可见，早于或晚于这一教学最佳期进行教学对于儿童的心理发展都会产生不良影响，这是因为在最佳期以外进行的教学，或因超出“最近发展区”而无法对那些尚未成熟的心理机能施加影响，或因停留于现有发展水平而不能有效地促进心理机能的发展。因此，根据维果茨基这一理论观点可知，德育时机就是由受教育者的“最近发展区”所决定的“教学最佳期”。

德国教育学家博尔诺夫认为，德育时机是人生中发生的具有重要教育意义的偶然事件。他提到：“在人类生命过程中非连续性成分具有根本性的意义，同时由此必然产生与此相应的教育之非连续性形式。”① 而教育过程既是连续的又是非连续的。人类生活中的“遭遇”“危机”等偶然事件具有极其重要的教育意义，其中往往包含着德育时机。因为“只有在遭遇中才会产生那种无条件的、在所有要求中抓住重点、震撼人们心灵深处的情形。什么地方发生遭遇，整个精神世界的关系就会立即发生变化”，② 通过“告诫”“号召”和“唤醒”等手段，可促使青少年“对精神世界产生真正的内在的理解”，并进入其生命的“本源形态”中去。“但正如一切存在现象那样，遭遇是不能事先计划好的。它是不可预料的，在任何时候都可能出现”。③

综观我国古代先哲及国外教育家关于德育时机的观点，大致可归纳为以下几类：第一，德育时机是进行德育的最佳时间。这一最佳德育时间可能是“一段时间”或“某个时期”，如我国颜之推、张载、陶行知等主张儿童早期是进行德育的最佳时机；国外的卢梭、康德、赫尔巴特、斯宾塞主张儿童晚期是最佳德育时机。第二，德育时机是受教育者在一定身心发展水平的基础上适合接受某种道德教育的最佳时间。这一观点不仅包含了德育时机是最佳德育时间的这层含义，还强调了受教育者的身心发展水平（或年龄特征）与德育时机的关系。教育者应根据受教育者的身心发展规律及年龄特征来掌握“教之序”进而把握“教之时”，即最佳德育时机。这一观点在我国孔子、张载及王夫之和苏联心理学家维果茨基的教育时机思想中均有体现。第三，德育时机表现为受教育者接受某种德育的最佳情绪状态（或心态）。如孔子提到“不愤不启，不悱不发”中的“愤”

① ［德］O. F. 博尔诺夫：《教育人类学》，华东师范大学出版社1999年版，第51页。

② 同上书，第59页。

③ 同上书，第60页。

"悱"状态，朱熹和王夫子对其进行注解时，将其解释为教育者在受教育者"愤""悱"这种情绪状态（或心态）下进行德育，会取得良好的德育效果。另外，荀子也强调教育者要根据受教育者的"神色"来把握德育时机。第四，德育时机是一种具有德育价值的境遇，蕴含于特定的情境之中。加拿大教育家范梅南所提到"情境"之中的德育时机，虽然未明确这种时机具体是什么，但也暗示了教育者在这种特定的情境中必须"站在孩子的位置"上才能"体悟"到受教育者能够接受某种德育的最佳心态，从而发现和捕捉到德育时机。德国教育学家博尔诺夫认为"遭遇""危机"等偶然事件在人的发展中具有重要的德育意义，其实"遭遇""危机"等偶然事件之所以具有德育意义，是因为德育时机就存在其中，教育者若能把握和利用"遭遇""危机"等偶然事件中的德育时机，受教育者的思想品德则会沿着正确的方向发展。以上几类关于德育时机的观点，虽各有侧重但相互之间存在着相似性或某种联系，为本书对德育时机含义的研究提供了重要启示。

## 二　德育时机论的理论依据

通过前面对我国古代先哲及国外教育家提出的诸多观点进行归纳和概括，可知，处于不同的角度，如受教育者所处的特定时期，受教育者的身心发展阶段，受教育者的情感或情绪状态及所处的特定情境等，对德育时机的认识也因此而各不相同。尽管如此，这些不同观点却为德育时机理论的研究提供了重要的逻辑线索。本书将沿着这些线索对与之相关的理论进行梳理，并将其作为德育时机论的理论依据。

### （一）时机思想及当代时机理论

作为一种精神层面的实践活动，德育有着不同于一般实践活动的特殊性，而蕴含其中的德育时机也因此有着不同于一般时机的特征。然而，德育时机作为一种"时机"，具备一定特性的同时也具备一般时机的共性，因此，时机思想及当代时机理论对德育时机的研究有着重要借鉴意义。需要指明的是，"时机""机会"以及"机遇"这三者在概念上是相通的。"时机""机会"及"机遇"这些概念在《辞海》中分别被解释为"具有时间性的机会”,[①]“机遇、时机”,[②]“一种意外、偶遇的良机”。[③]《哲学大辞典》虽未列入“时机”，但对“机遇”进行了界定，即“机遇作为一种社会历史现象，特指人们行事的时机、机会。它是一经出现就可能改变社会现有状态的诸种条件的总和，即客观形势为社会发展提供的多种有利因素比较集中的某段时间”。[④] 因此，古今中外诸多学者所提出有关“机会”及“机遇”的观点或理论，均可视为有关“时机”的观点或理论。

1. 古今中外的时机思想

历史上最早给出时机定义的是古希腊著名哲学家、科学家亚里士多德。亚里士多德认为：“一事物之可遇或不可遇的可能性，亦即‘机会’。”[⑤] 此外，他还指出：“事情之出于自然或由思想肇致者，必可见其适应于目的。这样的事情若忽而发生，这就是机遇（运道）……引致机遇结果的原因是无定的；所以‘机遇’幽隐，非人智所能运算，这种偶然缘由可算是无原因的原因。”[⑥] 亚里士多德不仅对时机进行了界定，而且还指出了时机的主体选择性、偶然性和不可控性。英国科学家、哲学家培根在《论迟延》一文中谈到了对时机的看法，他提到：“机会先把前额的头发给你捉而你不捉之后，就要把秃头给你捉了；或者至少它先把瓶子的把儿给你拿，如果你不拿，它就要把瓶子滚圆的身子给你，而那是很难捉住的。”[⑦] 显然，在培根看来，时机具有极强的易逝性。如果人们没有及时地把握，时机则会转瞬即逝。当代加拿大哲学家马里奥·本格在其著作《科学的唯物主义》中提到：“至于或然论，或那种认为存在客观的机遇或偶然性（尽管总是有规律的）的论点，是一种较为现代的观点……有两种或然论的观点：一种是温和的，另一种是极端的。温和的观点认为有初始的（不可还原的、基本的）或然性法则……极端的观点则认为所

① 《辞海》（第6版），上海辞书出版社2010年版，第1707页。

② 同上书，第825页。

③ 同上书，第827页。

④ 冯契：《哲学大辞典（分类修订本）》（上册），上海辞书出版社2007年，第109页。

⑤ ［古希腊］亚里士多德：《形而上学》，商务印书馆1959年版，第224页。

⑥ 同上。

⑦ ［英］弗朗西斯·培根：《培根论说文集》，商务印书馆1983年版，第80页。

有基本定律是或将被证明是或然的。”[①] 马里奥·本格对综合温和派和极端派或然论的现代观点表示认同，即认为机遇（时机）同时具有客观性、偶然性，以及决定这种偶然性的必然规律性。英国哲学家罗素在其著作《自由与组织——前沿》中提到，“所谓机遇系指碰巧会发生重大作用的琐事”。[②] 这一观点也表明了机遇（时机）具有偶然性且对事物的发展起着关键的作用。

我国历史上未见有人提出关于时机、机遇或机会的定义，但不少学者在其著作中提到了“时”“机”“遇”“机会”或“时机”，有些可理解为对时机的表述。我国东汉思想家、唯物主义哲学家王充在其著作《论衡·逢遇》中阐述“遇不遇”时，谈到了有关时机的问题。他指出，“遇不遇，时也”，[③] 即“遇”或“不遇”是“时”的问题。此外，王充对“遇”作了进一步说明，一方面，“合则遇，不合则不遇”，[④] 可见“遇”的首要条件是“合”；另一方面，“不求自至，不作自成，是名为遇”。[⑤] 遇是“偶合”“适可”，即适时遇到。虽然王充没有对时机进行明确的界定，但其肯定了时间对于时机的重要性并强调了时机所具有的偶然性特征。《旧五代史·晋书·安重荣传》中提到，“机不可失，时不再来”，[⑥] 指出了时机的易逝性特征。唐代韩愈在《与鄂州柳中丞书》中提到，“动皆中于机会，以取胜于当世”，[⑦] 表明了机会对于事情成败的关键作用。苏轼在《范景仁墓志铭》中提到，“速则济，缓则不及，此圣贤所以贵机会也”，[⑧] 即认为适时把握时机具有重要意义。《十六经· 姓争》中提到：“明明至微，时反以为几（机）。天道环（周），于人反为之客”，[⑨] 这里强调了人们抓住时机，就可反客为主，掌握主动权。此时，天道反而成了客体，成了人们利用的对象。

---

① ［加］马里奥·本格：《科学的唯物主义》，上海译文出版社 1989 年版，第 37 页。

② 参见田汝康、金重远《现代西方史学流派文选》，上海人民出版社 1982 年版，第 159 页。

③ 王充：《论衡·逢遇》。

④ 同上。

⑤ 同上。

⑥ 《旧五代史·晋书·安重荣传》。

⑦ 韩愈：《与鄂州柳中丞书》。

⑧ 苏轼：《范景仁墓志铭》。

⑨ 参见覃遵祥《〈四经〉的雌节思想与时机意识》，《江西社会科学》2000 年第 5 期。

在当代，随着我国在复杂的国际环境中适时把握发展时机，实现综合国力稳步提升和经济高速发展，“时机”问题逐渐被学术界关注，有很多学者从不同学科角度提出了关于时机的看法。

我国时间学创始人金哲在《关于开创时间学的探索》一文中首次从时间学的角度对时机进行了界定。他认为，“当某些因素进行最佳组合后，就出现最高的工作效率，发挥最佳的时间效能，这段时间定为最佳时区，把最佳时区内峰值点称为最佳时机。如图所示，AB 间是最佳时区，C 点为最佳时机”。[①]可见，时机就是某些因素进行最佳组合后出现最高工作效率的那个时刻。

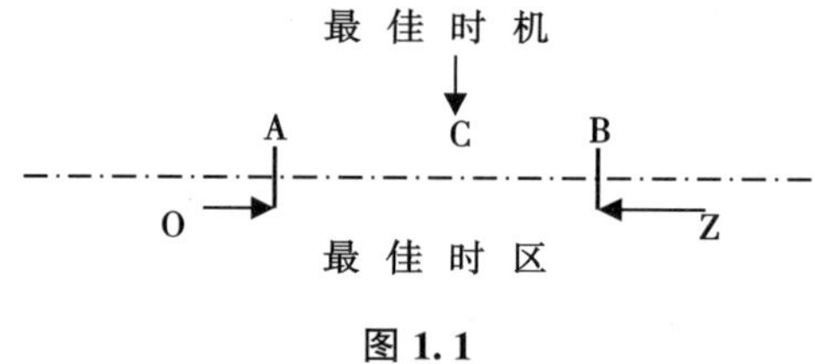


**图 1.1**

淮海工学院社科部吉彦波教授在《略论时机》一文中提到，时机是指具有时间性的客观条件，且一般指其有利的方面。在本质上，时机是时与机、形与势、境与遇、主观与客观、主体与客体、流逝性与暂驻性等多方面的辩证统一。李文颖在著作《机会学》中提到，所谓机会，是可能引起行为主体主观意向的具有时效性的某种有利的客观态势。董振国在《“契机论”论纲》中提到，契机是指能对事物的成败结局产生决定性影响或使事态局势发生根本性转折的诸种要素的组合，是由时间、空间、力量及要害问题四大要素构成的。华东师范大学博士刘徽在其著作《教学机智论》中提到，所谓时机，也就是时间中的机会。此外，在时间中要有机会，须满足两个基本条件：首先，时间对于实践发展要有意义，否则就没有机会可言；其次，机会这个词是带有一定的主观性的，换言之，时机是需要人们在行动中意识到的。天津社会科学院研究员房良钧认为：“机遇是人们在实践中从外部获得的对于实现预定目标非常有利然而又是不确定、不稳定的条件。”[②] 沈殿忠从发明学角度界定机遇，认为机遇是

① 金哲：《关于开创时间学的探索》，《社会科学》1980 年第 3 期。

② 房良钧：《机遇论》，天津社会科学院出版社 2003 年版，第 16 页。

"科学发现过程中一个普遍性的环节，一种特殊的偶然事件，一种有利的机会"。[①] 有的学者认为："机遇就是有利于社会主体实现目标的形势。"[②] 还有的学者认为："天地运行有时序，事情发展有时机。时，即表现为事情发展的外部条件，也表现为事物内部发展的量能变化。当事物的外部条件和内部变化都谐和一致的同处于要发生巨变的时刻，这就是时机。事物的发展都会在一定的时机发生质变，这是规律。"[③]

纵观古今中外关于时机的众多观点，时机的定义可概括为一定时间内在主客观条件作用下形成的有利于主体行事并取得最佳效果的一种客观条件。这一概念可从以下几个层次进行分析。首先，时机是存在于一定时间之中，即存在于"最佳时区"之中，正因为如此，人们才能够通过掌握最佳时区进而把握时机。其次，时机是通过主客观条件相互作用形成的。时机的形成不仅要具备特殊的客观环境还需要行事主体具备知识、经验等主观条件，例如在同样的环境中，有些人能够发现时机甚至能够创造时机而有些人却坐失良机，这和行事主体的主观条件不无密切联系。再次，时机是有利于主体行事的一种客观条件。时机是由一系列客观要素构成，虽然主观条件在其形成过程中发挥能动作用，但这种主观条件其实是发挥能动作用的客观条件，并且受外部环境、时间等客观要素的制约，因此，时机具备规律性、必然性同时还有随机性、偶然性的特征。此外，时机作为一种客观条件必须有利于人们行事，关系到事情成败，这也正是时机的价值所在。

2. 马克思主义及其中国化理论中的时机思想

马克思主义及其中国化理论中的时机（机遇）思想，其最大特点和最大优点在于与无产阶级革命和社会主义建设实践相结合。虽然马克思主义及其中国化理论中的时机（机遇）思想多是涉及历史、社会领域问题，但马克思主义理论不仅是科学的世界观，还是具有普遍性的方法论，对于德育领域问题的研究同样具有指导意义。鉴于此，本书将对马克思主义及其中国化理论中的时机思想一一进行分析和概括。

（1）马克思主义"跨越论"中的时机观

马克思主义"跨越论"，即跨越"资本主义制度的卡夫丁峡谷"，是

① 沈殿忠：《机遇》，辽宁人民出版社 1987 年版，第 4 页。

② 黄津孚：《机遇及机遇管理——理论与方法》，科学出版社 2010 年版，第 7 页。

③ 覃遵祥：《〈四经〉的雌节思想与时机意识》，《江西社会科学》2000 年第 5 期。

马克思在研究包括俄国社会在内的东方民族历史命运和发展进程时提出的一个大胆构想，指的是经济文化落后的不发达国家在具备一定的现实条件下，有可能避免资本主义生产带来的一切灾难，进而跨越“资本主义制度的卡夫丁峡谷”，直接进入更高级的社会形态。这一理论是马克思东方社会理论重要组成部分。恩格斯曾在《论俄国的社会问题》中提到：“如果俄国继续走它在 1861 年所开始走的道路[①]，那它将会失去当时历史所能提供给一个民族的最好的机遇，而遭受资本主义制度所带来的一切灾难的波折。”[②] 在恩格斯这一评论中，其实包含跨越“卡夫丁峡谷”的设想——不发达国家可以抓住有利时机，实现超常规跳跃式发展。恩格斯明确指出，俄国可以充分利用它所处的历史环境和难得机遇发展自己。一是充分借助于它的保存完好的传统社会基础；二是充分享用资本主义制度已创造的一切肯定性成果。可以说，经济文化落后的不发达国家只有处于特殊的历史环境及条件下才能跨越“卡夫丁峡谷”，而这种特殊的历史环境及条件就是机遇。

这种由“机遇”造成的特殊社会发展范式，在马克思看来，是受历史发展规律支配的。马克思的设想所涉及的不是所谓历史发展道路的普遍性与特殊性（或曰“单纯论”与“多线论”）问题，也不是历史发展过程的连续性和跳跃性问题，而是历史规律作用的界限以及它作为主导的确定趋势和不确定趋势两种实现特点或方式的问题。历史作为主导的确定趋势其实是包容了各种不确定趋势或可能性的空间，确切地说，历史是由各种“偶然事件”（杂多的可能性）组成的。正如马克思所说：“如果偶然性不起任何作用的话，那么世界历史就会带有非常神秘的性质。这些偶然性本身自然纳入总的发展过程中，并且为其他偶然性所补偿。”[③]

通过分析马克思主义“跨越论”所蕴含的机遇观，可以从中得到以下几点启示：一是机遇（或时机）是促进一切事物（包括历史及社会）向前发展的有利条件，如“完好的传统社会基础”和“资本主义制度已创造的一切肯定性成果”无疑构成了俄国跨越“卡夫丁峡谷”进入社会主义的历史机遇；二是机遇表征着事物发展的偶然性，然而这种偶然性是

---

① 指农奴制改革。

② 《马克思恩格斯选集》（第 4 卷），人民出版社 1995 年版，第 446 页。

③ 《马克思恩格斯选集》（第 2 卷），人民出版社 1972 年版，第 207 页。

受客观规律制约的——个别偶然事件都存在于历史发展规律性的“可能性空间”之内。

（2）列宁的时机观

根据马克思主义“跨越论”可知，俄国能够跨越“卡夫丁峡谷”取得十月革命的胜利归因于不同寻常的历史条件下的机遇。然而，如果没有布尔什维克领导人列宁对革命形势的预测和判断，对历史机遇的把握和利用，那么俄国无论处于多么有利的历史条件下也不会跨越“卡夫丁峡谷”走向社会主义。对于此，在俄国革命时期和社会主义建设时期，列宁曾多次提到把握和利用“时机”对于俄国革命的重要性。例如，他曾指出，“如果它能够很好地进行战斗准备，正确地选择为争取自由而进行决战的时机，那么胜利一定属于无产阶级”，[①] 以及“这个现代社会‘唯一的真正革命的阶级’如果不利用一切机会给自己最凶恶的敌人以新的打击，那么实际上就不是一个革命的阶级。如果我们错过了这样一些对斗争有利的机会……那么我们在声明和纲领中关于政治鼓动和政治斗争的言词就都是空话”。[②]显然，列宁在这里所指的“时机”“一切机会”或者是“一些对斗争有利的机会”是一种客观条件。由此可知，在列宁看来，及时地把握和利用时机之所以对革命有着重要意义，是因为时机是一种有利于“打击敌人”取得斗争胜利的客观条件。

此外，列宁不仅认识到把握和利用时机对于俄国革命胜利的重要意义，还进一步指出了如何把握和利用时机。例如，他提到：“只有工人已经有了足够的觉悟，善于选择罢工时机，善于提出要求……罢工才能顺利进行。”[③] 也就是说，能够选择和把握时机的前提条件是具有“足够的觉悟”，即良好的政治素养。他还指出：“九十年代的罢工所表现出来的自觉色彩就多得多了，这时已经提出明确的要求，事先考虑什么样的时机较为有利，并且讨论别处发生的一些事件和实例，等等。”[④] 显然，这里所指的“自觉色彩”是革命党发挥主观能动性，根据革命要求和目标，主动地捕捉和选择有利的时机。对于这种在捕捉和选择时机过程中所表现出的“自觉色彩”，列宁将其上升到“政治家的领导艺术”这一层次，他认

① 《列宁全集》（第 12 卷），人民出版社 1987 年版，第 359 页。

② 《列宁全集》（第 6 卷），人民出版社 1986 年版，第 346 页。

③ 《列宁全集》（第 4 卷），人民出版社 1984 年版，第 259 页。

④ 《列宁全集》（第 6 卷），人民出版社 1986 年版，第 28 页。

为，在革命时期，政治家的领导艺术“就在于正确判断在什么条件下、在什么时机无产阶级先锋队可以成功地取得政权”，[①] 并进一步指出这种捕捉和选择时机的“艺术”其实是一种能力——“正是在这种工作的基础上会培养出一种善于正确估计总的政治形势，因而也就善于选择起义的适当时机的能力。”[②] 对于如何利用革命时机，列宁指出：“当前的革命时机要求党发挥它作为争取自由的先进战士的作用，发挥它作为武装起义反对专制制度的先锋队的作用。”[③]从列宁的这句话中，可以看出，人们利用时机的方法和策略是由时机本身的性质决定的。

（3）毛泽东的时机观

在毛泽东的政治、军事著作中，饱含大量的时机思想，如“战略时机”（战机）“契机”“时机”等。在毛泽东的时机思想中，时机被认为具有两种含义：一是与“时间”意义相近，即有好与不好、有利不利、重要不重要、适当不适当、成熟不成熟之别；二是与“机遇”意义相近，指一种有利的客观条件。

在毛泽东的军事思想中，他充分肯定了“时机”在事物发展变化（如敌我形势的扭转）中的积极作用，并强调主观能动性在把握“战机”中的作用。毛泽东在《论持久战》中指出：“战争过程中，只要我能运用正确的军事的和政治的策略，不犯原则的错误，竭尽最善的努力，敌之不利因素和我之有利因素均将随战争之延长而发展，必能继续改变着敌我强弱的原来程度，继续变化着敌我的优劣形势。到了新的一定阶段时，就将发生强弱程度上和优劣形势上的大变化，而达到敌败我胜的结果。”[④] 其中，“到了新的一定阶段时”就是到了所谓的“战机”。他还提到：“主观指导的正确与否，影响到优势劣势和主动被动的变化，战争力量的优劣本身，固然是决定主动或被动的客观基础，但还不是主动或被动的现实事物，必须经过斗争，经过主观能力的竞赛，方才出现事实上的主动或被动。在斗争中，由于主观指导的正确或错误，可以化劣势为优势，化被动为主动；也可以化优势为劣势，化主动为被动。”[⑤]

---

① 《列宁全集》（第 39 卷），人民出版社 1986 年版，第 31 页。

② 《列宁全集》（第 6 卷），人民出版社 1987 年版，第 168 页。

③ 《列宁全集》（第 10 卷），人民出版社 1987 年版，第 203 页。

④ 《毛泽东选集》（第 2 卷），人民出版社 1991 年版，第 494 页。

⑤ 同上书，第 495 页。

从毛泽东的时机思想中，可以得到以下几点启示：一是，时机是一种有利的客观态势，如敌弱我强。二是，形成时机的各种客观因素是一个动态组合，随着时间的变化而变化。如“敌之不利因素和我之有利因素均将随战争之延长而发展，必能继续改变着敌我强弱的原来程度”，这种敌之不利因素和我之有利因素就是一种客观因素构成的动态组合。这种动态组合随着时间的推移，“就将发生强弱程度上和优劣形势上的大变化”，到了时机成熟时，充分把握和利用时机，“而达到敌败我胜的结果”。三是，主观能动性在时机形成过程中的重要作用。敌我双方在强弱程度上和优劣形势上发生变化并出现时机的前提是“只要我能运用正确的军事的和政治的策略，不犯原则的错误，竭尽最善的努力”，“由于主观指导的正确或错误，可以化劣势为优势，化被动为主动；也可以化优势为劣势，化主动为被动”，因此，能否正确地发挥主观能动性决定了能否将不利条件转化为有利条件，获得时机。

（4）邓小平的时机观

邓小平解决中国的经济和社会发展问题的一个重要思想，就是“抓住机遇”。他对历史经验进行了总结并指出，中国在鸦片战争之后多次失去机遇，耽误太多，导致中国落后；如今世界科学技术发展一日千里，全球呈现出政治多极化、经济全球化的趋势，这对于中国的发展既是挑战也是难得的机遇。机遇（时机）思想作为邓小平治国理论和发展理论的重要内容之一，深刻地影响着社会主义实践，其一方面揭示了机遇与社会发展的内在联系，另一方面阐明了机遇在社会发展中发挥的重要作用，从而为研究“时机”的含义和特征给予了一些深刻启示。

邓小平正式提出“机遇”概念，是在1990年3月3日的《国际形势和经济》，他认为：“对国际形势还要继续观察，有些问题不是一下子看得清楚，总之不能看成一片漆黑，不能认为形势恶化到多么严重的地步，不能把我们说成处在多么不利的地位。实际上情况并不尽然。世界上矛盾多得很，大得很，一些深刻的矛盾刚刚暴露出来。我们可以利用的矛盾存在着，对我们有利的条件存在着，机遇存在着，问题是要善于把握。”[①]邓小平提到的“我们可以利用的矛盾存在着，对我们有利的条件存在着，机遇存在着，问题是要善于把握”。这句话的意思就是说：“我们可以利

① 《邓小平文选》（第3卷），人民出版社1993年版，第354页。

用的矛盾”也是“对我们有利的条件”，而这种“对我们有利的条件”就是“机遇”，即“时机”。可见，邓小平提到的机遇其实是一种“有利的”条件。所谓“有利”，是指“对我们”有利，是指对一定实践主体而言的；这种“条件”或“矛盾”是客观存在的，是我们能够利用的对象。通过分析邓小平的机遇思想，可以得到两点启示：一是机遇（时机）是一种条件，一种外在于实践主体、不以实践主体意识转移或改变的客观条件，因此，机遇具有一定的客观性；二是作为一种客观条件，机遇（时机）对实践主体行事有利，并且实践主体是能够加以利用的，同时，也是实践主体必须善于把握的。对此，邓小平提到：“要实现适当的发展速度，不能只在眼前的事务里面打圈子，要用宏观战略的眼光分析问题，拿出具体措施。机会要抓住，决策要及时。”① 由此可见，时机与实践主体之间不仅存在着一定的“价值关系”，而且其把握和利用与实践主体自身的主体能力有关，即要“善于把握”“决策及时”。

此外，关于时机对于社会发展的重要性，邓小平在1992年“南方谈话”中提到：“抓住时机，发展自己，关键是发展经济。现在，周边一些国家和地区经济发展比我们快，如果我们不发展或发展得太慢，老百姓一比较就有问题了。”② 只要我们抓住时机发展经济，把人民生活水平搞上去，“人民一看，还是社会主义好，还是改革开放好，我们的事业就会万古长青！”③ 可见，能否把握住时机不仅关系到我国经济发展的快慢以及与其他国家的差距，而且还关系到社会主义事业的兴衰成败。虽然邓小平强调的“机遇”“机会”或“时机”，其领域范围是整个社会，整个历史及整个社会主义事业，较之科学领域、教育领域要宽泛很多，但无论是处于什么领域，时机作为一种有利的客观条件，对于事物发展的推动和促进作用是毋庸置疑的。

（5）江泽民的时机观

1997年邓小平逝世后，江泽民在党的十五大报告中特别指出，能否抓住机遇，历来是关系革命和建设兴衰成败的大问题。过去我们抓住了重要历史机遇，也丧失过某些机遇。现在全党一定要高度自觉，牢牢抓住世纪之交的历史机遇，迈出新的步伐。他把能否抓住历史机遇的重要性提高

① 《邓小平文选》（第3卷），人民出版社1993年版，第355页。

② 同上书，第375页。

③ 同上书，第381页。

到“历来是关系革命和建设兴衰成败的大问题”的高度。江泽民同志指出：“能不能抓住机遇，加快发展，是一个国家、一个民族赢得主动、赢得优势的关键所在。回顾中国历史，在十五世纪以前，出现过汉唐盛世，中国的经济技术在世界上一直处于领先地位。十五世纪以后，中国的经济技术逐渐落后了，很重要的原因是丧失了一些重要的机遇，没有做好发展的文章。”① 从以上江泽民同志对历史机遇的论述中可以看出，机遇是影响到我国社会主义建设及民族振兴的一种重要因素。

在党的十六大报告中，以江泽民为首的党中央对国际国内形势做出了“重要战略机遇期”这一科学判断，“综观全局，二十一世纪头二十年，对我国来说，是一个必须紧紧抓住并且可以大有作为的重要战略机遇期。战略机遇期主要是指国际国内各种因素综合作用形成的，能为国家（地区、集团）经济社会发展提供良好机会和境遇，并对其历史命运产生全局性、长远性、决定性影响的某一特定历史时期”。② 透过“重要战略机遇期”这一概念，我们可以从中得到两点启示：一是机遇期特指“某一特定历史时期”，或者说，机遇期就是机遇所在的特定时期；二是存在于“机遇期”中的机遇是“国际国内各种因素综合作用形成的”，“国际国内各种因素”其实就是客观因素，“综合作用”即相互作用；三是机遇期“能为国家（地区、集团）经济社会发展提供良好机会和境遇”，其中的“机会”和“境遇”也就是机遇，可以理解为一种有利的客观条件。通过以上分析可知，机遇（时机）就是存在于某一特定时间（机遇期）之中，由各种客观因素相互作用形成的一种有利的客观条件。

综上所述，通过分析马克思主义及其中国化理论中的时机思想可知，时机（机遇）是由各种因素相互作用形成的一种有利的客观条件，对于革命的胜利、历史和社会的发展有着重要的意义。这一结论直接印证了本书对前面古今中外时机思想的综合概括。此外，对于时机，人们能够发挥主观能动性，根据对当前形势的判断和预测来捕捉、选择时机。然而，捕捉和选择时机需要人们具备一定的素质和能力；对于时机的利用，时机本身的性质决定了人们利用时机的策略和方法。以上两个观点无疑是对以往时机思想的有力补充。虽然马克思主义及其中国化理论中的时机思想大多

① 江泽民：《江泽民论有中国特色社会主义》，中央文献出版社 2002 年版，第 354 页。

② 奚洁人：《科学发展观百科辞典》，上海辞书出版社 2007 年版，第 596 页。

涉及历史和社会领域，但无论是历史、社会、阶级、阶层还是个人都会遇到各自不同的“时机”，如列宁所说，“资产阶级有各种不同的阶层，这些阶层各有自己不同的历史机遇”，[①] 可见，马克思主义及其中国化理论中的时机思想不是仅仅局限于历史和社会领域，而是适用于社会生活中的各个领域，其中就包括德育领域，故其对于德育时机理论研究有着重要的指导和借鉴意义。

2. 当代时机理论

在当代时机思想中，有许多学者对时机的含义及特征提出了颇有见地的观点，然而却鲜有对时机的结构及其形成问题进行系统的理论研究。目前，比较具有代表性的时机理论著作是李文颖的《机会学》和沈殿忠的《机遇》。

李文颖在著作《机会学》中提到，机会的结构包括机会元、机会链及机会场；机会维度包括机会时空度，清晰度，价值度三个最基本的维度。机会元是指一种客观事物的态势，是指一种态势关系。它是机会的最基本单位，具有全部机会的一般品性，代表了机会的本质特征，包含着机会的本质规定性。明确地说，机会元从其本质上讲，不是指可以看到、听到、模列的某种物，而是指由很多的事物所形成的关系。所谓机会链，是指两个或两个以上机会元以线性或非线性的轨迹的运行过程。在这个过程中，表现出来的基本特征是两个或两个以上机会元的孕育关系。当一个机会元正在发展中，它孕育着一个或几个机会元的形成与发展。所谓机会场是机会存在的时空间，也是指一个带有能量的机会元或机会链对于周围客观事物和关系的辐射作用范围。此外，机会的发展经历了萌芽、成熟和结束阶段。在机会这一发展过程中，其价值和机会主体、机会清晰度存在着密切的关系。同样的机会，机会主体的能力愈强，愈能从中获得更大的价值，反之亦然。机会的价值与清晰度的关系使机会主体能力的发挥受制于机会的呈现水平，具体表现为，在机会发展过程中的萌芽状态阶段，即使机会主体的能力再强，由于前机会行为，也不可能获得机会的更大价值。而错过了机会成熟阶段的后机会行为，机会自身的价值已趋于消失，只有在成熟状态阶段机会主体才能充分发挥自身的潜能并获得机会所带来的最大价值。

---

① 《列宁全集》（第 22 卷），人民出版社 1980 年版，第 324 页。

沈殿忠在其著作《机遇》中提到“机遇”（时机）是主客观因素相互作用产生的。主观因素作用是一个过程，既包括机遇产生前的思想准备（知识准备和思维方法的准备），也包括产生机遇的“临界点”之际的思想状态。而“临界点”的思想状态并不是凭空产生的，是在以往知识和方法准备的基础上产生的，但又不同于以往的知识和方法的准备，而是过去积累的知识和方法在新条件下形成的一种创造性再组合。其中，客观因素则是除主观条件之外的一切能够促使机遇产生的因素，即促使机遇产生的所有客观条件，具体包括两类：一类是被动发生作用的客观因素，例如仪器、设备等；一类是主动发生作用的客观因素，如师长、合作者等。但是，两类客观条件又不是各自孤立地发生作用的，而是通过不同形式结合起来共同发生作用。同样，客观因素作用也是一个过程，既包括机遇产生之前的主动、被动发生作用的客观条件，也包括机遇产生之际的“临界点”的客观条件的作用。这种“临界点”的客观条件，既是在以往的客观条件基础上产生的，又不同于以往的客观条件，而是以往的客观条件加上新客观条件的再组合。

综合李文颖和沈殿忠关于时机的理论观点，本书对德育时机的研究可从中获得以下几点启示：第一，德育时机是由各种客观要素构成的态势关系和动态组合。其中，客观要素包括德育情境、德育条件等被动作用的客观要素和合作者、师长等主动作用要素，这两者同时相互作用与“临界点”时的客观要素共同构成了德育时机。第二，德育时机作为一种有利的客观条件，根据其显现的清晰程度，可分为萌芽、成熟和衰退三个阶段。第三，德育时机的价值与教育者自身的能力、时机显现的清晰程度存在密切联系。当德育时机成熟时，教育者能力越强，德育时机的价值则越大；反之亦然。然而，教育者的能力是受到德育时机显现程度所制约的，即当德育时机不成熟或即将逝去时，不管教育者能力有多么强大，也难以实现时机应有的价值。

### （二）心理学理论

在心理学理论中，情感动力论和需要层次论为研究促使德育时机产生的动力因素及其产生条件等问题提供了依据；道德发展阶段理论揭示了受教育者的道德思维能力内在于个体身上，随着个体的成熟而发展，并呈现由低级向高级发展的顺序规律。这一规律决定了受教育者在一定的年龄阶段就必然会出现接受某种道德教育的最佳时间——德育的“关键期”与“敏感期”，从而界定了德育时机出现的时间范围和时间顺序，为研究受教育者所处不同道德发展阶段中的德育时机提供了理论基础；主体性及主体间性教育理论为研究德育时机区别于普通主客体间实践活动中的一般时机的特点以及教育者在创设、捕捉和利用德育时机过程中的作用提供了重要理论支点。

1. 情感动力论

情感是人类精神生活中最重要的组成部分，“是和人的社会性需要相联系的一种较复杂而又稳定的态度体验”。[①]

关于情感的动力性质，古今中外有很多学者对此提出不同观点。两千多年前先秦时期《墨子》中已有，“为，穷知而县于欲也”，[②] 即人的行为活动，既要穷知，又同情欲不可分。列宁曾指出：“没有‘人的感情’，就从来没有，也不可能有人对真理的追求。”[③] 这句话充分说明了情感在人的行为中的动力作用。情感放大器理论认为，人类活动的内驱力的信号需要具有一种放大的媒介，才能激活有机体去行动，而起到这种放大作用的就是情感。情感与内驱力相比较具有更大的驱动性。苏联教育家苏霍姆林斯基认为，教育的效果很大程度上取决于受教育者的心理状态——情绪高昂，效果就大；情绪低落，则效果微小。只有依靠受教育者内在的“情感动力”，才能推动其知识的掌握和智力的发展。所以，除了天赋条件外，“情感动力”可谓儿童成长的杠杆。据此，他提出，教育过程中的动力乃是强烈的学习欲望，也就是在掌握知识或完成实际任务的每一具体阶段上、在克服困难的过程中，表现出来的精神满足感。儿童“情感动力”的激发关键在于教师的道德修养。苏霍姆林斯基认为，教师只有热爱孩子，相信孩子，尊重孩子，要求孩子，才能够激发儿童的“情感动力”。我国心理学家李伯黍认为：“情感是在认识的基础上产生和发展起来的，它既可能推动和加深人们的认识，也可能妨碍对事物的进一步认识，甚至产生不正确的认识。”[④] 我国南京师范大学教授鲁洁指出，“快乐

---

① 朱智贤：《心理学大词典》，北京师范大学出版社 1989 年版，第 498 页。

② 《墨子·经上》。

③ 《列宁全集》（第 22 卷），人民出版社 1958 年版，第 255 页。

④ 李伯黍：《教育心理学》（第 2 版），华东师范大学出版社 2001 年版，第 126 页。

的感受是道德意识与行为不断发展的动力与源泉”。[①] 我国中央教育科学研究所所长朱小蔓提到：“道德发展是以情感为核心的动机系统作为内在保证——个体道德的发展既受制于个体的外部环境，又受制于个体的内部环境，而最终由个体内部动机系统作为个体道德发展的内在保证。”[②] 由此可见，情感在受教育者道德学习以及道德发展过程中发挥着重要的动力功能。

情绪作为比较低级的情感形式，对人的行为也具有动力作用，其是以一种与生理性动机或社会性动机相同的方式激发和引导行为。苏联教育家伊·斯·马里延科认为：“学生在对周围现实以及对自身作出积极行为过程中产生的道德情绪，不仅促使各种心理过程增强紧迫感，而且这种道德情绪本身推动个人作出积极的道德行动和行为。这些情绪状态在某一时期赋予学生的整个行为以特别的情调。在某些情绪状态中表现出典型特征的行为，又有偶然性的行为。”[③] H. K. 克鲁普斯卡娅也指出：“教育过程的效率很大程度上取决于是否巧妙地对儿童的情感施加影响……”“要给孩子们‘情绪操练’的机会，使他们对共产主义事业感到亲切、可贵。”[④] 我国情绪心理学家孟昭兰认为：“情绪是多成分组成、多维量结构、多水平整合，并为有机体生存适应和人际交往而同认知交互作用的心理活动过程和心理动机力量。”[⑤] 从情绪的动力性特征看，情绪分为积极增力的情绪和消极减力的情绪。快乐、热爱、自信等积极增力的情绪会提高人们的活动能力，而痛苦、自卑等消极减力的情绪则会降低人们活动的积极性。而有些情绪兼具增力与减力两种动力性质，如悲痛可以使人意志消沉，也可以转化为力量。情绪分化理论提出三种稳定的动机变量，即内驱力、情绪和感情——认知的相互作用倾向。这一理论主张，在情绪领域内，两种正性情绪状态可用来解释情绪在动机中的作用。一个是“兴趣——兴奋”及其与知觉、认知过程的相互作用。如兴趣——兴奋作为情感因素，驱动

---

① 鲁洁：《道德教育的当代视域》，人民出版社 2005 年版，第 98 页。

② 朱小蔓：《情感德育论》，人民教育出版社 2006 年版，第 148 页。

③ ［苏］伊·斯·马里延科：《德育过程原理》，牟正秋、王明辉译，人民教育出版社 1985 年版，第 156 页。

④ ［苏］H. K. 克鲁普斯卡娅：《克鲁普斯卡娅教育文选》，卫嘉译，人民教育出版社 1959 年版，第 274 页。

⑤ 参见陈少华《情绪心理学》，暨南大学出版社 2008 年版，第 4 页。

外部感官指向一定的对象，从而产生注意——这时兴趣起着动机作用；另一个是“享受——快乐”状态，可用来说明内部动机作用。同时，“兴趣——快乐”的相互作用、相互补充或叠加起着同样的动机作用。更有学者指出，行为的内在动机产生于主体的兴趣和享受。当代情绪心理学中一个重要派别的代表人物伊扎德明确指出，在人类庞大的动机系统中，情绪是核心。无论是与内驱力相联系的动机，还是同知觉、认知相联系的情绪，抑或是蕴含在人格结构中的情绪特质，都起重要的动机作用。心理学家利珀更直接地提出，情绪本身就是动机的观点，即把情绪作为动机系统的核心。从根本上说，这是因为情绪表征人的欲望和需要。需要得到满足会产生不同程度的愉悦感；需要得不到满足则会导致苦恼。愉悦感和苦恼的程度依满足或不满足的具体程度而变化。同时，情绪、情感不仅由需要的满足与否而引发，而且发过来影响机体的需要，并且引导需要、调节需要。

通过对关于情感动力理论的观点进行梳理，可知，情绪作为比较低级的情感形式，对人类行为的内驱动力具有一定的放大作用，甚至有时对人类行为具有直接的动力作用。这些观点为分析德育时机构成要素、形成过程以及受教育者不同情绪状态下的德育时机特点等问题提供了重要启示。

2. 道德发展阶段理论与“关键期”理论

（1）道德发展阶段理论

瑞士心理学家皮亚杰依据精神分析学派的投射原理，采用对偶故事法研究儿童的道德认知发展。通过大量的实证研究，皮亚杰发现儿童道德判断能力的发展与其认识能力的发展存在着互相对应、平衡发展的关系，这种认识能力是在与他人和社会的关系之中得到发展的。皮亚杰概括出一条儿童道德认知发展的总规律。他认为，儿童的道德发展大致分为两个阶段：在10岁之前，儿童对道德行为的思维判断主要是依据他人设定的外在标准，这一阶段称为他律道德；在10岁之后，儿童对道德行为的思维判断则多半能依据自己的内在标准，这一阶段称为自律道德。此外，皮亚杰认为，儿童品德发展阶段的顺序是固定不变的，这些阶段并不是绝对孤立的，而是一个连续发展的统一体。在他律到自律发展的过程中，个体的认知能力和社会关系具有重大的影响。

美国教育心理学家劳伦斯·柯尔伯格系统地扩展了皮亚杰的理论和方法，并创立了不断完善的科学研究手段，他和他的同事经过20多年的实证研究（即从20世纪50年代中期到80年代），提出了人类品德发展的顺序及数百种特征。他发现，道德思维能力是内在于个体身上，并随着个体的成熟而发展；品德具有个体的主体特征；个体的思想道德品质是个体主动地与环境互动的结果。这一发现对于思想品德的研究具有十分重要的意义。它的意义不仅在于揭示了思想品德有自身独特的运动规律，而且表明了社会道德与个体道德不是简单合一的或同一的，而是对立统一的。这反映了人们对品德认识的方法论上的转变。柯尔伯格根据自己的大量研究，把道德判断分为三个水平，即0至9岁儿童属前世俗水平；9至15岁多属习俗水平；16岁以后，一部分人向后习俗水平发展，但达到的人数很少。其中，每个水平又各包括两个阶段。柯尔伯格认为，道德判断的这种发展顺序是由低级阶段依次向高级阶段发展的，这种顺序既不会超越，更不会逆转。个体在某个发展阶段，主要使用某个阶段的推理，而同时使用其他几个阶段的推理。受教育者的道德判断可以通过道德推理的训练得以发展，道德两难问题是道德推理训练的有效方法。一个人的智慧发展与其道德认识发展是密切相关的，却不是同步的。所以他主张，必须使受教育者认知上的成熟达到能在原则上进行推理的水平。

（2）“关键期”与“敏感期”理论

关键期这一概念的引用，应推到奥地利习性学家K. Z. 洛伦茨的研究。洛伦茨发现出生的小鸡、小鹅有印刻现象，并指出，个体印刻现象只能在个体生命中一个短暂的“关键期”发生，个体在这时刻所印刻的对象，可以使该个体对它接近并发生偏好，而且不会被忘却，由此形成了一种对它的永久约束性的依恋。

洛伦茨的研究引起心理学界对“关键期”的注意并进行大量研究。其中，比较集中在探索儿童各方面发展的关键期。现代生物学和心理学的研究表明，人在一生的发展中有许多最佳发展期，又称关键期或敏感期，其含义是：人的某种潜在能力存在于人一生的某一特定时期中。由于环境恰好提供了某种特定的刺激，就能使之得到最好的发展。因此，在某一特定的时期内，恰当地进行某种特殊的教育和训练，人就会获得某种特殊的能力；如果错过了这个时期，这种能力就难以获得。

近些年来，我国诸多学者通过大量的实证研究，提出了受教育者道德发展中存在“关键期”的观点，并指出受教育者的发展关键期是在一年乃至几年中的最佳教育时机。20世纪70至80年代，以我国发展心理学家李伯黍为首的儿童道德发展协作组在瑞士心理学家让·皮亚杰理论研究框架基础上，运用科学实证的手段在全国范围内进行了系统研究，并考察了儿童品德关键期的问题，且取得了极具研究价值的成果。北京师范大学发展心理学学者林崇德提出，在儿童品德发展中存在着“关键年龄”。他指出："小学阶段的品德过渡性特点，是品德发展过程中的‘飞跃’或质变的具体表现，在这个过程中，存在着一个转折时期，即小学儿童品德发展的‘关键年龄’。"① 显然，这里的“关键年龄”或转折期就是受教育者品德发展过程中出现飞跃和质变的“关键期”。陈旭、曾欣然等也认为：“所谓品德发展关键期，是指某种品德心理品质、品德结构功能，品德行为习惯出现转折或飞跃时期，或者说，良好的品德特质最容易形成和培养的时期。”②

“敏感期”一词是荷兰生物学家德·弗里在研究动物成长时首先使用的名词。后来意大利著名教育家、蒙台梭利教育法创始人玛丽亚·蒙台梭利在长期与儿童的相处中，发现儿童在成长过程中也会产生同样的现象，因而提出了敏感期的原理，即儿童在特定的时期会出现特定的喜好倾向，若顺着敏感期学习该特性，可获得最佳的学习效果。如在社会规范敏感期(2.5至6岁)，两岁半的儿童逐渐脱离以自我为中心，而对结交朋友、群体活动有了明确倾向。这时，父母应与孩子建立明确的生活规范和日常礼节，使其日后能遵守社会规范，拥有自律的生活。

通过以上对道德发展阶段理论以及“关键期”“敏感期”理论分析可知，道德发展阶段理论揭示了受教育者的道德思维能力是内在于个体身上，随着个体的成熟而发展，并呈现由低级向高级发展的顺序规律。这一规律决定了受教育者在一定的年龄阶段就必然会出现接受某种道德教育的最佳时机。这为分析德育时机的出现规律提供了依据。在“关键期”与“敏感期”理论中，“关键期”与“敏感期”被直接视为受教育者接受某种教育或习得某种行为的重要时机，这为本书厘定德育时机的概念以及分析德育时机与受教育者身心发展水平之间的关系提供了理论基础。

3. 需要理论

(1) 勒温的场需要论

美国心理学家勒温把需要看成是由生理条件引起的动机状态，它表现

① 林崇德：《发展心理学》，人民教育出版社1995年版，第333页。

② 曾欣然、陈旭：《中小学生“爱人民”品德素质发展的情境模拟测查》，《西南师范大学学报》(哲学社会科学版) 1997年第36期。

为对某一外界事物的欲望。勒温进一步指出，客体对需要活动可能起吸引或满足作用，也可能起威胁或破坏作用。前者成为积极诱发力（或称正效价），使个体趋向该种目标；后者成为消极诱发力（负效价），个体则逃避它。勒温把个性动力看成是需要能量复合的均衡遭到破坏时所造成的心理紧张状态。需要是由机体不平衡状态所致，机体行为的最终目的是为了恢复平衡状态。

（2）莫瑞的需要论

美国心理学家莫瑞认为，人在有目的地适应环境的过程中总是按动力规律进行活动的，这种动力性的源泉就是需要。需要作为动力，能够影响并组织个人的知觉、统觉、思维、意向，以及影响人的整个心理和行为使现存的、不合适的情境按一定方向改变，即由需要引起的一系列反应，使原有的紧张情境向解除紧张情境变化。

需要作为个性结构中不可缺少的成分，永远作为动力推动着个体活动。人的需要是不断产生的，当需要产生时，它作为原动力进行活动，去获得需要的对象；当需要满足之后，在原有需要的基础上又产生新的需要；此外，需要存在着不同发展阶段。需要是由有机体的某种内外情境所激起。被需要引起的活动最初是随意的，没有什么目的，随后则使活动按照一定的方向，有组织地维持紧张状态，以达到某种标准。如果活动过程受阻，需要就加强，排除阻碍，活动则继续前进。随着活动的重复，每种需要都和某种导致一定目标的意向、动作结成较固定的联系，形成一定的习惯模式。

（3）需要变形理论

苏联心理学家认为，需要是个体积极性的源泉，具体来说，第一，需要本身具有动力性。因为人要生存和发展，就要通过各种行动去满足各种各样的需要。需要的满足并不是意味着需要的消失，而是人在内部对其进行改造，从而又产生新的需要。因此说，需要不只在它没有满足时是活动的动力，而且在需要得到满足时，仍然是活动的动力，即需要永远表现出积极的性质。第二，需要是活动的基本动力，其他具有动力性的生理表现，如动机、兴趣、理想、信念等都是需要的变形。

对于需要如何成为个性积极性的源泉这一问题，苏联心理学家汲取了“本能论”和西方需要理论中的合理部分，并认为：需要尽管多种多样，但可概括为本能的机体需要、文化精神需要（包括社会需要）这两大类。

其中，本能的机体需要是保证人类生存的自然需要，是人和动物都必备的趋向力，但这种需要在人类身上已带有一定的社会性；文化精神需要和社会需要是在人的生产劳动和社会交际过程中，在机体自然需要的基础上发展起来并是人类所独有的需要。这类需要是人类社会历史发展的产物，它反过来又成为改造客观世界和主观世界的动力。只有需要满足的过程才引起社会的发展，而需要的满足又完全依赖于社会的物质生产和产品的分配状况，因此，这类需要具有民族差异，在阶级社会中又打上了阶级的烙印。

需要变形理论认为，应该把需要看作从心理学角度阐明个性的基础。因为只有在需要的推动下，个性才得以形成和发展。动机、兴趣、理想、信念等倾向性的东西是需要的表现形式。被意识到的需要往往以动机的形式表现出来，而动机则是直接推动活动的动力。兴趣在本质上是需要所固有的，它与需要不可分割地联系着。人们对某种事物的需要水平越高，则其在这方面的兴趣也越浓厚，兴趣以被意识到的需要水平为指标。因此，在教学中发展学生的兴趣，首先要从发展需要出发，从这个意义上讲，兴趣是需要的特殊变形。理想是模仿已成为理想的人或物的形象而进行活动的需要。信念是基于对自然和社会的一定理解，并按照自己的观点、原则、世界观去行动的被意识到的需要。

（4）需要层次理论

需要层次论是人本主义心理学创始人马斯洛提出来的。马斯洛在大量研究的基础上，把人的基本需要划为五大类，并按其需要层次高低依次表述为：生理需要、安全需要、归属需要、自尊需要、自我实现需要。他进一步指出：（1）不同层次的需要是可以同时并存的。（2）不同层次需要被满足的情况的差异在于，在不同时期，各种需要对人的支配力量是不同的。（3）一般来说，高一层需要的优势的出现，是在低一层次需要的优势出现之后，或者说，随着低一层次需要的满足，低一层次需要的优势就逐渐减弱。（4）越是高级的需要，对于维持纯粹生存也就越不迫切，它的满足也就越能更长久地推迟，并且，这种需要也就不容易消失。（5）高级需要不像其他需要那样迫切，它们较不易被察觉，而容易与其他需要相混淆。（6）高级需要的满足能引起更合意的主观效果，即更深刻的幸福感、宁静感，以及内心生活的丰富感。（7）高级需要的满足有更多的前提条件，要求有更好的外部环境。（8）那些两种需要都满足过的人们，通常认为高级需要比低级需要具有更大的价值。他们愿为高级需要的满足牺牲更多的东西，而且更容易忍受低级需要的丧失。比如，他们比较容易为了坚持原则而不怕牺牲，为了自我实现而放弃钱财与名声。(9) 高级需要的追求与满足具有有益于公众和社会的效果。在一定程度上，需要越高级，就越少自私。(10) 高级需要的追求与满足导致更伟大、更坚强，以及更真实的人格。(11) 低级需要的满足更有限度，高级需要的满足几乎是无限的。

(5) 其他需要理论及观点

我国诸多学者经过多年对儿童心理发展的研究，提出了不少颇有见地的观点。朱智贤教授提出："新的需要和儿童已有心理水平的对立统一是心理的内部矛盾，推动了儿童心理的发展。"① 林崇德教授主张："儿童与青少年在活动中产生的新需要和原有心理水平构成的矛盾，是他们心理发展的动力。"② 南京师范大学鲁洁教授提到："人不断地把已经形成的自我心智结构作为内在实践的客体，当这一客体不能满足主体自身发展的需要时，他又会以一种主动的势态，把自己各方面的本质力量激发、整合起来，积极推进已有的心智结构按所需要的方向发生相应的变化，实现预期目的的对象化、现实化。"③

通过以上对诸多需要理论以及观点进行分析可知，需要是人类行为活动的源泉和动力，具有动机、兴趣、理想、信念等表现形式，且呈现出由低到高的层次性。这些重要的理论观点，为本书分析受教育者的德育需要在德育时机形成过程中的作用、德育时机的显现形式以及在受教育者不同层次德育需要支配下产生的各种类型德育时机等问题提供了理论框架。

### (三) 主体性与主体间性教育理论

1. 主体性教育理论

主体性是指"是一个主体"或"是与主体有关的"这样一种性质。在本质上，主体性是主体在与客体的关系中所呈现的能动性。关于主体性的内涵，肖川认为："个体主体性的内在规定性为自主性和独立性。主体

---

① 朱智贤：《儿童心理学》(上册)，人民教育出版社 1979 年版，第 71 页。

② 林崇德：《儿童与青少年心理发展的动力》，《北京师范大学学报》(社科版) 1983 年第 3 期。

③ 鲁洁：《道德教育的当代视域》，人民出版社 2005 年版，第 29 页。

在与他人、与社会的关系之中表现出自主性；主体在对象性活动中，即与客观物质世界的关系中，表现出能动性；主体在与自我关系中表现出超越性。”① 他进一步提出，自主性是个体主体性最核心的规定性。自主性意味着个人的思想和行为并不为不受他控制的外部力量或原因所左右，能够通过独立的和理性的反思形成自己的打算和目标，自由地做出选择。能动性的实质在于选择。选择总是在一定条件下、一定范围内进行。选择不是在不可能中选择可能性，而是在各种现实可能性之中选择最有意义、最有价值的可能性。超越性，即主体不再盲目满足于自己的现状，为了在理论上和实践上能动地把握客体，主体迫切需要提高自己的认识能力和实践能力。对于主体性，肖吉亚认为：“主体性是人作为社会活动主体的本质属性，它包括独立性、主动性和创造性三个基本特征。”② 独立性即自主性，是对自我的认识和实现自我的不断完善；主动性实质是对现实的选择，对外界的适应的能动性；而创造性则是对现实的超越。

关于主体性教育的内涵，目前我国教育理论界还没有达成共识，众多学者从不同角度对主体性教育进行了理论探讨。一是，黄崴从教育的本质意义出发把教育看作“人的主体发展的过程”，认为“主体性教育就是有目的地增强和发展人的现代性、有效性、能动性、创造性和自主性的过程”。③ 二是，王道俊、郭文安从教育过程的角度认为：“主体性教育活动是指教师主体引导学生主体依据认识规律进行学习、认识与实践，并在获得发展的对象性活动中能够发挥出能动性、方向性、自主性和创造性。”④ 三是，张天宝从“以主体性教育培养主体性的人”的角度认为：“主体性教育是根据社会发展的需要和教育现代化的要求，教育者通过启发、引导受教育者内在的教育需求，创设和谐、宽松、民主的教育环境，有目的、有计划地组织、规范各种教育活动，从而把他们培养成为自主地、能动地、创造性地进行认识和实践活动的社会主体。”⑤ 同时指出：“主体性教育的近期目的是在教育过程中，通过培养学生的主体意识、主体能力和主体人格，发展和提高学生在教育活动中的能动性、自主性和创造性（个

① 肖川：《主体性道德人格教育》，北京师范大学出版社 2002 年版，第 6 页。

② 肖吉亚：《主动 · 自主 · 创造》，东北师范大学出版社 2002 年版，第 5 页。

③ 黄崴：《主体性 · 主体性教育 · 社会发展》，《未来与发展》1994 年第 4 期。

④ 王道俊、郭文安：《关于主体教育思想的思考》，《教育研究》1992 年第 11 期。

⑤ 张天宝：《主体性教育》，教育科学出版社 2001 年版，第 43 页。

体主体性），使他们具有自我教育、自我管理和自我完善的能力，从而成为教育活动的主体和自我发展的主体；主体性教育的最高目的则是通过弘扬人在社会发展中的主体作用，把学生培养成为社会历史活动的主体（即类主体），造就具有类主体性的社会成员。”① 由此可见，类主体是主体性教育的最高目标，是个体主体性发展的最高形态，“是人与自然、人与社会、个人与类之间的真正统一”。②

2. 主体间性教育理论

“主体间性”亦即“交互主体性”一词，最先出现在胡塞尔的著作《笛卡尔的沉思》中。在他这里，主体间性主要还是一个认识论范畴。他认为，每个认识者都只是一个特殊的认识主体，在其意识中的世界都只是自己的“私人世界”或“生活世界”；因而每个人都有自己独特的主体性，每个人的“生活世界”也都只显示他自己的主体性；为了避免认识中的这种私人性、主观性，达到对世界的共识，即由“私人世界”过渡到“共同世界”，人们就既要相互承认对方的主体性，又要彼此相互交流，相互沟通，相互转换视角。这样人们就可以扩展自己的主体性，并可以将人们生活的世界理解为“共同世界”，理解为“一个主体间性世界”。海德格尔继承了胡塞尔的“交互主体性”思想，并提出了“共在论”。他认为，“此在就是相互并存的存在，与他人一道存在，与他人在此拥有这同一世界”。③ 在海德格尔看来，“此在”就是“共在”，在“我”与“他人”的交往中构成了一个“共同世界”。

随着存在主义哲学被引入教育领域，诸多教育学家在吸收和借鉴存在主义“主体间性”哲学思想的基础上，提出了“主体间性”教育理论，强调在教育过程中教育者与受教育者为互为主体的关系，并坚持认为教育者和受教育者都是有目的、能动地从事各项活动。他们之间的相互作用是一种交往活动，在本体论上的关系是主体间的关系。可以说，主体间性教育是对主体性教育的超越，是主体性教育研究的新视角、新趋势。德国存在主义教育家雅斯贝尔斯认为：“所谓教育，不过是人对人的主体间灵肉交流活动（尤其是老一代对年轻一代），包括知识内容的传授、生命内涵

① 张天宝：《试论主体性教育的基本理念》，《教育研究》2000 年第 8 期。

② 尹秋艳、叶绪江：《主体间性教育对个人主体性教育的超越》，《教育研究》2003 年第 2 期。

③ 《海德格尔选集》（上），上海三联出版社 1996 年版，第 13 页。

的领悟、意志行为的规范，并通过文化传递功能，将文化遗产教给年轻一代，使他们自由地生成，并启迪其自由天性。”① 奥地利教育家布贝尔认为：“真正的品格教育，就是真正的共同相处的教育。”② 奈勒十分认同布贝尔提出的师生关系的观点，他说：“正如布贝尔所指出的，一切教育教学工作都应当是一种‘对话’关系，师生互为主体，他们之间是平等的‘相遇’，相互信任，又互不迁就。”③

主体间性教育理论是对以往单纯强调受教育者主体性而忽视多元主体间交往合作的主体性教育的纠偏，为教育理论提供了新的哲学范式和方法论原则，从而在新的基础上还原教育的本真。主体间性教育理论并不是对主体性教育理论的否定，而是在其理论基础上的新的发展。主体性教育理论颠覆了传统的以客体性教育理论为中心和主导的教育理念和模式，还“主体性”这一客观存在以受教育者，对改变受教育者长久以来被动的历史地位产生了现实而深远的影响，其历史的意义不容低估，但当代社会的发展使主体性教育理论陷入了困境，所以，当代的教育理论应当开始向主体间性拓展。全球化、多元化社会的到来和发展，正使人的生存方式发生着变化，这就是从单元主体到多元主体、类主体，从对立主体、独在主体、分割主体到对话主体、共生主体、交互主体，从个人的主体性到群体的主体间性。现实社会尤其是生产关系的变革，促使人们从关注主体如何认识客体到主体如何与另一个主体相处，并已成为当代哲学、社会学、教育学的历史转向。

通过以上对主体性及主体间性教育理论分析可知，作为一种精神层面的实践活动，德育实践活动具有不同于其他人类实践活动的重要特征——主体间性，即教育者和受教育者均为德育活动的主体。由于德育活动的主体间性，德育时机作为蕴含于德育活动之中的一种有利条件，其形成和产生必然不同于在普通主客体活动中产生的一般时机。主体性和主体间性教育理论，为分析德育活动的特殊性及德育时机不同于一般时机的形成过程以及教育者在创设、捕捉和利用德育时机过程中的作用提供了理论依据。

---

① ［德］卡尔·雅斯贝尔斯：《什么是教育》，上海三联出版社 1991 年版，第 3 页。

② 黄志成：《西方教育思想的轨迹——国际教育思潮纵览》，华东师范大学出版社 2008 年版，第 131 页。

③ 同上书，第 140 页。

# 第二章

# 德育时机的释义

德育时机的释义是研究德育时机理论的起点。本章通过对德育时机的含义、构成、特征及其类型等德育时机理论的基本问题进行梳理，从而为德育时机的形成过程、德育时机的主客观条件等后续问题的探索和研究奠定基础。

## 一　德育时机的界定

### （一）德育时机的逻辑前提

“德育时机”是由“德育”和“时机”组成的一个复合名词，对这两个紧密联系的概念进行梳理和分析是界定“德育时机”这一概念的逻辑前提，也是德育时机理论研究的起点。因为，“理论无非是运用概念和逻辑对于世界理性认识的系统表述”。[①]

关于德育的定义，大体可以分为广义和狭义两大类。狭义上的德育，一般是指道德教育，包括道德认识、道德情感、道德意志和道德行为等方面的教育。广义的德育，许多学者从不同的角度进行了界定。在众多观点中，笔者比较认同鲁洁教授的观点，即“德育是教育者根据一定社会和受教育者的需要，遵循品德形成的规律，采用言教、身教等有效手段，在受教育者的自觉参与的互动中，通过内化和外化，发展受教育者的思想、政治、法制和道德几方面素质的系统活动过程”。[②] 这一德育在概念上的

---

① 肖川：《主体性道德人格教育》，北京师范大学出版社 2002 年版，第 1 页。

② 鲁洁：《德育新论》，江苏教育出版社 2002 年版，第 128—129 页。

表述，具体包括以下几个方面：首先，德育具有教育本质的一般属性，即根据社会要求，教育者对受教育者施加有目的、有计划、有组织的影响；其次，德育的外延包括思想、政治、法制、道德等几方面的教育；再次，在德育过程中主客体关系具有统一性和转化的两极性特征，一方面是社会需要转化为教育者的品德和德育要求，另一方面是教育者以身教等特殊方法把德育要求再转化为受教育者的相应品德，在这两极转化过程中教育者和受教育者同是德育活动的主体；最后，德育过程中的转化既包括内化又包括外化。鲁洁教授给出的这个定义，不仅指出了德育的本质，还揭示了德育的外延，因此，其提出的这个定义得到了学术界的广泛认可。

关于时机的定义，本书在上一章已结合古今中外诸多观点进行了界定，所谓时机，是指存在于特定时间内，在主客观条件相互作用下形成的有利于主体行事的一种客观条件。

### （二）德育时机的当代理解

当前在德育理论研究中，国外文献中鲜有关于德育时机的论述，大多观点是由国内学者提出来的。此外，也有不少学者提出了教育时机这一概念，由于“关于教育时机的定义，目前散见于近几年教育类的报刊书籍中，且多指德育时机”，[①] 因此，有些教育时机的观点可视为对德育时机的概念表述。综观诸多德育时机的观点，大致可概括为两种。

首先，德育时机是教育者进行德育活动的最佳时间。孙孔懿提到：“教育时机，就是受教育者在一定的身心成熟水平的基础上由外部诱因引发的迫切需求某种教育的关键时候。”[②] 白铭欣在《论德育时机》中提到，“在德育过程中，有时受教育者一时产生某种要求，或想满足某种要求，或受到某种刺激，会使他们的心理暂时失去平衡。这时候，受教育者心理（思想）矛盾特别突出，形成思想品德发展的一个‘燃点’，这就是实施德育工作的有利时机。”[③] 谢正才在《抓住时机有效地开展思想政治工作》中提到：“所谓思想政治工作的‘最佳时机’，就是思想政治工作者充分

① 胡志刚：《论教育时机》，《哈尔滨学院学报》（社会科学版）2002 年第 9 期。

② 孙孔懿：《教育时间学》，江苏教育出版社 1998 年版，第 245 页。

③ 白铭欣：《论德育时机》，《教育研究》1987 年第 9 期。

利用人们所处的那种积极的情绪状态下的‘最佳时机’。”[①] 李海鹏认为，所谓最佳德育时机，乃是受教育者在遇到不能自解的问题时，所产生的心理上的迫切要求。如需要倾诉心里的痛苦，畅谈心中的打算，诉说受到的委屈，讲出面临的困难等等。这种心理要求达到最迫切的时候，便呈现出了最佳德育时机。肖先绪认为："一般来说，学生处在心理不平衡以至剧烈冲突而又积极渴望解决矛盾之时，就是德育的良机。”[②] 还有的学者认为："最佳教育时机是教师把热忱和智慧结合起来的结果，最佳教育时机不是教师主观确定的，而是当学生在心理需求上的某种矛盾出现激化时捕捉到的。如果教师能抓住最能触及人的心灵，震撼人的情感的特定环境或情境，在这种情况下去激发学生的道德情感与道德认识，就会产生一种强烈的情绪体验，就会使学生在心灵上留下难以磨灭的印记，此时的教育最有实效。”[③] 这种观点一方面强调了德育时机的形成主要来自受教育者的心理失衡而产生的德育需要；另一方面体现出了德育时机在时间上的客观性特征。然而，需要明确的是德育时机具有其特殊性的同时，还具有一般时机的本质属性，那就是一种存在于时间当中的有利的客观条件，是各种客观因素在特定的时间内偶合形成的。因此，德育活动的最佳时间其实是各种因素相互作用而产生的有利条件在时间上的表征，如果没有这种有利条件，那么时间对于德育活动则没有任何意义。此外，这一观点忽略了教育者的主观因素。在德育过程中出现的客观条件，只有被教育者意识到，并认为其有利于受教育者品德形成与发展和德育目标的实现，这种客观条件才能够被视为德育时机。而对德育时机的识别、判断及捕捉离不开教育者自身的知识、经验、专业素质等主观因素。

其次，德育时机是获得最佳德育效果的有利条件。郑明鹏在《试论大学生心态与创设思想政治工作时机、环境》中提到："高校思想政治工作时机就是大学生在某一时间出现的有利于接受教育并能获得良好效果的某种心态和机遇。”[④] 这一观点主要强调，德育时机是促进受教育者思想

---

① 谢正才：《抓住时机有效地开展思想政治工作》，《湘潭师范学院学报》（社会科学版）1991 年第 1 期。

② 肖先绪：《学生的心态与德育时机》，《教育研究》1997 年第 6 期。

③ 刘永曾、鲍东明：《捕捉最佳教育时机》，辽宁师范大学出版社 1995 年版，第 4 页。

④ 郑明鹏：《试论大学生心态与创设思想政治工作时机、环境》，《西南师范大学学报》（哲学社会科学版）1996 年第 3 期。

品德发展并获得良好德育效果的有利条件。胡志刚认为，“所谓德育时机应该是针对特定教育者与教育对象客观存在的可以获得最佳德育效能的一段时间的契机”,① 而“契机”是掌握好事物发展或转化的关键、枢纽、决定性环节，即为有利条件。这一观点强调，德育时机是教育者和受教育者获得双重德育效果的有利条件，突出了教育者和受教育者在德育活动中的主体地位。此外，有些学者在定义德育时机时还提到了德育时机的偶然性特征。杨金良认为，“有些事情常常是难以预料的，而这些突发的出乎常情的现象，也正是教育学生最好的时机，它源于学生的现实生活，是学生生命情感的真实流露，是教育学生的不可多得的最佳时机”。② 这种观点认为日常生活中的突发现象是教育学生的最佳时机。其实，突发现象可视为一种教育资源，是教育者通过有效利用从而取得最佳德育效果的偶然性有利条件。还有些学者在讨论思想政治教育的“随机性”时，把“时机”视为“机遇性”，并指出：“思想政治教育的机遇性是指，思想政治教育并非平铺直叙的线性发展过程，而是由于社会环境、形势和受教育者个人认识、心理等变化，思想政治教育实施者在特定条件下面临良好机遇和时机，容易成功地向思想政治教育的接受者灌输自己价值观念和行为规范的机会性、时机性特征。这种机遇对于大学生思想政治教育具有短暂性、偶发性和阶段性等特点。”③ 这一观点不仅提到了思想政治教育的时机是实施者容易取得最佳德育效果的有利条件，还提到了思想政治教育的时机具有偶发性、阶段性等特点。

### （三）德育时机的含义

通过以上对德育时机的逻辑前提和现有观点进行综合分析，本书认为，所谓德育时机是指存在于特定的时间之中，由主客观条件相互作用而产生的一种有利于教育者和受教育者获得最佳德育效果的客观条件，具体可从以下几个方面来分析：首先，德育时机存在于一段特定的时间之中。辩证唯物主义认为，物质的存在和运动都是在时间和空间中实现的。正如恩格斯所说：“一切存在的基本形式是空间和时间，时间以外的存在和空

① 胡志刚：《教育时机论》，黑龙江人民出版社 2003 年版，第 342 页。

② 杨金良：《善于把握现实的稍纵即逝的教育时机》，《当代教育科学》2003 年第 6 期。

③ 褚建军：《大学生随机教育工作的几点思考》，《中国成人教育》2010 年第 19 期。

间以外的存在，是十分荒诞的事情。”① 因此，作为一种有利的客观条件，德育时机同其他事物一样存在于特定的时间和空间之中。其次，德育时机有利于教育者和受教育者双方获得最佳德育效果。在德育过程中，教育者适时地把握和利用时机，能够有效地促进受教育者品德形成与发展，这一观点已得到广泛共识。然而，德育活动是教育者根据德育目标设计和组织的实践活动。在德育活动中，教育者之所以重视德育时机，不仅仅是因为把握和有效利用德育时机能够促进受教育者品德形成与发展，而且还因为德育时机同时也是影响德育目标能否实现的关键因素。可以说，把握和利用德育时机有利于教育者和受教育者双方获得最佳德育效果。再次，德育时机本身是主客观条件相互作用而产生的一种客观条件。德育时机，即出现在德育活动中的具有时效性的机会，一方面由于德育活动的特殊性使其具有区别于一般时机的特征；另一方面，德育时机也具备一般时机的基本属性——由各种主客观因素相互作用而产生的客观条件。李文颖在《机会学》一书中提出“机会元”这一概念，以概括一般机会（时机）的基本属性。他认为，机会元是指舍去各种特殊性的单个机会，这样的单个机会已经不是原来意义上的实在机会，而仅仅是人们在思辨中所把握的抽象机会。机会元具有全部机会的一般属性，代表了机会的本质特征，又是一个有着完整结构和功能的格式塔。它包含着机会的本质规定性，是机会的最基本单位。机会元不是一个实体性的概念，而是指一种态势关系，即一种客观态势关系，换句话说，就是各种客观因素相互作用关系。但这种客观态势关系能否被人们发现到它的价值并正确地发挥其作用，则依赖于人们的知识、经验等这些主观条件。因此，在德育活动中，德育时机同一般时机一样，先是由各种客观因素相互作用而构成的一种客观态势关系，当教育者的主观条件与这种客观态势发生联系并形成时机意识时，这种客观态势关系才可称为德育时机（对于德育时机的形成问题在本书第三章将做专门论述，这里只做简单介绍）。由于教育者能否把握和利用德育时机直接关系到德育效果的好与坏，因此，德育时机其本身一方面是表现为一种客观态势关系，而另一方面在具体的德育活动中，这种客观态势又是能够被教育者意识到并加以利用的客观条件。

① 《马克思恩格斯选集》（第3卷），人民出版社1995年版，第392页。

## 二 德育时机的构成要素

通常，德育时机具有与一般时机（包括教育时机）相同的结构。对于一般时机的构成要素，有的学者认为："时机是有价值的时间段。构成时机的要素有两个，一是有价值可能性，二是有交互时间态（在场）[①]的可能性。价值可能性是对未来时间段的价值期许，交互时间态（在场）的可能性是实现时间段价值的必要条件。价值来源于生活之需要，如果没有生活之需要，时机就不能显示出它的价值来，因而实际上也就等于没有时机；如果不能构成交互时间态（在场），那么时机将不能实现，这样的时机也许终将废弃，也许为他人所用。"[②] 孙孔懿则认为，教育时机是由空间因素、受教育者内部的力量因素和时间因素三个部分构成的。以上关于时机和教育时机构成要素的观点均值得借鉴。本书认为，德育时机的构成要素包括时间、内驱动力、价值和显现形式四个部分。

### （一）时间

这里的时间，指的是德育时机存在的某段特定时间。时间作为德育时机构成要素之一，不仅是德育时机的存在方式，而且也是表征构成德育时机的各种客观要素之间动态变化的尺度，具体可从以下两个方面来分析。

第一，时间是德育时机的存在方式。德育时机是存在于某段特定的时间之中。现代科学不断证明，没有在时间和空间之外存在的物质和物质运动。物质运动必定表现出时间和空间的存在，即"空间和时间是运动着的物质存在的基本形式"。[③] 辩证唯物主义认为，物质的存在和运动都是在时间和空间中实现的，正如恩格斯所说："一切存在的基本形式是空间和时间，时间以外的存在和空间以外的存在，是十分荒诞的事情。"[④] 马克思主义时间学说认为，任何物体的存在和发展，都经历一定的时间，以

① 交互时间态（在场）是海德格尔时间论中的重要概念，有两层含义：一是空间距离足够近，二是活动中的人与人或者人与事物相互有影响。

② 汪天文：《时间理解论》，人民出版社 2008 年版，第 145 页。

③ 冯契：《哲学大辞典》，上海辞书出版社 1992 年版，第 28 页。

④ 《马克思恩格斯选集》（第 3 卷），人民出版社 1995 年版，第 392 页。

时间为自己的一种基本存在形式，无论是何种运动形式，物质无论在宏观领域还是在微观领域的运动，都离不开时间。持相同观点的还有德国哲学家 M. 石里克，他在其著作《普通认识论》中提到，“一切实在地存在着的东西对我们来说都是存在于时间的某个点上。事件或事物——一切事物都存在于某个时间的点或者经历一个时间间隔”，“对于我们的认识来说，实在也只能在时间形式之中才会显示出来，这一事实不会由于他的理论而有任何改变”。① 因此，不论是德育时机还是一般时机，作为一种实在，更确切地说是一种客观条件，必然存在于时间之中，其形成和发展这一运动过程必然要在时间中实现。此外，德育时机是在各种客观因素偶合并相互作用而形成的，所以如果缺少特定的时间，形成德育时机的必要客观条件没有在同一时间上相遇，便也不会出现德育时机。有些学者为了体现时间对于德育时机的重要意义，认为德育时机就是德育主体行事的最佳时间，或最佳德育时间。因此，在一定程度上讲，时间不仅是德育时机的构成要素，而且也是构成德育时机所有客观要素中的主导要素。

第二，时间在实质上表征的是构成德育时机的各种客观要素之间的动态变化。对于这一观点，本书将从时间本身的定义去分析。“所谓时间，是主体认识客体、主体间交流和主体自我认识过程中抽象出来的，反映事物运动顺序性、客观因果性和心理状态持续性的一种认知框架，并以此作为认识客观世界变化发展进程和主体间交流的最普适尺度。”② 如果没有日出日落，人们就没有“日”的概念；如果没有春夏秋冬四季的变化，人们就没有“年”的概念；如果没有时钟上秒针、分针和时针的位置变化，人们就没有秒、分和时的概念。因此，时间离不开具体的事物，离开了具体的事物，时间将没有任何意义。作为客观存在的德育时机，其本身就是各种客观要素构成的动态组合，一旦其中的一个或几个客观要素发生变化，这种动态组合就会解体，德育时机也就随之消逝。德育时机的这种易逝性和不可重复性，与其说是由于时间的易逝和不可逆，不如说是德育时机作为一种客观要素的动态组合是不稳定的，这种动态组合的变化过程是不可逆的。因此，德育时机存在的时间，实质上表征的是构成德育时机的各种客观要素之间动态变化的过程。

---

① ［德］M. 石里克：《普通认识论》，商务印书馆 2005 年版，第 232—233 页。

② 汪天文：《时间理解论》，人民出版社 2008 年版，第 41 页。

## （二）内驱动力

1. 对内驱动力的认识

内驱动力是在 20 世纪 20 年代以后出现在心理学中的一个概念。最初，内驱力是以体内平衡状态的理论为基础的。美国新行为主义代表克拉克·赫尔将体内平衡状态概念引入行为理论中，提出了内驱力递减说，即当有机体处于不平衡状态时，就会产生生理上的某种需求，出现紧张状态，产生一种驱力，推动一种行为，当需求得到满足，紧张状态消失，驱力减弱，机体又恢复平衡，该种行为终止。可见，有机体的内驱动力产生于需要，并推动个体产生行为以满足自身需要。从这种观点出发，赫尔提出内驱力具有指向性作用，并把内驱力和学习联系起来，认为如果没有内驱力的动力性驱使，有机体就不可能去学习。心理学家米勒和道拉德认为，要学习必须有内驱力。它引起并促使人去活动。他们进一步解释说，内驱力是一种促进行动的很强的刺激。任何刺激，只要达到足够的强度，都可以成为内驱力，刺激越强，就越具有内驱力的功能。本书认为，这种"刺激"其实是"刺激"作用下产生的需要，由需要引发的内驱动力。内驱动力理论代表米勒曾指出，每个教师都应认识到内驱力和学习之间的关系。对学习者来说，他认为，没有内驱力作为动力，自己完全满足的人是蹩脚的学习者。动力心理学认为，人的活动包括内驱力和机制两个方面。内驱力是激发机制的内在条件，即行为的发动者。它回答行为的"为什么"问题，即通常所谓的动机。

通过上述观点可知，人的行为活动，包括学习行为是由其内驱动力引发的。因此，受教育者的道德学习作为一种特殊的行为活动也必然受到其内驱力的推动作用。受教育者道德学习的过程是受教育者进行思想品德的自主建构的过程。从教育者角度来看，在德育过程中受教育者的道德学习也是教育者进行德育活动的过程。戚万学教授曾提到："道德学习和道德教授，前者主要是从受教育者角度讲，探讨受教育者在道德上的发展变化，即他是如何习得道德的；后者主要是从教师的角度来看，关注的是教师的行动，即教师是如何把道德教授给受教育者或者说教师是如何使受教育者形成道德的。"① 虽然德育活动从表面上看是教育者对受教育者进行

① 戚万学：《道德学习与道德教育》，山东教育出版社 2006 年版，第 1 页。

道德教育的单向活动，教育者的德育目标和“工作需要”看似是德育活动的驱动力，但如果受教育者没有道德学习的主动性和积极性，那么德育无疑成了教育者一厢情愿的灌输和说教，受教育者获得的仅仅是死板空洞的教条。因此，在整个德育活动中真正起驱动作用的是受教育者道德学习的内驱动力。在内驱动力的作用下，受教育者终会表现出一些情绪、言语及行为方面的变化，如高涨的情绪状态，浓厚的学习兴趣等，这些变化如同信号向教育者传递着受教育者德育需要的信息。教育者一旦捕获到这些信息，便会发现蕴含其中的德育时机。当然，教育者在整个德育活动中也发挥着作用，但其只能采用各种方法激发受教育者产生道德学习的积极性，将其德育目标或“工作需要”转化为受教育者进行道德学习的内驱动力，进而促使德育时机的形成和出现。

2. *德育时机内驱动力的核心——德育需要*

德育时机的内驱动力是推动德育时机形成、发展和变化的内部力量，其本身是以受教育者的德育需要为核心的动力系统。

（1）德育时机的内驱动力就是受教育者进行道德学习的内驱动力

很多学者认为，受教育者在德育过程中表现出兴奋点、兴趣点、困惑点、情绪波动等的时刻是进行德育的最佳时机。而这些“关键点”无疑是受教育者进行道德学习的动机或内驱动力的表现形式，正是有了受教育者进行道德学习的内驱动力，才出现了教育者进行德育的最佳时机。孙孔懿认为，受教育者内部的力量因素是教育时机形成的内驱动力——“受教育者内部的力量因素，指客观对象作用受教育者的感觉器官，或者由代表客观对象特性的符号（语言、文字等）反映到受教育者的大脑中，引起受教育者希望进一步了解、理解、把握客观对象，或者希望得到教育者的引导、指点、帮助的一种内驱力，这种内驱力是教育时机得以形成的内部力量。”[①] 因此，受教育者进行道德学习的驱动力不仅是德育活动内驱动力，也是德育时机形成的内部力量。

（2）德育时机内驱动力的核心是受教育者的德育需要

美国心理学家赫尔在提出“内驱动力”这一概念时，同时也提出了内驱动力源于个体需要的观点。马克思主义认为，个体的需要是个体行为积极性的源泉，人的生产活动就是为了满足人的衣、食、住、行及对其他

① 孙孔懿：《教育时间学》，江苏教育出版社2000年版，第245页。

东西的需要。马克思曾指出："任何人如果不同时为了自己的某种需要和为了这种需要的器官而做事，他就什么也不能做。"① 他又进一步指出，需要是人的一种"天然必然性"，并说："同时就是需要有完整的人的生命表现的人，在这样的人身上，他自己的实际表现为内在的必然性，表现为需要。"② 此外，马克思还把需要的动力作用扩展到一切实践活动领域，提到："人以其需要的无限性和广泛性区别于其他一切动物。"③ 现代心理学研究表明，任何一个活动的发生和发展都不是无缘无故的，而是与一定的"需要"相联系的。这表明人是为了满足自己的各种需要而参加各种实践活动。德育活动作为一种精神层面的实践活动，受教育者对道德规范的接受与否无疑也取决于受教育者的需要，确切地说，是受教育者的德育需要。德育需要是受教育者积极主动地参与德育活动，接受道德规范的动力，也是促成德育时机形成和出现的驱动力量。所谓需要，是指"有机体内部的某种缺乏或不平衡状态，体现有机体的生存和发展对客观条件的依赖性，是有机体活动的积极性的源泉"。④ "德育需求实质上是一种'匮乏状态'。具有德育需求的人，常常会有某种'匮乏感'。"⑤ 这种匮乏感，不同于一般"物质匮乏感"，它体现的是受教育者的精神需要和追求。受教育者的德育需要越强烈，这种"匮乏感"也就越明显，最终将突破一定"阈值"以特定的形式表现出来，如受教育者对德育活动表现出的情绪高涨或强烈的积极性，一旦被教育者觉察到并认识到其作用价值，那么这一时刻便成为具有价值的德育时机。此外，由于受教育者的德育需要具有一定连续性，即一种德育需要满足后会产生新的德育需要，这种新的德育需要又会成为促进新的德育时机形成的内驱动力。受教育者德育需要的连续性使得德育时机也呈现出同样的连续性特征，从而为教育者积极主动地创造和把握德育时机提供了重要依据。

根据西方心理学家马斯洛提出的需要层次理论可知，人的需要可被分为从低级到高级五个层次，其中，衣、食、住、行等物质方面的需要属于低层次需要，爱、感情、尊重等精神方面的需要属于高层次需要。受教育

---

① 《马克思恩格斯全集》（第 3 卷），人民出版社 1992 年版，第 298 页。

② 《马克思恩格斯全集》（第 42 卷），人民出版社 1979 年版，第 129 页。

③ 《马克思恩格斯全集》（第 1 卷），人民出版社 1956 年版，第 439 页。

④ 林崇德、杨治良、黄希庭：《心理学大辞典》，上海教育出版社 2003 年版，第 1473 页。

⑤ 范树成：《德育过程论》，中国社会科学出版社 2004 年版，第 155 页。

者的德育需要则属于精神层面的需要，如道德认知方面的德育需要、社会交往行为方面的德育需要、自我实现方面的德育需要等。从不同的角度，受教育者的德育需要可被划分为不同的类型，本书将借鉴河北师范大学范树成教授对德育需要的划分观点，根据受教育者德育需要的属性特征，对德育需要分类如下。

●功利性德育需要

功利性德育需要，指的是受教育者为满足个人功利为目的而产生的德育需要。功利性是功利性德育需要的最显著特征。受教育者接受道德教育，参与各种德育活动的动机并不是满足其道德需要和精神追求，而是为了获得个人荣誉、他人的赞誉或其他物质奖励。道德教育只是满足受教育者的这种功利性需要的手段和工具。对于习得的道德知识，受教育者并非真正的认同。虽然在某些情况下，受教育者也能够将习得的道德规范落实到行动上，但其行为动机是获得荣誉和奖励以满足其功利性需要。尽管如此，只要教育者抓住德育时机，对受教育者进行正确的引导，受教育者的这种功利性德育需要将可能向较高层次的德育需要转化。例如，当受教育者在这种功利性需要的驱使下，表现出助人为乐、尊老爱幼、拾金不昧等道德行为，同时又渴望获得教育者的认可和奖励时，则是教育者对其进行引导的最佳时机。此时，教育者如果及时给予肯定性评价或奖励，满足受教育者功利性需要，那么受教育者为了满足新的需要，在道德实践中会不断重复这种道德行为，最终会通过“体悟”来实现道德知识的认同和内化，使自身原来低层次的功利性需要转化为较高层次的德育需要。

●求知性德育需要

求知性德育需要，指的是受教育者渴望获得道德认知而产生的德育需要。当受教育者在这种德育需要的驱使下表现出强烈的求知欲和学习兴趣时，则是教育者对其进行德育的最佳时机。美国心理学家戴维·奥苏贝尔在分析学习中的动机因素时，提到了“认识驱力”这一概念，“所谓认知驱力，就是指学生渴望认知、理解和掌握知识，以及陈述和解决问题的倾向。简而言之，即一种求知的需要……”① “它发端于学生好奇的倾向，以及探究、操作、理解和应付环境的心理倾向。”② 当受教育者在求知性

① 参见施良方《学习论》，人民出版社 2000 年版，第 242 页。

② 同上。

德育需要的驱动下，受教育者表现出强烈的求知欲，对一些新的道德知识表现出浓厚的兴趣时，是教育者对其进行德育的最佳时机。由于在受教育者思想品德结构中，受教育者的道德情感、道德行为都是在道德认知的基础上产生的，因此，由受教育者求知性德育需要引发的德育时机是教育者迫切需要的德育时机。然而，受教育者在这种德育需要的驱动下，可能仅限于学习道德知识满足自身的求知欲，对于习得的道德知识在情感上可能并不完全认同和接受，因此，教育者不仅要把握时机对受教育者进行德育，满足其求知欲并使其道德认知水平得以提升，而且要借机通过设置德育情境、组织丰富多样的实践活动等方式，使受教育者在情境体验和实践活动中产生道德情感并形成道德信念，从而真正实现受教育者对道德知识的内化。

●自我完善性德育需要

自我完善性德育需要，指的是受教育者为了完善自身道德人格而产生的一种德育需要。在受教育者的自我意识中，通常有一个“现实的我”和“理想的我”，这是由人的二重性，即应然性和实然性所决定的。其中，人的应然性说明人具有内在的自我发展的动因，表现为他对当下自我发展状况的不满和否定，对更高水平、更完善发展状态的企望。其中，也包含对更高道德层次的发展和追求。当受教育者通过自我认识或他人评价发现“现实的我”和“理想的我”差距很大时，就会产生自我完善性需要，而德育则是满足受教育者这种需要的一种手段。因此，在德育过程中，自我完善性德育需要是受教育者为了完善道德人格而产生的一种德育需要。在这种需要的驱使下，受教育者积极、主动地接受德育，不断完善自我道德人格以成为“理想的我”。由自我完善性德育需要引发的德育时机，主要体现为受教育者对与自身理想人格相关的道德知识表现出的强烈关注和兴趣，或者认识到自身与理想人格存在较大差距时表现出的失落和沮丧情绪。当教育者发现由这类德育需要引发的德育时机时，一方面要及时地对受教育者给予精神鼓励；另一方面要采用正确的德育策略适时地给予引导和帮助，从而促使受教育者道德人格不断完善和发展。

●精神满足性德育需要

精神满足性德育需要，指的是一种受教育者渴望通过德育以获得精神满足的需要。由精神满足性德育需要引发的德育时机，一方面表现为受教育者强烈的求知欲，或对各种德育活动表现出高涨的参与热情；另一方面表现为通过反观自身“道德盲点”而产生的苦恼和焦虑。如果说受教育者的功利性德育需要属于一种较低层次德育需要，那么精神满足性德育需要则属于一种较高层次的德育需要。随着受教育者思想品德不断发展，荣誉、奖励、他人的赞誉等已经不再是受教育者追求的目标，取而代之的是受教育者对自身德行的完善和追求。受教育者这种自觉的道德需要最初表现为自我完善性需要，然而，在通过德育满足这种需要的过程中，受教育者从中体验到了愉悦和幸福，获得了精神上的享受，自我完善性需要则逐渐上升为精神满足性需要。而此时，德育具有了一种特殊的功能和价值——“那就是德育通过发展与完善人的道德品质，满足了人的一种精神需要。”① 受教育者的精神满足性德育需要则正是受教育者渴望通过德育以获得精神满足的需要。在这种需要的推动下，受教育者在学习道德知识的过程中表现出强烈求知欲时以及在德育活动中表现出高涨的参与热情时，则是教育者对其进行德育的最佳时机。一旦教育者采用正确的德育策略利用德育时机，使受教育者在德育过程中获得了精神上的满足和享受，那么受教育者在满足其精神性德育需要之后，又会产生新的或者更高层次的德育需要，从而促使着新的德育时机的形成和出现。此外，当受教育者的这种精神满足性德育需要未得到满足而处于一种“匮乏状态”时，受教育者会为自身“道德盲点”而感到苦恼和焦虑，此时也是教育者对其进行德育的最佳时机。而且受教育者的这种“匮乏感”越强烈，在情绪、言语或行为上变化也就越明显，教育者则越容易捕捉到这种由精神满足性需要引发的德育时机。

●释疑解惑性德育需要

释疑解惑性德育需要，指的是受教育者为了消解各种疑惑或困惑而产生的德育需要。由受教育者释疑解惑性德育需要引发的德育时机，通常表现为受教育者渴望获得教育者引导和帮助时所显现出的一种心理和情绪状态。在现实生活中，受教育者在与他人的交往活动中，常常会与他人发生矛盾或冲突；在道德实践过程中，常常会遇到一些难以理解的问题和疑惑。对于有些矛盾、冲突或者疑惑，以受教育者现有的认知水平难以消解，于是受教育者就期望通过他人的帮助和引导来释疑解惑。受教育者的这种期望其实就是一种释疑解惑性德育需要。在这种德育需要的驱使下，

---

① 鲁洁：《道德教育的当代论域》，人民出版社 2005 年版，第 92 页。

受教育者通常会在情绪和行为上有所表现，如情绪低落、若有所思，或主动与教育者交流并寻求帮助等。在这种情况下，教育者要及时把握德育时机，适时地对受教育者给予帮助和引导，满足受教育者这种释疑解惑性的德育需要，从而使其道德水平得以提升。由于受教育者的释疑解惑性德育需要是促进其道德认知发展的主要动力，因此，有时教育者会有意设置“障碍”，刺激受教育者不断产生疑惑或困惑，并从中捕获德育时机对受教育者进行适时的德育，如孔子所主张的“不愤不启，不悱不发”正是对教育者把握德育时机对受教育者进行启发以满足其释疑解惑性德育需要这一德育过程的表述。

●社会化德育需要

社会化德育需要，指的是受教育者为了实现自我社会化而产生的一种德育需要。由受教育者社会化德育需要引发的德育时机，存在于现实生活中的方方面面，其诱发因素也是多种多样，如受教育者在社会交往中遇到的矛盾或冲突、一些与习得的道德认知相悖的社会现象、社会公共突发事件等，都可以刺激受教育者产生社会化德育需要，进而引发德育时机的产生和出现。马克思主义认为，人的本质是一切社会关系的总和。人之所以成为人，就在于其具有社会性，而这种社会性体现在个体必须通过社会交往与他人或者群体保持社会关系才能生存和发展。为了与他人或群体保持良好的社会关系，为了自身在这种社会关系中获得更好的发展，受教育者必须将道德规范纳入到自己的价值体系中，并通过践行经自身内化的道德规范而与他人或群体建立和维持一定的社会关系，可以说，是人的本性要求受教育者必须遵守道德规范以维持自身的社会性。如果说社会性是人的本性，那么社会化需要就是人的一种本质需要，德育则是满足这种社会化需要的一个主要途径。受教育者通过接受德育，满足其社会化需要，使得自我道德人格得到发展和完善，从而能够与他人或群体更好地构建和谐的社会关系，自身也在这种和谐的社会关系中获得更好的发展。因此，社会化德育需要就可以理解为受教育者为了实现自我社会化而产生的一种德育需要。由于受教育者的一生都无法脱离社会，因此，社会化需要及社会化德育需要也会终生伴随。特别是在青少年时期，在受教育者融入社会的过程中，与他人之间的矛盾或冲突、现实生活中的问题及困惑等常常会引起受教育者产生社会化德育需要。教育者一旦洞察到受教育者的这种社会化德育需要，就要把握德育时机给予受教育者正确的引导，从而促使其实现自我社会化。

（3）德育需要源自受教育者在实践活动中产生的道德需要

如前文所述，德育时机内驱动力的核心是受教育者的德育需要。本书认为，这种德育需要源自受教育者在实践活动中产生的道德需要。“道德需要，是作为道德主体的人，在维持其积极平衡或内在稳定状态过程中所产生的，对道德的依赖性和倾向性”，[①]“是主体塑造自身理想人格的主观意志和倾向。道德需要对于个体自身来说就是德欲，它是指个体自身对道德理想人格的向往与追求，是个体内部价值取向和道德性诉求，也是个体净化心灵、超越自我、提升境界的理性意志的集中反映。德欲是德育何以必要和可能的事实论证与动力所在。它为德育提供契机，为个体德性的生长提供优良的土壤和环境”。[②] 可以说，德育是满足受教育者道德需要的途径和手段，而德育需要则是在受教育者道德需要的基础上衍生出的一种需要，也是促进德育时机出现的驱动力量，更是成功实现德育的前提，具体分析如下。

首先，道德需要是人性的内在要求。马克思认为，“人的需要即人的本性”，这句话也可以理解为，需要是人性的内在要求。可以说，人的本质属性决定了需要的属性。对于人的本质属性，马克思认为，“人的本质不是单个人所固有的抽象物，在其现实性上，它是一切社会关系的总和”。[③] 人不仅具有自然属性，同时还具有社会属性。人仅仅有自然属性还不足以把人与其他动物从根本上完全区别开来，这样的人还只是自然界中生物的“类”存在物，因此，人还具有社会属性。如果说，自然属性是形成人的本质的基础或前提，那么社会属性则是在此基础上决定人的本质的根本因素。对于人的二重性，即自然属性和社会属性，美国科学家威尔逊认为，人的生物性中就包含了合作和自我牺牲的倾向；人是热爱生命的天使；人在最原始的内心深处就有一种要“与人相联系”感觉。也就是说，人的这种要“与人相联系”的社会属性同其自然属性一样，是与生俱来的。

作为人性的一种内在要求，人的需要也具有自然属性和社会属性这两个层面，这是由人的本质所决定的，即人的二重性决定了需要的二重性。

---

① 彭柏林：《道德需要论》，上海三联书店 2007 年版，第 18 页。

② 王仕杰：《论人的需要的德育价值》，《教育研究与实验》2010 年第 1 期。

③ 《马克思恩格斯选集》（第 1 卷），人民出版社 1972 年版，第 18 页。

关于人的需要，马克思在《德意志意识形态》中指出："在任何情况下，个人总是'从自己出发的'，但由于从他们彼此不需要发生任何联系这个意义上来说他们不是唯一的，由于他们的需要即他们的本性，以及他们求得满足的方式，把他们联系起来（两性关系、交换、分工），所以他们必然要发生相互关系。"① 在这里，马克思所提到的"需要"尚属一种人类的低级需要，也就是人的生存需要和物质需要，人们"为了生活，首先就需要衣、食、住以及其他东西"。② 这种物质需要反映了人的自然属性——人同其他动物一样，为了维持生存，必须满足衣、食、住、行等这些最基本的物质需要。然而，与动物不同的是，人类满足需要的方式是通过生产、分工或交换。人们通过生产、分工或交换等社会活动满足自身的物质需要的过程中，"他们必然要发生相互关系"，这种相互关系即人的社会关系，使人具有了区别于动物的本质属性——社会性。在人们通过社会交往建立社会关系的过程中，在满足自身物质需要的同时又产生了一种新的需要——精神需要，人们渴望受到他人的尊重和认可，渴望与他人建立良好的人际关系。人本主义心理学创始人马斯洛在大量实证研究的基础上，提出了"需要层次理论"，认为人除了生理需要、安全需要这些低级需要之外，还有归属需要、自尊需要、自我实现需要这些更高一级的需要。这一理论揭示了人不仅具有吃、穿、住、行等低级物质需要，而且更倾向于发展诸如忠诚、友爱、正义等高级精神需要。这从根本上说明了人本身就具有渴望高尚，追求高尚的精神需要。而道德需要正是人的一种高级精神需要。因此，可以说道德需要是人的社会属性所决定的，是人性的内在要求。

其次，德育是满足受教育者道德需要并使其成为道德主体的主要途径，德育需要则反映了受教育者希望接受何种道德教育并满足何种道德需要。一方面，作为道德实践活动的主体，受教育者只有具备社会所必需的道德主体特征和素质，掌握他所处时代的道德知识和道德思维方式，才能发挥其作为现实道德实践主体的作用，即每个个体在道德发展过程中，他的道德主体性活动以及道德主体的生成，都需要一个现实化的过程，这个现实化过程究其实质是一个社会道德要求与个体道德现状之间矛盾的转化

① 《马克思恩格斯全集》（第3卷），人民出版社1950年版，第514页。

② 同上书，第31页。

与解决的过程。德育作为发展个体道德水平的活动则是实现这个现实化的途径和手段。杜威认为，人的本性从根本上讲是可变的，正因为如此，才有了道德的需要和可能。而道德正是通过教育这种方式来改变人性的；反过来，教育的方向、基础和意义又都系于道德的要求，在这个意义上，道德和教育是相互统一的，道德即意味着教育。按杜威的话来说，“道德的过程和教育的过程是完全一致的”。[①] 捷克教育家夸美纽斯也曾说过：“只有受过一种合适的教育之后，人才能成为一个人。”[②] 英国唯物主义哲学家、教育家洛克认为，教育目的在于完成健全精神与健全身体。德国启蒙运动思想家、教育家卢梭从更加重视人的自然发展观点出发，主张“教育就是养成正当的习惯”；瑞士教育家裴斯泰洛奇认为，教育使人的各项能力得到自然的、进步的与均衡的发展。英国教育理论家斯宾塞认为，教育的任务在于准备其完备的生活。日本教育家佐藤正夫认为：“人要成为一个独立的人，为社会生活做准备，就必须在任何地方，任何时候，用任何方法去进行教育。教育是人不可或缺的。”[③] 总之，完整道德主体的形成有赖于德育，德育目标也在于满足个体道德发展的需要。

另一方面，人的应然性存在说明人内在地具有自我发展的动因，表现为他对当下自我发展状况的不满和否定，对更高水平、更完善发展状态的企望。其中，也包含对更高道德层次的发展和追求。丹尼斯在 1994 年提出，人有“将内在知情欲的精神潜质现实化”的真诚冲动，并且由于人的这种精神潜质和自我、时空、环境发生各种关联，或得以彰显，或受到压抑和挫伤导致功能失调。也就是说，人的道德意识和道德动机存在精神上的根基。[④] “伴随着对‘我’的道德盲点或偶然的内省和觉察，道德主体会对自我产生一种不满意感，这种不满意感作为一种内在动力会推动道德主体对自己采取批判的态度，开始消除不满意、完善自我的努力。道德主体对‘我’的道德盲点或偶然认识越深刻，就越是强烈地不满意自己，越是强烈地向往着满意的、理想的‘我’、‘我’应当成为的‘我’，从而越是要求改变目下的当前的‘我’、‘我的盲点或偶然的我’，并通过自

---

① ［美］杜威：《哲学的改造》，胡适、唐擘黄译，安徽教育出版社 1999 年版，第 116 页。

② ［捷］扬·阿姆斯·夸美纽斯：《大教学论》，傅任敢译，人民教育出版社 1984 年版，第 39 页。

③ ［日］佐藤正夫：《教学原理》，钟启泉译，教育科学出版社 2001 年版，第 49 页。

④ 戚万学：《道德学习与道德教育》，山东教育出版社 2006 年版，第 55 页。

我对象化的活动消除自我道德上的盲点或偶然，是‘应当的我’或关于我的价值和理想变为实实在在的感性现实。”① 作为德育对象的受教育者正是通过“德育”这种自我改造的实践活动来消除自身的道德盲点，满足自身的道德需要，实现自我向更高的道德层次发展，成为理想的“我”。可以说，受教育者的道德需要决定了德育需要的内容和属性，德育需要反映了受教育者的道德需要。

通过以上分析可知，道德需要是人的内在要求，是人的一种精神需要，而德育则是满足这种精神需要的主要手段和途径，德育需要则是在人的道德需要基础派生出来的一种需要。在德育过程中，由受教育者德育需要引发的各种德育时机，从表面上看，虽然具有不确定性和偶然性，但其形成和出现是受教育者道德发展的内在要求所决定的，因此也具有一定的确定性和必然性。换句话说，受教育者产生何种道德需要，就会相应产生何种德育需要，进而相应地促使某种德育时机的形成和出现。

3. 德育需要向内驱动力的转化——情感和情绪因素的影响

虽然受教育者的德育需要是德育时机内驱动力的核心，但它仅仅是一个原始信号，如对食物、水、氧气等的需要一样，这些信号是在情绪或情感引导和调节作用下（特别是放大作用）增强从而最终形成一种驱动力量。如果说受教育者的德育需要决定了德育时机内驱动力形成与否，那么受教育者的情绪和情感则决定了德育时机内驱动力的强度，当这种强度突破一定“阈值”时，德育时机便会以某种形式显现出来。因此，受教育者的情感和情绪是其德育需要最终成为德育时机内驱动力的转化力量，具体从以下三个方面分析。

第一，受教育者的情感和情绪本身就具有动力作用。关于情感的动力性质，东西方哲学家提出过很多哲学描述。如两千多年前先秦时期《墨子》中已有，“为，穷知而县于欲也”，即人的行为活动，既要穷知，又同情欲不可分。列宁曾指出：“没有‘人的感情’，就从来没有，也不可能有人对真理的追求。”② 这句话充分说明了情感在人的意识和行为中的动力作用。随着当代学者对情感研究的不断深入，情感动力理论逐渐被引用到许多学科领域的研究中，特别是教育学领域。苏联教育家苏霍姆林斯

---

① 彭柏林：《道德需要论》，上海三联书店 2007 年版，第 117 页。

② 《列宁全集》（第 20 卷），人民出版社 1958 年版，第 255 页。

基认为，教育的效果很大程度上取决于受教育者的心理状态——情绪高昂，效果就大；情绪低落，则效果微小。只有依靠受教育者内在的“情感动力”，才能推动受教育者对知识的掌握和其智力的发展。所以，他认为，除了天赋条件外，“情感动力”可谓儿童成长的杠杆。还有很多其他学者充分肯定了情感在受教育者道德发展过程中的动力作用。如鲁洁认为，快乐的感受是道德意识与行为不断发展的动力与源泉。情绪作为比较低级的情感形式，对个体行为也具有动力作用。它是以一种与生理性动机或社会性动机相同的方式来激发和引导行为。我国情绪心理学家孟昭兰认为：“情绪是多成分组成、多维量结构、多水平整合，并为有机体生存适应和人际交往而同认知交互作用的心理活动过程和心理动机力量。”① 当代情绪心理学中一个重要派别的代表人物伊扎德明确指出，在人类庞大的动机系统中，情绪是核心。无论是与内驱力相联系的动机，还是同知觉、认知相联系的情绪，抑或是蕴含在人格结构中的情绪特质，都起重要的动机作用。心理学家利珀更直接地提出“情绪本身就是动机”的观点，即把情绪作为动机系统的核心。苏联教育家马里延科认为：“学生在对周围现实以及对自身作出积极行为过程中产生的道德情绪，不仅促使各种心理过程增强紧迫感，而且这种道德情绪本身推动个人作出积极的道德行动和行为。这些情绪状态在某一时期赋予学生的整个行为以特别的情调。在某些情绪状态中表现出典型特征的行为，又有偶然性的行为。”② 苏联教育家克鲁普斯卡娅也指出，教育过程的效率很大程度上取决于是否巧妙地对儿童的情感施加影响。她更进一步指出，“要给孩子们‘情绪操练’的机会，使他们对共产主义事业感到亲切、可贵”。③

第二，情绪和情感源于受教育者的德育需要。“情感是人对客观事物是否满足自己的需要而产生的态度体验。”④ 而情绪则是比较低级的情感形式，是人们对来自体内外刺激的主观体验，它对给机体带来愉快的刺激产生获得的倾向，对给机体带来不愉快的刺激产生回避的趋向。从根本上说，情绪表征着人的欲望和需要——需要得到满足会产生不同程度的愉悦

① 孟昭兰：《情绪心理学》，北京大学出版社 2005 年版，第 6 页。

② ［苏］伊·斯·马里延科：《德育过程原理》，牟正秋、王明辉译，人民教育出版社 1985 年版，第 156 页。

③ 《克鲁普斯卡雅教育文选》，人民教育出版社 2006 年版，第 274 页。

④ 林崇德、杨治良、黄希庭：《心理学大辞典》，上海教育出版社 2003 年版，第 245 页。

感，需要得不到满足则会导致苦恼。愉悦感和苦恼的程度依满足或不满足的具体形式而变化。因此，可以说，情绪和情感都源于个体需要。前面“情感动力论”重点强调了情感具有动力或动机的性质，有些学者在提出这一观点的同时，还进一步补充和解释到，情感动力来源于个体需要。如朱小蔓认为：“道德发展是以情感为核心的动机系统作为内在保证——个体道德的发展既受制于个体的外部环境，又受制于个体的内部环境，而最终由个体内部动机系统作为个体道德发展的内在保证……”“情绪的产生与认识的发生一样，都是植根于生命体的内在需要在自我满足水平的表现。所以，人的行为和认识的需要的内在动因最终要以情绪的形式来表现。”[①] 因此，本书认为，情感和情绪的动力性质是由个体需要赋予的。受教育者的德育需要满足与否，会伴随出现某种情绪或情感。这种情绪或情感会随着受教育者德育需要的满足与否而消失或增强。

第三，情感和情绪对受教育者的德育需要起着引导、调节的反作用，最终将其转化为内驱动力，从而促使德育时机的形成和出现。本书认为，“情感动力论”提到情感和情绪的动力和动机性质，其实是在情绪和情感的引导和调节作用下，由个体需要转化而成的内驱动力。有的学者在界定教育时机时，谈到了情感的作用，“‘何谓最佳教育时机？教育心理学认为，情感是非常重要的心理现象，它是对客观现实与人的需要之间的关系反映。情感是构成人的活动动机之一，也是组织和协调学校活动的机制，改善人际关系、保持集体和谐稳定的纽带。需要是情感的基础，学生的需要是否得到满足，情感具有肯定和否定的性质。因此，当学生最需要爱护、理解、尊重和引导时，则为我们的最佳教育时机。’这里所指的实际是德育过程中的教育时机”。[②] “情绪理论认为，不仅需要会产生情绪，而且整个情绪过程也会产生并形成个体的具有质的独特性的需要。”[③] 这种个体的具有质的独特性的需要其实就是在情感或情绪的引导和调节作用下形成的。情感放大器理论认为，人类活动内驱力的信号需要具有一种放大的媒介，才能激化有机体去行动，起这种放大作用的就是情感。由此可见，受教育者的德育需要是一个原始信号，如对食物、水、氧气等的需要一样，这些信号是在情绪或情感引导、调节和放大作用下逐渐增强，当这

① 朱小蔓：《情感德育论》，人民教育出版社2005年版，第65页。

② 孙孔懿：《教育时间学》，江苏教育出版社1998年版，第244页。

③ 朱小蔓：《情感德育论》，人民教育出版社2005年版，第65页。

种驱动力量的强度，突破一定“阈值”时，便会以某种形式显现。因此，可以说，受教育者的德育需要构成了德育时机内驱动力的内核，伴随德育需要产生的情感和情绪则将德育需要这种原始信号最终转化为内驱动力。受教育者在这种内驱动力的推动下，最终会在情绪、行为或言语等方面出现“异常”。一旦教育者捕捉到受教育者这些“异常”的表现，并发现了其中的德育价值，那么此时此刻就是教育者进行德育的最佳时机。

### （三）显现形式

关于德育时机的显现形式，本书认为，德育时机是以受教育者的兴趣点、好奇心、兴奋点、情绪或情感变化及冲突等形式显现出来的。首先，德育时机的显现程度是由促进德育时机形成的内驱动力的能量大小决定的——在内驱动力能量十分微弱的情况下很难使受教育者有可观察的外部表现，因而这种“隐蔽”的德育时机也很难被把握和利用；只有内驱动力突破一定的阈限，德育时机才会以某种形式表现出来，才能为教育者捕捉和利用。因此，德育时机的显现程度是由内驱动力的能量大小，即受教育者德育需要的强度所决定的。其次，受教育者的兴趣、好奇心、动机、情绪或情感变化及冲突等是德育时机内驱动力——受教育者德育需要的“变形”，并以兴趣点、兴奋点、困惑点等形式将德育时机显现出来。20世纪50年代，苏联心理学家汲取了“本能论”和西方需要理论中的合理部分，提出了需要变形理论。他们不仅认为需要本身就具有动力性，而且还提出需要是个体活动的基本动力，其他具有动力性的生理表现，如动机、兴趣、理想、信念等都是需要的变形。例如，需要没有被意识到的时候，它则处于“潜伏状态”。当它被个体意识到，并使需要的满足有了可能时，需要就成为个体活动的动机。换句话说，需要在被个体意识到时，它就以行为的动机形式表现出来。因此，可以说，受教育者的德育需要的强度，即德育时机内驱动力的能量大小，决定了德育时机的显现程度；在德育过程中，受教育者所表现出的兴趣点、好奇心、兴奋点、情绪或情感变化及冲突等则是德育时机的显现形式。对于德育时机的各种具体显现形式，本书将进行如下分析。

1. 兴趣点和兴奋点

（1）兴趣点

兴趣是在需要基础上产生和发展起来的，并与积极情绪相联系，是人类积极探索事物或活动的带有情感色彩的认识倾向。所谓兴趣点，是指当受教育者对某种事物或活动有了兴趣时所表现出的一种积极情绪状态。在德育实践中，许多教育者经常把受教育者表现出的兴趣点比作德育时机，甚至通过激发受教育者兴趣的方式，提高受教育者参与德育活动的积极性，从而达到创造德育时机的目的。

之所以把兴趣点作为德育时机的显现形式之一，是因为，首先，“兴趣点”源于受教育者的个体需要，并具有一定的指向性。任何一种兴趣总是针对一定事件，为实现人的某种目的而产生的。人对他所感兴趣的事物总是心向神往，积极地把注意力指向并集中于该种活动。例如，同一时间内，学校举办学术交流会、青年志愿者公益活动、辩论会、演讲比赛等各种活动。而学生参加哪种活动是有选择的，这就是兴趣指向性的表现。兴趣的这种指向性是建立在个体需要的基础之上，但它和由生理需要所引起的个体对事物的暂时指向是不同的。这种指向性是社会实践要求反映在人的头脑中，转化为个体需要，并在个体需要的推动下产生的。然而，“兴趣的这一特征并不是偶然地、一时性地倾向于某种事物，而是指经常地，主动地去观察和思考某一事物，并将渴望去研究它和获得它”。[①] 在德育实践活动中，教育者若能了解受教育者的兴趣，并将其感兴趣的问题和德育内容相结合，则可能会出现教育者所期望的德育时机。例如，现在拓展训练作为一种体验式教育已经被很多学校引入到德育体系中。这种训练活动一方面迎合了当代青少年勇于挑战、冒险创新的兴趣诉求，激发了他们参与热情；另一方面，在教师的适时引导下，青少年通过参与各种高难度的训练活动，体会到了团队合作和互助友爱的集体精神和勇于超越的创新品质。这样的训练活动无疑提供了良好的德育时机及青少年自我教育的时机。其次，兴趣同时具有情绪性和动力性，在德育时机形成过程中，兴趣可以看作是德育时机内驱动力的“变形”。兴趣和情绪相联系已是不可置疑的事实。在许多心理学教材和字典中给“兴趣”下定义时，都指出兴趣带有情绪性。美国心理学家索里在他的《教育心理学》中，把兴趣和“增加快感”联系起来。日本冢田毅在《新教育心理学事典》中提到，兴趣伴随快感和期待而产生。日本《世界大百科事典》中把兴趣看成产生快感的心理状态。《中国大百科全书》（教育卷）也把兴趣看成是

① 高玉祥：《个性心理学》，北京师范大学出版社 2002 年版，第 95 页。

“情绪状态”。我国台湾学者王克先在其所著《学习心理》中提出，兴趣是具有感情色彩的心理状态。上面对“兴趣”的论述均代表当前心理学界普遍认识。同时，兴趣在受教育者学习活动中的动力性作用，已为古今中外的心理学家和教育家所承认。美国教育家杜威把兴趣看成活动的动力。他认为，除非一个对象或一个观念里面有了兴趣，否则便没有鼓励人去做的原动力。瑞士心理学家皮亚杰在论述兴趣的作用时，把它说成是“能量的调节者”，起发动储存内心的力量的作用。苏联高等学校《普通心理学》教材中提到，兴趣是推动认知的机制。其实，兴趣之所以具有动力性特征，无非缘于其来自于个体需要，而个体需要是一切行为的动力之源。而伴随个体需要产生的情绪对需要又具有放大、引导的反作用，使之最终形成一种推动力。在德育活动中，如果受教育者在这种推动力的驱使下表现出了积极的情绪状态，即出现了“兴趣点”，那么此时的兴趣点也就是教育者所期盼的德育时机。因此，在德育过程中，如果把兴趣点看做是一种德育时机，或者说是德育时机的一种表现形式，那么兴趣则是促使兴趣点出现的驱动力。

（2）兴奋点

本书认为，所谓兴奋点，是指受教育者在外部客观的刺激因素作用下而产生某种需要，并在这种需要驱使下表现出的一种积极活跃的状态。从心理学角度讲，兴奋是指一种“对于刺激产生反应的特性，使主观方面产生或出现激动状态”。[①]“社会心理学认为，兴奋点是指人们自身在某一时期（或某一段时间内）对某些事物所产生的兴趣。”[②] 虽然兴奋点与兴趣点有相似之处，但二者之间是有些差别的。兴奋点除了包括强烈的兴趣诉求之外，还包括其他内容，如产生与某种行为动机、愿望、理想等相关的情绪状态。兴奋点的出现要有外部客观刺激因素作用以引起受教育者的反应作为前提，这种反应的出现离不开受教育者对这种刺激的认知和理解。然而，一旦这种刺激因素超出了受教育者的认知和理解范畴，则很难使其产生反应。例如，在德育过程中，教育者经常运用启发式教学法把“问题”作为刺激因素以引起受教育者的好奇心和求知欲，从而达到创造德育时机的目的。这种求知欲，即强烈的学习动机，就是一种“兴奋

① 宋书文：《心理学词典》，广西人民出版社 1984 年版，第 111 页。

② 刘岚：《抓住兴奋点做好大学生思想政治工作》，《吴中学刊》1996 年第 1 期。

点”。再比如，在学校或社会活动中，教育者往往将表扬或荣誉作为奖励，这种方式无疑刺激了受教育者的“成就需要”，而使其对这种社会活动表现得跃跃欲试。教育者若能抓住这一“兴奋点”——德育时机，并结合德育内容对受教育者进行有力引导，则会收到良好的德育效果。

2. 挫折点和冲突点

在德育过程中，不仅存在着“兴趣点”和“兴奋点”这些与肯定、积极的情绪相联系的德育时机，同时也存在着与否定、消极情绪相联系的德育时机，如有的学者认为：“学生在学习、生活中遇到矛盾，会使他们思想上产生很大压力，渴望得到解脱的办法……教育者抓住这个时机对学生进行教育，会使他们感到雪中送炭，有时甚至以此为良机，使他们发生很大的转变。”[①] 像上述受教育者遭遇矛盾、疑惑或冲突时出现的德育时机，本书将其归为挫折点和冲突点，且均为与否定、消极情绪相联系的德育时机显现形式。

（1）挫折点

所谓挫折点，本书认为是指受教育者遭受挫折后出现抑郁、消极、愤懑等异常的情绪状态，及同时渴望获得理解和帮助的心理状态。这里的“挫折”是一个心理学上的概念，挫折在大部分词典里的意义大致相同，如《心理学大辞典》解释为：“在个体从事有目的的活动过程中遇到障碍或干扰，致使个人动机不能实现、需要不能满足时的情绪状态。”[②] 有的学者给出了更为全面的解释，认为：“挫折是指人们在某种动机的推动下，在实现目标的活动中，由于遇到了无法克服或者自认为无法克服的障碍和干扰而使其需要或动机不能获得满足时，内心所产生的紧张状态和消极的情绪反应。”[③] 受教育者的成长道路并非一帆风顺，时常会遇到一些困难和受到挫折，如学习和生活中的困惑、被人误解、受到批评等，往往因此而表现得情绪低落，期望获得他人的理解、同情和帮助。如果这时教育者能够及时发现受教育者的这种异常情绪状态，即“挫折点”，主动关心和帮助他们，并对其进行正确的引导，那么受教育者在磨炼意志，吸取教训的同时，其对外部环境适应能力也会大大增强。

① 肖湘绪：《大学思想政治教育时机探讨》，《高等建筑教育》1993 年第 2 期。

② 朱智贤：《心理学大辞典》，北京师范大学出版社 1989 年版，第 89 页。

③ 李海洲：《挫折教育论》，江苏教育出版社 2001 年版，第 66 页。

（2）冲突点（或矛盾点）

有的学者认为："在现实生活中，大学生外在心理不平衡以至剧烈冲突而又迫切希望解决矛盾时就是做思想政治工作的大好时机。"① 对于这种由受教育者的内心冲突或矛盾引发的德育时机，本书将其界定为"冲突点"（或矛盾点），即当受教育者遇到冲突（或矛盾）时，期望他人给予帮助以解决冲突（或矛盾）的心理状态。"冲突"在心理学上被解释为："两个或两个以上的需要同时存在而又处于矛盾中的一种心理状态。可分为内部需要与外界限制的冲突，外部需要之间的冲突和内部需要之间的冲突这三类。"② 从内部需要和外部限制（外部需要）的关系角度，具体可从以下方面来分析德育时机的另一显现形式——"冲突点"。首先，是受教育者的内部需要与外部限制引发的"冲突点"。这种冲突点是在外部条件的限制使受教育者的内部需要不能得到满足时而产生的。例如，有些受教育者在生活、学习、成长和各种活动中常常不自觉地流露出自己的强烈愿望或迫切要求。倘若缺乏正确的方法、充分的条件、必要的因素，这种愿望又很难在短时间内实现，那么这时受教育者则容易产生焦虑、懊恼、压抑的情绪，即"冲突点"。此时，教育者应充分利用这种"冲突点"形式的德育时机，清楚地了解、准确地把握受教育者的强烈愿望或迫切要求，尽可能地给他们指出解决理想与现实之间矛盾的途径或策略，鼓励引导他们积极创造条件，利用一切有利因素实现那些具有现实可能性的愿望，并帮助他们分析形势，认清自身条件，摆脱不合实际的幻想，支持他们确立新的奋斗目标。其次，是受教育者内部需要之间的冲突而引发的"冲突点"。例如，当前许多大学生迫切需要友谊，渴望理解，寻求归属和爱。他们有强烈的交往需要，希望能向知心朋友倾吐对人生和生活的看法，盼望能有人与其分担痛苦，分享欢乐。但同时他们又存在着自我闭锁的倾向，往往不愿主动敞开自己的心扉，把自己的心灵深藏起来，在公开场合很少发表真实意见。他们在与他人交往时存有较强的戒备心理，总是有意无意地保持一定距离，正是这种交往需要与自我保护需要的矛盾冲突，使得不少大学生倍受"孤独"的痛苦。如果此时教育者能将"冲突点"视为德育时机，并深入受教育者的实际生活，洞察受教育者多种内

① 郑明鹏：《试论大学生心态与创设思想政治工作时机、环境》，《西南师范大学学报》（哲学社会科学版）1995 年第 3 期。

② 朱智贤：《心理学大辞典》，北京师范大学出版社 1989 年版，第 71 页。

部需要，掌握受教育者出现“冲突点”的根源所在，给予其积极的引导，并促使其将正向的内部需要转化为主要需要，并授以受教育者正确的方法以满足自身需要，那么受教育者在摆脱痛苦的同时将进一步健全自身的道德人格。再次，是外部需要（限制）之间的冲突而引发的冲突点。例如，为了培养受教育者吃苦耐劳的精神，学校组织受教育者下乡劳动，体验农村生活，但很多家长认为受教育者应该把时间和精力全部放在学习上，反对受教育者参加这种实践活动。在这种学校与家长意见不一致的情况下，往往会引起受教育者不知何去何从的内心冲突，需要他人给予帮助和引导做出选择。这时，教育者若能抓住这一“冲突点”形式的德育时机，教育和引导受教育者正确认识劳动实践对今后成长与发展的积极意义，那么受教育者将从中体会到德智体全面发展的重要性，并能够客观看待“分数决定命运”的狭隘思想。

### （四）价值

在哲学范畴里，价值是在人的生存发展活动中形成的一种特定关系，其实质是客体的存在、属性及其变化同主体的尺度和需要相一致、相符合或接近。凡是具有这种性质和状态的主客体关系，就叫做客体对主体有价值。马克思曾对“使用价值”下过一个科学的定义：“使用价值表示物和人之间的自然关系，实际上是表示物为人而存在。”① 列宁则用“事物同人所需要它的那一点的联系”② 来表述事物的价值。列宁这一观点也表明了事物的价值取决于主体需要。虽然上述的“使用价值”和“事物的价值”都是特殊的、具体类型的价值，它们同“价值”是特殊和一般的关系，但是，马克思和列宁对“特殊价值”本质做出的科学规定，却有一般的、普遍的意义，那就是：一方面，价值是主客体关系的特定性质和状态，是主客体相互作用的特定内容。换句话说，价值是主体和客体在实践、认识中达到的一种统一，是主客体统一所具有的某种特定性质和状态。另一方面，价值作为一种“关系质”或“关系态”，其特殊的规定性在于“物为人而存在”“事物同人所需要它的那一点”相联系，即客体为主体所用，同主体的结构、需要、能力、生存和发展相一致、相符合和相

---

① 《马克思恩格斯全集》（第 26 卷），人民出版社 1960 年版，第 326 页。

② 《列宁选集》（第 4 卷），人民出版社 1987 年版，第 453 页。

接近。德育时机作为一种有利于德育主体（教育者）获得最佳德育效果的客观条件，是客观条件和德育主体（教育者）选择相结合的结果，可以说，德育时机对德育主体（教育者）具有一定的价值，其价值则体现了德育时机——这种特殊的客观条件与德育主体（教育者）选择的“关系态”，或者说，德育时机的价值表征的是德育时机与德育主体（教育者）之间的价值关系，否则，德育时机与一般偶然性的客观条件没有什么不同。对于德育时机的价值，本书将从其应然价值和实然价值两个层面分析。

1. 德育时机的应然价值

本书认为，德育时机的应然价值，就是德育主体（教育者）期望从德育时机中获得的价值。或者说，德育时机与德育主体（教育者）之间存在的一种应然的价值关系。德育时机是否具有价值、价值的大小依赖于德育主体（教育者）对其的认知和判断。马克思主义认为，价值是主体对客体是否满足自身需求的认识，它由两个方面组成，一是客体本身的属性，二是主体的需要。主体的需要建立在客体的属性之上，只有客体的属性能够满足主体的需要，它才会被认为是有价值的。德育时机作为一种客观条件，无异于任何事物，其价值有无与否也同样依赖于德育主体（教育者）的认知和判断。一方面，德育主体（教育者）要对这种客观条件的属性和自身需要有所认识，即明白自己需要什么、想要做什么、要达到什么德育目标及这种客观条件能为自己带来什么。一旦这种客观条件被德育主体（教育者）认为能够满足自身的需要，那么其对德育主体（教育者）而言便具有了价值，而这种具有价值的客观条件即为德育时机，否则，德育时机与一般的客观条件没有什么不同。当然，这种价值仅仅是德育主体（教育者）主观意义上的价值。德育时机能否真正地满足德育主体（教育者）的需要，只有从取得的德育效果中找到答案。因此，德育时机与德育主体（教育者）的这层价值关系仅仅是一种应然的价值关系。此外，德育时机价值的大小无非依赖于德育主体（教育者）对德育时机满足其需要程度的判断和预期。当同时面对两个或两个以上德育时机时，其价值的大小则是德育主体（教育者）从中取舍的选择依据。而这种价值大小的判断其实也是德育主体（教育者）的主观判断和预期——德育时机真正的价值只有通过德育实践才能验证。因此，从这一角度来看，德育时机的价值首先表现为一种应然的价值。

2. 德育时机的实然价值

与德育时机的应然价值相对应的是其实然价值，本书认为，所谓德育时机的实然价值，指的是德育时机给德育主体（教育者）带来的实际德育效果。从理想化的角度说，德育时机的实然价值与应然价值应当是一致的。但从现实角度看，由于德育主体（教育者）在利用德育时机的过程中受各种主客观因素的影响和制约，因此两者往往不相一致，德育时机的实然价值较之应然价值往往存在着一定的差距。德育时机应然价值的实现，或者说德育时机实际产生的德育效果则取决于德育主体（教育者）自身的能力，特别是德育主体（教育者）利用德育时机的能力和方法。即使德育主体（教育者）及时地把握住了德育时机，但是运用了错误的方法向受教育者教授了不合适的德育内容，那么也不会取得预期的德育效果，甚至会对受教育者产生不良影响。因此，德育时机的价值不仅具有应然价值，还具有实然价值。

## 三 德育时机的特点

### （一）偶然性与必然性

1. 偶然性

偶然性是指事物联系和发展过程中并非确定发生的，可能出现也可能不出现，可以这样出现也可以那样出现的情况，是事物非本质联系，对事物的发展起着加速或延缓的作用，并使之带有这样或那样特征。

德育时机的形成是各种主客观条件在特定的时间内偶合并相互作用的过程，即受教育者所处的身心成熟水平与外部环境中的刺激因素构成的客观条件，以及教育者的知识、经验和时机意识等构成的主观条件在某一特定的时间偶合并相互作用的过程。可以说，这一形成过程是各种主客观条件随机组合的过程。这种随机组合的过程带有一定的不确定性和偶然性，因此使得德育时机也具有了偶然性特征。此外，德育时机的内驱动力是受教育者的德育需要，而德育需要是受教育者在一定身心成熟水平的基础上受外部环境中客观因素的刺激作用而形成的。其中，外部环境中能够对受教育者产生刺激作用的客观因素带有一定的不确定性，如一些能够对受教育者产生心理冲击的偶发事件，因此，这也造成了德育时机具有了偶然性特点。王健敏认为，“在儿童的日常学习与生活中，有许多偶发事件，并非教育者的有意设计，却提供给受教育者一种真实的道德情境，引发许多适应性行为，构成具有教育意义的事件，使个体无意识地进入一种德育需要状态。若能抓住这类契机进行有效干预，必然会获得一种深刻的道德体验”。[①] 因此，德育时机形成的随机性和外部环境中刺激因素的不确定性使得德育时机具有偶然性的特征。

此外，德育时机的显现，一方面主要取决于受教育者德育需要的强烈程度。在德育需要强度十分微弱的情况下，德育时机并不十分明显甚至没有任何的表现形式；另一方面，德育时机的显现还受到受教育者的情感、兴趣、信念等非理性因素的影响。受教育者的非理性因素使德育时机以这样或那样的不同形式表现出来，如情绪上的变化、行为和言语的表达等。因此，德育时机的显现及其显现形式也是不确定的，具有偶然性的。

2. 必然性

必然性是与偶然性相联系的，是指事物发展中合乎规律的确定不移的趋向，是事物内在的本质联系。马克思主义理论认为，必然性和偶然性是客观事物联系和发展中同时起作用的两种情况。对于两者的辩证关系，恩格斯认为，“被断定为必然的东西，是由纯粹的偶然性构成的，而所谓偶然的东西，是一种有必然性隐藏在里面的形式”，[②] 即必然性存在于偶然性之中，通过大量的偶然性表现出来；偶然性背后隐藏着规律性，受必然性支配，是其表现形式和补充。

德育时机的形成和显现，一方面受到外界环境中带有不确定性的刺激因素以及受教育者自身非理性因素的影响，而表现出其偶然性的特征；另一方面，受到其内部隐蔽的客观规律的支配和制约。决定德育时机出现的客观规律主要包括以下两个规律：第一个规律，是受教育者身心发展的规律。皮亚杰、科尔伯格和信息加工理论者都认为，道德的发展与智慧的发展有一种平行关系，智慧的发展是道德认知发展的必要条件。皮亚杰形象地将这种平行关系概括为：“逻辑是思想的道德，正像道德是行动的逻辑。”[③] 因此，儿童能否达到某种道德水平，其前提是儿童是否具有掌握这种概括、判断、推理等逻辑思维能力，也就是说，儿童的智力特别是逻

---

① 王健敏：《道德学习论》，浙江教育出版社 2002 年版，第 238 页。

② 《马克思恩格斯选集》（第 4 卷），人民出版社 1995 年版，第 244 页。

③ ［瑞士］让·皮亚杰：《儿童道德判断》，傅统先、陆有铨等译，山东教育出版社 1984 年版，第 48 页。

辑推理能力制约着儿童道德水平的提高。而儿童智力水平又是由其身心发展水平所决定的。人的身心发展是具有一定顺序性、阶段性和不均衡性的。具体来说，人的身心发展包括生理和心理两个方面，而这两个方面是相互联系的。由于心理是人脑的机能，因此，生理的发展特别是神经系统的发展状况，制约着心理的发展。同时，生理的发展也受到认知、情感、意志等心理过程的影响。不论是人的心理还是生理，其发展过程一方面具有一定的连续性和顺序性，但同时又具有阶段性，即受教育者生理或心理发展按照由低到高的顺序存在不同的阶段。由于年龄是时间的标志，代表一定的时期和阶段，因此，受教育者的各个发展阶段通常以“年龄特征”的形式显现。由于受教育者的身心成熟水平与其道德发展之间存在着必然联系，也就是说受教育者到了一定年龄阶段就会在生理和心理方面显现出易于接受某种道德教育的年龄特征，因此，在这种情况下，“年龄特征”的存在使得相应德育时机的出现具有一定的必然性。此外，人的身心发展具有不均衡性。当前国内外诸多教育家和心理学家都对“关键期”理论比较认同，认为人的某种潜在能力存在于人一生的某一特定的时期中，由于环境恰好提供了某种特定的刺激，就能使之得到最好的发展。因此，在某一特定的时期内，恰当地进行某种特殊的教育和训练，人就会获得某种特殊的能力；如果错过了这个时期，这种能力就难以获得。因此，人的身心发展的“关键期”使德育时机的出现具有一定的规律性和必然性。第二个规律，是对德育时机的出现起支配作用的“刺激——反应”规律。外部环境中的刺激因素作用于人的感觉器官，能以感觉、表象、思想、情感、愿望等种种形式反映在人脑中。不但心理反应的内容是客观的，外界刺激引起的人的神经反应过程也是客观的。这种环境刺激与人的反应之间的永恒作用，使得受教育者在受到外部环境的刺激时，会出现一系列心理活动，其中就包括产生某种德育需要并通过各种形式表现出来。当受教育者的这种心理反应以某种形式表现出来时，便是其接受德育的最佳时机。因此，“刺激——反应”规律也决定了德育时机的出现具有一定的必然性。

### （二）不可重复性和易逝性

时间是德育时机的构成要素之一，从哲学角度来看，时间是德育时机作为一种客观存在的存在方式。因此，德育时机的特征除了具有由外部环境中不确定因素和内部规律所决定的偶然性和必然性之外，还具有明显的时间方面的特征，甚至很多学者为了强调这一特征，认为德育时机就是最佳德育时间。本书认为，德育时机的时间性这一特征具体表现为不可重复性和易逝性两个方面。

1. 不可重复性

由于德育时机形成和出现这一变化过程经历的时间是不可逆的，因此德育时机是不可重复的。在解释德育时机的这一特征之前，不得不提到另一个科学命题，即时间的不可逆性。这一观点源自比利时物理学家伊·普里戈金提出的“耗散理论”。普里戈金用系统论的观点来分析时间的性质与内涵，在其对“耗散结构”的表述中明确提出，“时间的不可逆性”是生物和社会组织的特性，并表现为一种开放系统的“耗散结构”状态和自组织系统的特点。普里戈金提出的这一时间观点对时间理论的研究做出了重要的贡献。这一观点被引入哲学领域，便确立了“内部时间论”——时间是实在的，但不是人和自然在时间中，而是时间在人和自然中生成；不是物体的静态而产生时间，而是系统演化的不可逆“动势”产生时间；时间的指针不是机械运动引起的，而是由生命演化自行带动的。可以说，时间的本质在于生命的内在发动中。因此，根据“内部时间论”可知，对于德育时机这种特殊的客观条件，其存在的时间的不可逆性从而变相地证明了德育时机的产生、出现和消逝一系列的“动势”的不可逆，即德育时机具有不可重复性。历史上有很多“猪孩”和“狼孩”的事例，证明了一旦错过了人的身心发展的“关键期”，任何形式的教育对他们的作用和影响微乎其微，很难改变他们业已形成的生活习惯和思维方式。当然，德育时机的这种不可重复性，并不排除教育者通过发挥主观能动性，创造和控制客观条件多次“重新”获得已经逝去的时机，但其获得的绝不会是同一个德育时机。

2. 易逝性

英国科学家弗兰西斯·培根在《论时机》中提到：“幸运之机好比市场，只要你稍有延误，它就会掉价。有时它又像那位出卖预言书的西比拉，如果当能买时不及时买，那么等你发现了它的价值再想买时，书却已经不全了。”① 可见，如果没有及时把握“幸运之机”，那么“幸运”则

① ［英］弗兰西斯·培根：《培根人生论》，何新译，陕西师范大学出版社2006年版，第112页。

会随之稍纵即逝。短暂性、易逝性不仅是一般时机的特征，也是德育时机的基本特征。所谓“机不可失，时不再来”，这句话一方面表明了时机的不可重复性，另一方面也强调了时机的易逝性和及时把握时机的重要性。时机的这种易逝性特征是由构成时机的各种客观因素所具有的较强的变化性所决定的。时机是由各种客观因素在某一特定的时间上的动态组合。一旦其中的某个客观因素或者各种客观因素之间的作用关系发生变化，时机便转瞬即逝。对于德育时机而言，也是如此。虽然不同德育时机存在的时间长短不一，有的可能只是瞬间，有的可能是几天，但相对于教育者而言，则都是有限的、短暂的。

### （三）客观性和主体选择性

#### 1. 客观性

德育时机的客观性，首先是指德育时机的存在是客观的，是不以人的意志而转移的。德育时机是由时间、内驱动力、价值，以及显现形式构成的。这些构成德育时机的所有要素均是客观存在的。首先，时间作为德育时机的构成要素和存在形式是客观的。马克思主义时间学说认为，“物质是客观存在的，时间是物质存在的一种基本形式，它不是人的主观感觉，不是上帝的感觉，而是客观存在”。[①] 其次，德育时机的内驱动力具有客观性质。内驱动力是德育时机形成的推动力，其核心是受教育者的德育需要。受教育者的德育需要是受教育者在一定的身心发展水平下受到外部诱因的刺激作用而产生的，是由人的“刺激——反应”这一心理作用的客观规律所支配。同时，受教育者的德育需要转化成德育时机的内驱动力还受到情感、意志、兴趣等非理性因素的影响，其中受教育者的情感、意志、兴趣等非理性因素也是客观存在的。可以说，受教育者的身心发展现状、外部诱因、两者之间相互作用的客观规律以及伴随这一过程而生成的非理性因素均是客观存在的，所以在这些客观因素相互作用下而产生的受教育者德育需要，即德育时机的内驱动力，在本质上也是客观的。此外，德育时机的显现形式其实就是其内驱动力的显现形式，因此也是客观的。再次，德育时机的价值，表征的是德育主体（教育者）和德育时机的“关系态”——德育时机作为一种客观条件能够满足德育主体（教育者）的

---

① 金哲、陈燮君：《时间学》，浙江人民出版社 1992 年版，第 107 页。

需要。这种“关系态”的本质是德育时机和德育主体（教育者）之间的价值关系，虽然具有一定的主体性，但不具有主观性，而是具有一定的客观性。因此，由具有客观性质的时间、内驱动力、外显形式和价值构成的德育时机是具有客观性的。

其次，德育时机的客观性还在于德育时机形成过程的客观性。就是说，德育时机的形成是客观事物运动变化的结果和产物。德育时机形成过程的这一特征源于一般时机形成的客观性特征。中国春秋时期的范蠡认为：“时不至，不可强生。”① 强调要“守时”，“时反是守，强索者不祥”。② 所谓“时反是守”，是因为相信“时将有反”，从而应该等待“时反”。就是说，时机的出现存在客观的运动变化规律，而且能够在运动变化中实现向对立面转化，人应该耐心等待时机转化。这种时机思想充分体现了时机运动变化过程（包括形成过程）的客观性。因此，德育时机作为各类时机中的一种，虽然其具体形成过程区别于一般时机，但其有着与一般时机形成过程相同的共性特征——客观性。所以说，德育时机形成过程的客观性便直接决定了德育时机的客观性。

2. 主体选择性

德育时机的主体选择性是德育时机区别于其他一般偶发性客观条件的本质特征。马克思主义认为，选择是人类特有的一种能力和活动。我们可以把它概括为：主体根据自身需要和主客观条件，自觉地从诸种客体的内部关系及其可能的动态发展过程出发，去判别和采取那种最大限度地最全面地满足自身需求的客体或主客体作用方式的活动。③ 德育作为一种特殊的实践活动，是教育者以社会需要为导向，通过利用有效手段，激发和满足受教育者的德育需要，通过内化和外化作用，促使受教育者品德的形成和发展，实现德育目标从而满足社会需要的一个系统活动的过程。在这一过程中，教育者结合受教育者品德发展现状，将社会需要转化为具体的德育目标。为了实现德育目标及满足社会需要，教育者必然会选择最有利的客观条件（德育时机）以获得最佳的德育效果。因此，任何客观条件，包括受教育者所表现出的情绪、言语和行为等变化，能否成为德育时机，则取决于教育者的德育目标。德育目标是教育者识别和选择德育时机的主

① 参见《国语·越语下》。

② 同上。

③ 郭晋平：《略论马克思主义选择观》，《江汉论坛》1987 年第 1 期。

要依据。

然而，德育时机的这种主体选择性并不代表教育者可以随意地自由选择任何客观条件作为德育时机。教育者的主体选择是受一定客观规律和客观条件制约的。首先，教育者的主体选择是受到受教育者身心发展规律的制约。如前文所述，受教育者身心发展呈现出一定顺序性、阶段性和不均衡性的发展规律。这就决定了教育者在选择最佳德育时机时，不能跨越某个阶段，要注意把握德育时机的顺序性和阶段性。另外，受教育者身心发展的不均衡性，即受教育者身心发展的“关键期”，为教育者对德育时机的选择限定了“最佳时区”。其次，教育者的主体选择是受到受教育者现有身心发展水平的制约。苏联心理学家维果茨基根据实验研究的结果，提出了著名的“最近发展区”理论。他认为，受教育者在发展过程中有两种发展水平：一个是受教育者在独立完成任务或解决问题时所达到的发展水平，即现有发展水平；另一个是在别人帮助或指导下所达到的发展水平，二者之间的差距就是“最近发展区”。受教育者的“最近发展区”决定了教育者的“教学最佳期”，“教学只有在由最近发展区决定的一定时期的界限之内进行，才是最有效的”。[①] 早于或晚于“教学最佳期”进行教学，对于受教育者的心理发展都会产生不良影响。这是因为在最佳期以外进行的教学，或因超出最近发展区而无法对那些尚未成熟的心理机能施加影响，或因停留于或低于现有发展水平而不能有效地促进心理机能的发展。本书认为，德育过程中的“教学最佳期”就是德育时机。因此，受教育者的“最近发展区”制约着教育者选择德育的“最佳期”，即德育时机。再次，教育者的主体选择是受其自身的认知水平、时机意识等自身客观条件的制约。对此，英国哲学家休谟曾提到：“虽然世界上并没有机会这种东西，但是我们对各种事件的真正原因的无知，却在我们的理解上发生和机会相同的影响，并产生一种类似机会的信息和意见。”[②] 因此，“对机遇的把握在本质上就是主体选择实现的过程，即主体对境况中诸多联系的某种选择”。[③] 而这种主体选择在很大程度上依赖于主体的认知水平、知识和经验等主体自身的客观条件，在德育过程中则取决于教育者对所处境况的理解和认识。所以，面对同样的境况，不同的教育者可能

① 余震球：《维果茨基教育论著选》，人民教育出版社 2005 年版，第 249 页。

② ［英］休谟：《人类理智研究》，吕大吉译，商务印书馆 1999 年版，第 49 页。

③ 周书俊：《选择论》，中央编译出版社 2006 年版，第 274 页。

会表现出不同的态度，做出不同的选择，例如，有些教育者错失良机，而有些教育者则能及时把握时机甚至创造德育时机。

### （四）共同性和差异性

马克思主义认为，共性是指不同事物所共有的普遍性质；个性（差异性）是指一事物区别于其他事物的特殊性质。对于共性和个性之间的关系，德国哲学家黑格尔提到，一切事物都是个体的，而个体事物又是具有普遍性或内在本性于其自身的；或者说是，个体化的普遍性。在这种个体化的普遍性中，普遍性与个体性是区别开了的，但同时又是同一的。可见，共性与个性是一切事物所固有的本性，两者之间是对立统一的关系。每一事物既有共性又有个性。共性揭示了同类事物之间共同的性质，并决定了事物的基本性质，使事物之间相互联系相互统一。个性则揭示了事物之间的差异性，使事物之间相互区别。个性体现着共性，并丰富着共性。德育时机是受教育者接受德育的最佳时间，实质上是在某一特定时间出现的受教育者接受德育的最佳状态。根据以上马克思主义关于共性和个性的观点，德育时机这种以受教育者的德育需要为内驱动力，以受教育者的情绪、言语和行为变化为表现形式的客观态势，必然同其他一切事物一样，在其形成和出现过程中表现出一定的共性和个性（差异性）。

德育时机的共同性主要源于受教育者德育需要的社会共同性和其道德发展的阶段性。首先，受教育者的德育需要具有一定的社会共同性，使得由其具有社会共同性的德育需要引发的德育时机也具有共同性特征。由于人是社会存在物，因此，人的需要从一开始就具有动物的需要所没有的社会性。“任何个人的需要都属所处社会物质条件的反映，任何个人的需要满足都离不开社会的认可和制约。”① 具有相同社会政治经济地位，共同的民族、职业、文化修养，共同的生理和心理特征（如性别、气质、性格、志趣、爱好等），共同的追求以及具有其他共同社会属性和自然属性的社会成员，在处于同一环境并受到同样的刺激之后，较之属性相异的社会成员所作出的反应和判断则更为接近和一致。这种现象实际上是文化积淀产生的社会效应。相似的主体结构，共同的文化背景与共同的社会实践，必然赋予不同主体相似的社会心理、思维方式和共同的价值观。此

① 张澍军：《德育哲学引论》，中国社会科学出版社 2008 年版，第 320 页。

外，处于同一年龄段的受教育者具有相似的心理特征。朱智贤指出，“儿童和青少年心理发展的质的变化就表现出年龄特征来。心理发展的年龄特征，不仅具有稳定性，而且也有可变性。在同一年龄阶段中，既有本质的、一般的、典型的特征，又有人与人之间的差异性，即个别特点”。[①] 因此，处于同一年龄段并具有相似社会和教育背景的受教育者，在面对同一情境时往往会产生相似的德育需要，进而出现共同性的德育时机。

其次，德育时机的共同性还源于受教育者道德发展中普遍存在的阶段性。科尔伯格的道德发展理论认为，受教育者的道德发展普遍经历了三个水平、六个阶段。每一个道德阶段都需要有一个特定的理智发展阶段，即道德推理的阶段和逻辑思维的阶段是平行的。受教育者的身心成熟水平决定了受教育者的思维水平和认知能力，进而决定了受教育者能够接受何种道德教育，因此，某种德育时机的形成和出现往往是以受教育者特定的身心成熟水平为前提的。现代发展心理学研究表明，受教育者心理发展具有连续性和阶段性，而且某些心理和行为的发展有一定的最佳时间，即心理发展的关键期。这一规律便决定了受教育者身心发展到某个阶段，便呈现出能够接受某种特定道德教育的最佳状态，即德育时机。而此时，如果及时给予适当的德育，则会促使其得到良好的发展，反之，则会限制其发展。对于这一点，我国古今中外的教育家已有所论述。如我国南北朝时期教育家颜之推提到：“人生小幼，精神专利，长成已后，思虑散逸，固须早教，勿失机也。”[②] 我国近代教育家陶行知在《创造乡村幼稚园宣言书》中提到：“儿童学者告诉我们凡人生所需之重要习惯，倾向，态度多半可以在六岁以前培养成功。换句话说，六岁以前是人格陶冶最重要的时期。”[③] 法国社会学家涂尔干认为，小学阶段，即少年期，是最恰当的道德教育年龄阶段。捷克教育家夸美纽斯所认为的德育时机应该是儿童的少年期或者是晚期，即儿童已具备一定的认知和判断能力的时候。虽然诸多学者在道德教育最佳时间的看法上有所不同，但均肯定了在人的品德形成和发展过程中存在共同性的德育时机。

德育时机的差异性主要源于外部诱因的多样性和受教育者本身的复杂性。德育时机的形成总有一定的外部诱因，外部诱因存在于受教育者生活

① 林崇德：《发展心理学》，人民教育出版社 1995 年版 ，第 60 页。

② 颜之推：《颜氏家训》。

③ 《陶行知文集》，江苏人民出版社 1981 年版，第 118 页。

中的方方面面，比如生活中的偶发事件、重大的学校和社会活动、集体中的榜样行为等，都可能促使不同形式和类型的德育时机出现，外部诱因的多样性造成了德育时机的差异性。此外，处于不同社会环境和教育背景下的受教育者，其道德发展水平有所不同。受教育者道德发展速度与社会环境和教育的影响有关。研究表明，社会环境和教育虽然不能改变受教育者的身心发展顺序，却可以加速或延缓其发展速度。因此，对于相同的外部诱因，处于不同道德水平的受教育者对其认识和理解也不同。加之受教育者已有的知识经验、兴趣、情感和心理状态等内部因素的影响，使不同的受教育者在相同的情境下会有不同的反应，而且在反应程度强弱上也会有差别。因此，受教育者的复杂性使得在相同情境中的相同诱因能在不同受教育者身上引发不同的德育时机。孟子曾指出："有如时雨化之者，有成德者，有达财（材）者，有答问者，有私淑艾者。"① 这一教育观点，指出了教育者除了应"如时雨化之"地把握德育时机之外，并且要注重因材施教，这从侧面上表明了德育时机是"因人而异"的。

## 四　德育时机的类型

对于德育时机的类型，本书从时间这一纵向维度，将不同时间阶段的德育时机划分为道德发展阶段中的德育时机及思想品德形成过程中的德育时机；从德育活动空间这一横向维度，将不同空间环境中的德育时机划分为课程实施中的德育时机、交往活动中的德育时机和社会环境中的德育时机。现对各类型的德育时机分析如下。

### （一）不同道德发展阶段中的德育时机

瑞士心理学家皮亚杰曾指出，受教育者的品德是一个从他律到自律的发展过程。他律是指受教育者的道德判断受他自身以外的价值标准所支配，自律则指受教育者的道德判断受他自己内在的价值标准所支配。科尔伯格则把道德发展中的他律与自律称为道德判断的两种类型。在科尔伯格看来，受教育者道德判断从低级阶段到高级阶段的发展过程，实际上就是不断地从他律道德向自律道德的发展过程，或者说是道德他律逐渐减少和

---

①《孟子·尽心上》。

道德自律逐渐增加的过程。下面对在受教育者道德发展的“他律”和“自律”这两个不同阶段的德育时机进行分析。

1. 他律阶段中的德育时机

他律阶段中的德育时机，主要是指受教育者（指幼儿）在对道德规范或某种道德情境的非理性认识基础上所表现出的困惑、好奇心、兴趣点或兴奋点等。由于处于他律阶段的受教育者的道德认知和判断能力尚处于低级水平，缺少对道德规范和行为的理性认识，因此，受教育者对道德规范或某种道德情境所表现出的困惑、好奇、兴趣点或兴奋点，即德育时机，大多是在其对道德规范或所处情境产生的情绪或情感体验，即非理性认识的基础上产生的。具体分析如下。

一方面，受教育者对某种道德规范所产生的情感或情绪反应，决定了受教育者是否能够主动接受某种道德规范并将其纳入自己的规范体系中。从教育者角度来看，受教育者对某种道德规范所产生的情绪或情感状态决定了此时此刻是否为进行德育的最佳时机。对于情绪、情感在他律阶段中对受教育者形成道德认知的作用，朱小蔓教授认为，情绪、情感是受教育者认识发生的动力，“情绪、情感作为认识发生的动力，主要是从两个方面讲的，一是作为认识发生的背景动力，对认识的发生、指向起发动作用、导向作用……”“二是作为认识发生的即时动力，对认识发生、发展起发动、推进和整合作用”。[①] 例如，对受教育者而言，游戏世界与学习、生活世界是密不可分的。游戏是处于他律阶段的受教育者进行道德学习的基本方式。“换句话说，儿童的品德发展在一定程度上也是在游戏中进行的。”[②] 如果受教育者在某种游戏中获得了快乐、愉悦等积极的情绪体验，那么受教育者会乐于接受这种游戏规则，并继续按照这种游戏规则投入到游戏当中而乐此不疲。有时，游戏情境也是一种道德情境。“因为共在、创新、自由和整体这些游戏的特征本身就具有道德意蕴。”[③] 当受教育者在某种游戏中获得积极的情绪体验并表现出浓厚的兴趣时，则是教育者结合游戏规则对受教育者进行道德规范教育的最佳时机。

另一方面，他律阶段中受教育者道德行为的被动性和盲目性特点，决定了外在因素是受教育者接受道德规范的动力因素之一。例如，处于他律

① 朱小蔓：《情感德育论》，人民教育出版社 2005 年版，第 143 页。

② 高德胜：《生活德育论》，人民出版社 2005 年版，第 164 页。

③ 同上。

阶段的受教育者，往往非常关注教育者对其行为后果的奖励和惩罚，奖励和惩罚其实就是影响受教育者接受和遵守道德规范的外在因素。再如，处于他律阶段的受教育者，往往非常注意家长、教育者和其他成人对某种道德行为的评价，家长、教育者和其他成人指责或赞赏的行为就容易被受教育者认为是不好的、不应该的或好的、应该的。外在因素能否对受教育者构成接受道德规范的动力，则取决于受教育者对这种外在因素的情感或情绪反应。当外在因素对受教育者产生动力作用时，即受教育者对外在因素产生相应的情绪或情绪反应时，则是教育者对其进行德育的最佳时机。例如，外在道德主体（教育者）则是影响受教育者接受道德规范的主要外在因素之一。皮亚杰在受教育者的心理结构中发现了三种能够影响受教育者道德生活的情绪或情感倾向。第一种是受教育者对爱的需要，它以各种形式在受教育者从婴儿期到青少年期发展中起着主要作用。第二种是受教育者对那些比他大和强的人产生的敬畏感，这种敬畏感在受教育者的服从和信奉行为中所起的作用是不可忽视的。第三种是爱和敬畏的组合，例如，尊敬。“对有些人来说，尊敬构成了一种衍生的类型上独特的情感状态，就像爱和恨一样，它得有其他的人作为对象，但它直接依附这些人所体现出来的道德价值或规则，尊重一个人，转为尊重他本人表现的道德规则，或者他所代表和使用的纪律。”① 如果受教育者惧怕外部道德主体（教育者），或者是唯恐失去外部道德主体（教育者）的保护，或者是尊重外部道德主体（教育者），那么受教育者会积极地将外部道德主体（教育者）所要求的行为方式或规范纳入自己的道德规范体系，从中获得新的道德认知，从而获得安全感及外部道德主体（教育者）的爱和保护。因此，当教育者向受教育者提出某种道德规范要求，而受教育者表现出一种积极的情绪状态时，则是教育者对其进行德育的最佳时机。当然，教育者应避免对受教育者进行道德规范的灌输，而应是动之以情、晓之以理，通过讲故事、做游戏等灵活的德育方法使受教育者认识道德规范及其必要性。

2. 自律阶段中的德育时机

所谓“自律”道德阶段，是指受教育者（主要指青少年）能够借助

① ［瑞士］让·皮亚杰：《皮亚杰教育论著选》，卢濬译，人民教育出版社1990年版，第103页。

于自身的道德判断、情感等因素自觉体认道德价值与规范并进行道德行为的发展阶段。处于自律阶段的受教育者，其自我意识水平较之他律阶段已大大提高。较之他律阶段中的德育时机，自律阶段中的德育时机不是由受教育者对某种道德规范或道德情境产生的情绪、情感这些非理性因素引发的，而是由受教育者基于理性认识，对道德规范产生了德育需要，在以德育需要为核心的内驱动力作用下而产生的。

在受教育者自我意识结构中，自我认识、自我情感体验和自我控制是构成自我意识的三个要素。其中，自我认识是受教育者产生道德学习动机和德育需要的前提。在现实生活中，受教育者通常会遇到各种各样的道德问题和矛盾。在面对这些问题和矛盾时，受教育者会通过自我认识来概括一个对象化的“现实自我”。“现实自我”是现实中的自己以及别人对自己的实际看法和评价。然而，在受教育者的自我意识中，不仅存在“现实自我”，还存在一个“理想自我”。所谓“理想自我”，就是受教育者理想中的自己，包括自己所希望达到的理想，以及希望他人对自己所产生的看法等。当受教育者通过自我认识之后，发现“现实自我”和“理想自我”有很大差距时，这两个“自我”之间会产生矛盾并使受教育者感到不安和痛苦。为了使二者协调一致、达到统一，受教育者需要通过道德学习，提升自身的道德发展水平，从而使“现实的我”变为“理想的我”。在这种情况下，受教育者一旦有了德育需要，也就产生了道德学习动机。当受教育者在这种学习动机的驱使下表现出浓厚的学习兴趣和强烈的求知欲时，便是教育者对其进行德育的最佳时机。

### （二）品德形成过程中的德育时机

#### 1. 道德认知形成中的德育时机

道德认知，是指一个人“对客观存在的道德关系及如何处理这种关系的原则和规范的认识，包括道德印象的获得、道德概念的掌握、道德评价和道德判断能力的发展、道德信念的产生以及道德观念的形成等”。①所谓“知”，一般包含知识、知道、认知。德育范畴中的“知”，主要是指人们对一定社会的思想道德原则和行为准则及意义的认识，包括人们对待客观事物的态度和行为规范及其根据，是思想道德方面的情感、意志、行

① 林崇德、杨治良、黄希庭：《心理学大辞典》，上海教育出版社2003年版，第197页。

为的认识基础。道德认知是一个复杂的过程，它要经过感性、理性、实践各个环节和阶段，才能使感知的东西形成概念，内化在人的思想品德结构中。一个人的道德认知总是制约着他的思想品德发展水平。因此，就某个相对完整的德育过程而言，往往是从提高受教育者的道德认知水平开始的。

本书认为，道德认知形成中的德育时机，是指在认知内驱力的驱使下，受教育者渴望获得道德认识的心态。根据认知失调理论可知，人的认知由许多因素构成，它们之间有些是彼此独立的，有些则是相互关联的。在有关联的认知因素之间存在两种情况：一是两者呈现协调状态；二是呈现不协调状态，即失调。当发生认知失调时，人在心理上便会出现矛盾和认知冲突，进而产生减少或消除这种不协调的内在动力，以获得内心的平衡。这种为了减少或消除认知上的不协调而产生的内在动力，就是认知内驱力。"认知内驱力指当个体想了解与理解要掌握的知识，要阐明与解决问题时所产生的以求知为目标的动机。"[①] 根据苏联需要变形理论可知，动机、兴趣、理想、信念等倾向性的东西是需要的表现形式。因此，在德育过程中，受教育者由认知失调而产生以求知为目标的动机，即认知内驱力，其实是受教育者德育需要的"变形"。由于道德认知与一般认知相比具有自身的特征，即"以正确反映利益关系的道德范例[②]为对象，这是它区别于一般认知的第一个特征"，"认知主体以从认知对象中获得价值取向为目的，这是道德认知不同于一般认知的第二个特征"。[③] 这使道德认知形成中的德育时机不同于一般认知形成中的教育时机，即包含一定价值取向和道德意识的认识、观念、情感、行为等，只要和受教育者已有的价值取向和道德认知发生矛盾，都有可能引起受教育者产生道德认知冲突，促使受教育者产生德育需要，进而引发德育时机的形成和显现。例如，在榜样教育过程中，一旦先进的个人事迹中所映射的价值观与受教育者已有的价值观发生矛盾，便有可能引发受教育者产生道德认知冲突，进而使受教育者产生德育需要并促使德育时机的出现。通常，受教育者的道德认知冲突越激烈，德育需要越强烈，学习动机也就越强，当突破一定"阈值"

① 梁忠义、车文博：《实用教育词典》，吉林教育出版社 1989 年版，第 92 页。

② 道德范例是在道德实践中产生的，具有肯定意义的现实生活的典型，是能够使人产生美感的崇高形象，是内在的善品和外在的善行的统一，也是道德知识的实际体现形式。

③ 曾钊新：《道德认知》，湖南人民出版社 2008 年版，第 98—100 页。

显现时便出现了德育时机。比如，当受教育者在道德实践过程中，发现社会上很多现象与自己已有的道德认识不一致时，便会产生道德认知冲突，产生了诸如“为什么现实生活中人们会这样做?”这样或那样的疑问。这种认知上的不平衡会形成一种动力促使受教育者向他人求教，以消解心中的疑惑从而获得内心的平衡。这一过程其实就是受教育者在“释疑解惑性德育需要”所产生的认知内驱力的驱使下主动进行道德学习的过程。可以说，受教育者的这种“释疑解惑性德育需要”正是由认知失调产生的。从教育者角度来看，当受教育者产生这样或那样的疑问时，是受教育者内心强烈德育需要的外显，此时则正是对其进行德育并能够取得最佳德育效果的德育时机。

2. 道德情感形成中的德育时机

“情感是在认识的基础上产生和发展起来的，它既可能推动和加深人们的认识，也可能妨碍对事物的进一步认识，甚至产生不正确的认识。”[①]“我们理解的道德情感是人的道德需要是否得到满足时所引起的反应，它是主体内在蕴含着的归属需要和向善要求得到满足时的感受和体验”,[②]是道德认知与道德行为之间的媒介，更是促使道德认知转化为道德行为的强大推动力。但“道德情感并不是脱离一般情感的抽象物，人的感觉、知觉、激情、心境、热情、赞成和谴责、共同感受、同情、友谊、团结、忠诚、爱国主义等极为丰富，广泛的感情都是道德的心理机制，人的道德积极性和道德上的自我发展正是通过这一心理机制表现出来的”。[③] 因此，受教育者道德情感的形成过程同其身心发展过程一样，也是一个由低级向高级发展过程，并呈现出一定的阶段性，且存在某种特定情感形成的“关键期”。我国教育学家鲁洁认为，人的情感发展存在内在的时间运动规律，应遵循规律把握教育的关键期。对于年龄在3—8岁的受教育者，以温馨的师生关系、伙伴关系建立起受教育者在学校集体中的安全感和信任感；对于年龄在9—14岁的受教育者，要创造条件促使其工作责任感、学业成功感、集体荣誉感和同志友谊感的形成；对于年龄在15—22岁的受教育者，促使其在原有自尊感、友谊感、集体荣誉感的基础上衍生出公

---

① 李伯黍、燕国材：《教育心理学》（第2版），华东师范大学出版社2001年版，第25页。

② 朱小蔓：《情感德育论》，人民教育出版社2005年版，第69页。

③ ［美］马克林·诺尔士：《道德发展心理学》，方能御译，台湾商务印书馆1993年版，第143页。

民感、职业感、人际适应感、社会责任感等更加广阔的情感层次。心理学家马尔文认为，“到四岁左右儿童才把照料者看做是有感情、有动机的独立的人……为了相互适应，儿童必须能够了解别人，能设身处地。因为道德包含着对别人的尊敬，包含着了解别人……”[①] 可见，成熟的依恋感的形成在四岁时是关键期。而依恋感是受教育者社会性、合作性行为最重要的源泉。具体的、直接的或冲突性的道德情境是受教育者道德情感出现和形成的机缘。道德情感是在一定的道德情境中产生的，是受教育者基于一定的道德认知，在道德情境中产生的感受和体验。因此，道德情感具有情境性和实践性。道德情感的这种性质决定了受教育者只有在特定的道德情境中，特别是处于偶发的道德冲突情境中，受教育者潜在的道德认知被情境中的刺激因素激活，原有“抽象”的道德认知通过这种情境体验才能转变成具体的认知，并产生情绪上的反应。受教育者的这种情绪状态是道德情感教育时机出现的一个重要信号，教育者应及时抓住这一德育时机对其进行适当的引导，促使受教育者形成情感定势，进而形成道德情感。例如，许多受教育者在初识“助人为乐”时并不理解“助人”何以“为乐”。通过进行具体的道德实践活动，身处于“助人”道德情境，受教育者从“助人”过程中获得了精神上的满足从而体验到了助人的快乐。当受教育者将其体验到的“快乐”以一种积极向上的情绪表现出来时，则是教育者进行道德情感教育以促使其道德情感形成的最佳时机。此时，教育者应及时地对其道德行为进行评价，以鲜明的态度和富有情感色彩的话语表示肯定，促使受教育者将“快乐”的情感体验转化为情感定势，从而形成道德情感。除了情境性和实践性，道德情感还具有感染性的特征。在一定条件下，一个人的情感可以感染别人，使他们产生同样或类似的情感。例如，爱国主义影片中的英雄人物流露出的爱国情感，教育者无微不至的关怀和满腔热情的真挚情感，同学之间表现出的团结互助的情感等都会使受教育者受到情感上的冲击和感染并产生共鸣。当受教育者产生并表现出这种情绪或情感上的共鸣时，则是教育者对其进行道德情感教育的最佳时机。由于受教育者思想品德结构中的知、情、信、意、行具有相对的独立性和相互渗透性，这使得受教育者在实践中所接触的新的道德认知或

---

① ［美］马克林·诺尔士：《道德发展心理学》，方能御译，台湾商务印书馆 1993 年版，第 143 页。

道德行为都有可能对其原有的道德情感产生影响，甚至产生矛盾，例如，新的道德认知与原有道德情感的矛盾、所见的道德行为现象与原有道德情感的矛盾等。当这些矛盾发生时，在这种内心矛盾的驱使下受教育者有时会在情绪上或行为上有所表现，如不安、困惑、焦虑等，教育者应把受教育者的这些“异常”表现视为进行道德教育以促使受教育者形成新的道德情感或巩固原有道德情感的时机。

3. 道德信仰形成中的德育时机

从道德认识角度讲，道德信仰就是坚定的道德观点，是坚信道德规范的正确性并伴有情绪色彩与动力性的道德观念，是深刻的道德认识、强烈的道德情感的有机统一。道德信仰在品德形成过程中具有重要作用，是某种品德形成的关键因素和重要标志。道德信仰一经形成，便成为受教育者进行道德评价的标准，成为激发道德情感、产生道德行为、坚定道德意志的内在因素，使受教育者的道德行为表现具有一贯的坚定性。

苏联教育家苏霍姆林斯基认为，只有当行为给受教育者带来真实感，激动着受教育者，在他心灵里留下愉快、振奋、精力充沛的情感时，知识才会转化为信仰。因此，本书认为，道德信仰形成中的德育时机，是指在德育过程中，受教育者在道德实践过程中所产生道德体验并以某种情绪状态表现出来时，是教育者采用各种德育方法强化其道德情感从而促使道德认知转化为道德信仰的最佳时机。由于道德信仰的强度不单纯取决于某种道德规范的正确程度，主要取决于受教育者的确信程度。要使道德认知内化为道德信仰，重要的是使受教育者通过道德实践证实道德规范的正确性和可信性。因此，只有受教育者通过反复的道德实践，亲身体验到道德规范确实是正确的、必要的，对道德规范产生强烈的道德情感，已有的道德认知才会转化为道德信仰。需要指明的是，在道德信仰形成过程中，积极的情感体验是道德认知内化为道德信念的必要条件，是促使其转化的“催化剂”，而消极的情感体验则会阻碍道德信念的形成。例如，当受教育者良好的道德行为遭到他人冷嘲热讽时，其从中产生的消极的情感体验可能会使受教育者对道德规范产生怀疑，从而妨碍其形成正确的道德信仰。相反，如果受教育者错误的道德认知与行为，反而多次得到他人的肯定与赞赏，并使其从中产生积极的情感体验，则会助长受教育者形成错误的道德信仰。因此，当受教育者在践行道德规范之后，并将在道德实践中产生的道德体验以某种情绪状态或某种情感的形式表现出来时，教育者应抓住时机对其道德行为表现进行及时的、客观的评价和肯定，从而使其积极的情感体验（或者促使消极的情感体验转化为积极的情感体验）形成强烈的道德情感，促使其原有的道德认知转化为道德信仰。教育者抓住时机进一步设置道德情境或组织道德实践活动，促使受教育者不断地重复道德行为，以确证道德规范的正确性从而树立起坚定的道德信仰。

此外，研究表明，在道德信仰形成中，仅有受教育者自身的道德体验还不够，还需要集体的道德经验（如班集体的道德风貌、受教育者所在同辈群体中的道德观念等）与之相符合，才会促进受教育者道德信仰的形成。如果受教育者自身的道德体验与集体道德经验不一致，便会妨碍其形成正确的道德信仰。因此，教育者在把握和利用受教育者道德信仰形成中的德育时机时，要注意集体道德经验的影响，充分发挥其积极作用促进受教育者形成正确的道德信仰。

4. 道德行为形成中的德育时机

道德行为是一个人在道德意识支配下遵守社会道德规范而采取的言论和行动，是人在道德认识与道德情感的推动下产生的对他人和社会有道德意义的活动。受教育者道德行为和道德习惯的形成，起初主要是靠外部的评价来调节和强化的。外部评价之所以能对受教育者的道德行为发生强化作用，是因为这种评价以肯定或否定的形式表现出来时能够形成某种舆论氛围，并产生一种无形的力量，促使受教育者形成良好道德行为习惯或矫正不良道德行为习惯。特别是当这种评价和受教育者的利益、荣誉联系起来时，它的作用会更大，因为它能够满足受教育者的功利性德育需要。在德育过程中，受教育者会产生各种不同类型的德育需要，其中，功利性德育需要就是其中的一种。功利性德育需要是一种以满足个人功利为目的的德育需要，是为达到某种功利性目的而产生的德育需要，它往往是和荣誉、奖励联系在一起。在受教育者表现出良好的道德行为时，教育者应把握时机，及时给予肯定性评价以满足受教育者功利性的德育需要，从而促使受教育者不断重复这种良好的道德行为并最终形成道德行为习惯；在出现不良道德行为表现时，教育者也应抓住时机给予否定性的评价从而促使受教育者进行道德反思获得新的道德认知，并给予其积极的鼓励，激发受教育者产生向上、向善的道德动机，从而促使其矫正不良行为。此外，受教育者都有向善心理，即精神满足性需要，当教育者对其道德行为表现做出肯定性评价时，受教育者在心理上会产生一种强烈的满足感，从而不断重复这种道德行为并最终形成习惯。因此，在道德行为形成中，当受教育者在道德行为实践中表现出功利性和精神满足性德育需要或出现不良道德行为时，是教育者对其道德行为进行强化或矫正的最佳时机。

### （三）课程实施中的德育时机

1. 学科课程中的德育时机

学科课程是以学科为中心而编制的课程。对道德教育来说，学科课程有两类。第一类是专门的德育学科课程，是指以专门介绍道德价值、规则的原理与知识体系，培养受教育者思想品德为内容的课程；第二类是以学科课程方式存在的其他学科课程中包含的道德内容及其构成对道德教育的影响。无论是专门的德育学科课程还是其他学科课程，均存在丰富的道德教育资源，各科任课教师均应发掘这些德育资源，把道德教育当成教学目标，积极、主动地捕捉时机进行德育。

（1）德育学科课程中的德育时机

在专门的德育学科课程课堂上，由于德育内容多侧重于介绍道德价值、规则的原理与知识体系等道德认知方面的内容，德育目标的设定多围绕着培养和提高受教育者的道德认知水平，因此，德育学科课程中的德育时机主要表现为受教育者因未知与已知的矛盾所激起的强烈求知欲。所谓求知欲，是一种力求认识世界、渴望获得文化科学知识、不断追求真理的带有强烈情绪色彩的心理倾向。它是人的一种内在的精神需要，是学习动机中最现实、最活跃的因素，也是一种比较稳定的认知需要。这种稳定的认知需要在一定的情境中能够表现得十分强烈。在德育过程中，教育者应根据受教育者的年龄特征及现有的思想品德发展水平来制定德育目标以激发受教育者的求知欲，从而发现其中的德育时机。根据苏联心理学家维果斯基的“最近发展区”理论可知，当教育者的德育目标处于受教育者思想品德的“最近发展区”之内时，教育者通过采用各种德育方法能够促使受教育者将德育目标转化为自身的德育需要。此时，受教育者自身的这种德育需要便会与其现有的思想品德水平构成一种“未知”与“已知”的矛盾。在这种矛盾的作用下，受教育者的德育需要转化为强烈的学习动机，即求知欲。我国古代教育家孔子曾提到“不愤不启，不悱不发”，其中，受教育者所表现出的“愤”“悱”状态，其实就是德育需要驱动之下表现出的求知欲，此时如果教育者对其进行启发式教育，则会取得最佳德育效果。因此，在德育学科课程中，当受教育者表现出强烈的求知欲时则是教育者进行德育的最佳时机。

德育学科课程中的德育时机，除了表现为受教育者在道德认知方面强烈的求知欲之外，还表现为教育者所提倡的道德规范、道德原则及道德理论与受教育者的道德情感、道德信念及道德行为所构成的各种各样的冲突。由于受教育者品德结构要素，即知、情、信、意、行，这五者之间是相互联系、相互渗透的关系。如果没有深刻的道德认知，就不会产生强烈的道德情感和坚定的道德信仰，更不会产生道德行为；如果没有正确的道德认知，就不会产生正确的道德情感、道德信仰及正确的道德行为。在德育过程中，教育者所讲授的道德规范、道德原则及道德理论，不仅会引起受教育者产生“知”与“不知”的矛盾，进而表现出强烈的求知欲，还会引起受教育者产生“信”与“不信”“应该”与“不应该”这样或那样的情感上、信仰上和行为上的冲突。比如，教育者所提倡的正确道德规范与受教育者错误的道德情感及错误的道德信仰构成的矛盾，有时这种矛盾会引起受教育者产生激烈的内心冲突，甚至使其对一贯认同和信奉的价值观会产生质疑，此时受教育者对正确的道德规范也并不十分认同，在“信”与“不信”之间徘徊。再比如，当受教育者发现教育者所提倡的道德行为规范与自己所观察到的社会现实不一致，或者与自己以往的道德行为习惯不一致时，有时也会产生内心的冲突和矛盾，而在“应该”与“不应该”之间犹豫不决。由于德育学科课程存在着时空局限性，因此，当教育者发现受教育者这种内心的冲突和矛盾时，若能动之以情、晓之以理地进行引导，或者结合反映社会现实中与榜样人物的先进事迹相关的影像资料，或者组织受教育者进行角色扮演以创设道德情境，使受教育者在体验和感悟中获得道德认知并确证教育者所教授的道德规范、道德原则及道德理论的正确性和必要性，从而在正确道德认知的基础上形成强烈的道德情感，甚至能够树立坚定的道德信仰并进一步形成正确的道德行为。因此，在德育学科课程中，只要教育者用心地发掘，不仅能够捕捉到以受教育者的求知欲形式表现出来的德育时机，而且还能够捕捉到以受教育者情感上、信仰上及行为习惯等各种冲突形式表现出来的德育时机。只要教育者遵循德育过程规律，采取有效的德育策略来利用这些德育时机，不仅仅能够促进受教育者在道德认知上的发展，甚至能够促进受教育者知、情、信、意、行的思想品德全面发展。

此外，课堂上的一些偶发事件，即与课堂教学目的、教学计划无关而出乎教育者意料之外突然发生的、直接影响和干扰课堂教学过程的事件，虽然带来了消极影响，如干扰正常的课堂教学、破坏课堂纪律、打断教学思路等，但其中往往也包含一些积极因素。教育者若能够及时地因势利导，充分发掘其中的有利因素，或将不利因素转化为有利因素，那么这种偶发事件也能够带来积极的影响，并成为一个培养受教育者思想品德的大好时机。

（2）其他学科课程中的德育时机

除了德育学科课程之外，在体、智、美等各育学科课程中包含着许多德育因素，以潜移默化的方式影响着受教育者思想品德形成与发展。在西方，布莱特、莫什、科尔伯格等人从道德教育研究角度出发，曾经尝试把道德两难问题讨论穿插在中学的心理学课程里，提供互相商讨的机会。实践证明，这种方法有效地促进了受教育者道德判断能力的发展。其他学科任课教师虽然不是直接或专门的德育课程的承担者，但在承担着课程教学工作的同时也承担着德育的义务。因此，各科任课教师应积极发掘各个学科课程的德育因素，捕捉和利用蕴藏于其中的德育时机。

由于其他学科课程中的德育因素多具有广泛性和隐蔽性，这使得其他学科课程中的德育时机，较之德育学科课程中的德育时机更具有随机性。比如，在体育课上，当意志薄弱的受教育者面对一些具有难度的训练项目，因难度大，怕辛苦而退却时，则是教育者鼓励其勇往直前以磨炼意志，培养吃苦耐劳精神的德育时机；在语文课上，当受教育者被课文中所讲述的可歌可泣的英雄故事所感动，以及被故事中的爱国主义精神所感染时，则正是教育者对其进行爱国主义教育的最佳时机；在劳动技术课上，当受教育者为收获到自己亲手创造的劳动果实而感到欣喜时，则正是教育者对其进行“劳动光荣”“热爱劳动”等道德情感教育的时机。此外，由于其他学科课程中的德育因素具有一定的隐蔽性，这使其中的德育时机也具有一定的潜在性。苏联教育家苏霍姆林斯基说过：“学生不必在每个具体情况下知道教师是在教育他。教育意图要隐蔽在友好和无拘束的相互关系气氛中。”① 可以说，教育者的教育意图越隐蔽，就越能被受教育者所接受，越能转化成受教育者自己内心的追求。一旦教育者发掘潜藏其中的

① ［苏］苏霍姆林斯基：《给教师的一百条建议》，天津人民出版社 1983 年版，第 269 页。

德育时机，并采用正确的德育方法加以利用，甚至能够取得比德育学科课程更好的德育效果。

**亲情，在泪花里升腾**

姜庄镇中心小学孙美芳老师教授“统计”时，让每个学生当一个小小的统计员，一起把全班同学的生日做一个小小的统计。让每个学生把全班同学的生日做一张统计图，并可以用自己喜欢的颜色涂竖条。可当一个瘦瘦的小女孩G站起来展示自己的作品时，学生哄堂大笑，小女孩低下了头。她涂的统计图没有其他学生的那么绚丽多彩，不少月份竟然用了黑色和灰色。

师：(指一学生A) 你为什么笑呢？

生A：老师，三月是春天，春天小草绿了，庄稼绿了，树木绿了……春天是充满生机和活力的，应该是绿色的呀？

师：我们来听听她的原因好吗？那你能告诉老师和同学，你为什么这么涂？

生G：(怯怯地站起来，低着头) 我妈妈前年十月生病了，去年三月死了……我想我妈妈，我要妈妈……（小女孩哭了，教室里骤然安静下来，原来的哄笑声没有了，许多孩子眼里充满了泪花。)

师：同学们，小G同学的孝心多么令人感动啊，小G同学对母亲的感情多么深厚啊，这正是人类最高尚、最纯洁的感情，这不正是我们每一个同学所需要具有的感情吗？请同学们珍惜自己和亲人的美好感情吧！

上述案例是在上数学课时任课教师灵活地处理了一个偶发事件，并把握其中的德育时机，对学生进行道德情感教育的一个实例。从这一案例中可以看出，德育时机不仅仅存在于德育课堂上，而且也存在于其他课程的课堂中。其实，在其他课程的课堂中，教育者一旦适时捕捉时机进行德育，往往会更容易引起受教育者产生心灵上的撼动，唤起受教育者的自觉思考，使受教育者在不知不觉中接受道德教育。

2. *活动德育课程中的德育时机*

活动德育课程又称经验课程，是指以受教育者从事某种德育活动的动机与经验为中心组织的德育课程。它不受德育课程计划和德育课程标准的限制，区别于以德育学科为中心的教学活动，具体包括学校组织的课余活动、团队活动以及与学校配合的家庭德育和社会德育活动等。我国古代很早就有关于活动课程的记载。《学记》指出："大学之教也，时教必有正业，退息必有居学。"[①] 其中，"退息"指的是受教育者的课外活动，即活动课程；"退息必有居学"就是说受教育者通过课外活动来消化和巩固课堂上所学的知识。活动德育课程是与德育学科课程并行不悖且同等重要的德育活动，甚至可以说是德育课程的主体部分或主要形式。因为道德在本质上是实践的，马克思曾指出，"社会生活在本质上是实践的"，[②] 其中，社会生活就包括个体道德实践活动。列宁关于道德的本质有非常明确的观点："'善'是对外部现实性的要求，这就是说，'善'被理解为人的实践要求和外部现实性。"[③] 可见，社会生活的本质是实践的，道德的本质也是实践的，所以德育本质上应是属于实践理性的道德活动，德育的最终目的也应是指向受教育者的道德实践活动，所以德育课程必然也是"活动化"和"实践化"的。

由于活动德育课程的"活动化"和"实践化"，与以培养道德认知为主的德育学科课程相比较，教育者通过活动德育课程不仅使受教育者将其已有的道德认知回归于实践，在实践中获得新的道德认知，还能够使受教育者在践行道德规范过程中获得道德情感体验从而树立道德信仰。而且，活动德育课程突破了时空的局限，形式和内容更为丰富多样，能够涉及受教育者学习和生活的方方面面，并蕴含着大量具有德育价值的德育时机。教育者若能及时地把握并合理地利用这些德育时机，则能促进受教育者道德认知、道德情感、道德信仰及道德行为的全面发展。鉴于活动德育课程的这种优越性，对于活动德育课程中的德育时机，本书认为其主要表现为两个方面：一方面，由于受教育者在兴趣和特长方面存在个体差异，这些差异在受时空局限的德育学科教学中往往不能得到充分的发挥和展示。然而，活动德育课程往往不受时空局限，其内容和形式更贴近生活，能够迎合受教育者自身的需要、兴趣、爱好及特长，并为其提供了各种展示特长的机会，这便可以弥补德育学科课程在这方面的缺陷。因此，受教育者参与积极性较高，不时地表现出"兴趣点"和"兴奋点"，使得德育时机不

---

① 《学记·章句训义》(上)。

② 《马克思恩格斯选集》(第1卷)，人民出版社1972年版，第18页。

③ [苏] 列宁：《哲学笔记》，人民出版社1974年版，第229—230页。

断地“闪现”于德育活动过程中。教育者一旦发现受教育者所表现出的“兴趣点”或“兴奋点”，应抓住这一德育时机结合德育活动中所渗透的德育内容，对受教育者进行适当的引导，从而使受教育者在参与德育活动中能够获得积极的道德体验从而形成正确的道德情感和道德信仰。另一方面，活动德育课程中的德育时机表现为受教育者遇到困难、困惑及冲突时所表现出的矛盾心态或消极的情绪状态。在活动德育课程中，受教育者有时会遇到各种各样的困难、困惑及冲突，例如，当受教育者参加的公益性社会活动遭到他人质疑时，受教育者难免会感到困惑和不解，甚至也会对自己的公益行为产生怀疑。此时，教育者应及时透过受教育者的这种“质疑”洞察到其内心的困惑和矛盾，并把受教育者的这种困惑和内心矛盾视作进行德育的最佳时机，把握时机对受教育者进行引导并帮助受教育者正确认识社会现象与道德规范原则之间的差距，从而使其获得新的道德认识。此外，受教育者参与的集体活动，与其他同学发生的争执和利益冲突，受教育者在德育活动中遭遇的困难和挫折……均可使受教育者产生思想上的波动，教育者若能发现这些“波动”背后隐藏的德育时机并能够采取有效的德育方法，那么则会使受教育者的思想在恢复“平静”之后获得升华。

3. 隐性德育课程中的德育时机

在《教育大辞典》中，隐性课程被解释如下，潜在课程（hidden curriculum）亦称“隐蔽课程”“非正式课程”等，它是广义的学校课程的重要组成部分。与“显性课程”相对，它的主要特点是潜在性和非预期性。它不在课程规划（教学计划）中反映，不通过正式的教学进行，对学生的知识、情感、信念、意志、行为和价值观等方面起潜移默化的作用，促进或干扰教育目标的实现。通常体现为学校和班级的情境，包括物质情境（如学校建筑、设备），文化情境（如教室布置、校园文化、各种礼仪活动），人际情境（如师生关系、同学关系、学风、班风、校风等）。基于以上对隐性课程的认识，隐性德育课程则可理解为是相对于显性德育课程的一种非正式的、没有书面文本限定的，也没有或者较少事先策划的，能对受教育者的品德发展起潜移默化积极影响的德育课程。与显性德育课程不同，隐性德育课程一方面具有广泛的德育渗透性。隐性德育课程广泛地渗透在文化、环境、活动、氛围之中，不仅与教育者和集体相联系，而且与整个校园文化相衔接，广泛地潜藏于受教育者的学习和生活环境之中。

另一方面，隐性德育课程具有潜在的德育影响力。显性德育课程对受教育者具有直接外显的影响力，而隐性德育课程具有间接的、内隐的、潜在的影响力，可使受教育者受到潜移默化的影响。此外，隐性德育课程还具有无意识的德育价值。无意识是指“个体毫无知觉的某些事件却影响个体大脑信息加工过程的现象”。[①] 隐性德育课程对受教育者产生的影响是一种无意识的德育影响，受教育者在不经意之中受到德育影响与感化。这种影响较之作用于意识层面，其效果更为强大，覆盖面更为宽泛。

通过以上分析可知，隐性德育课程具有不同于其他德育课程的特征，即潜在性、无意识性及渗透性。这使蕴含于其中的德育时机也不同于其他德育课程中的德育时机。一方面，隐性德育课程的渗透性，使得其中的德育时机具有一定多样性。隐性德育课程通常渗透于情境之中。从物质环境到校园文化，从集体规范到人际关系，从教育者的举止仪表到教室的装饰布置，隐性德育课程无处不在，无时无刻地向受教育者传递着包含其中的价值信息，给受教育者以暗示和引导。当隐性德育课程所传达的价值信息与受教育者已有的道德认知、道德情感或道德信仰发生冲突时，势必会引起受教育者产生内心的矛盾。当受教育者内心的这种矛盾以某种形式显现出来的时候，教育者若能及时发现其中的德育价值，那么，此时可视为进行德育的最佳时机。可以说，只要存在隐性德育课程，就有可能存在着德育时机。由于隐性德育课程渗透于各种各样的环境之中，因此使其中的德育时机表现出一定的多样性，以这样或那样的形式显现出来。另一方面，隐性德育课程的潜在性和无意识性，使其中的德育时机具有一定的隐蔽性。隐性德育课程并不像显性德育课程那样直接地、有意识地向受教育者提供德育内容，而是间接地、无意识地影响着受教育者，让受教育者通过“身临其境”来“体悟”其中的道德观念。然而，受教育者在隐性德育课程中获得的“体悟”，虽然有认知的成分，但它包含更多的主观体验，而这种主观体验往往是可感和内隐的。有时，伴随这种主观体验而产生的情绪或情感，在受教育者自我意识的作用下会处于一种“潜伏”状态，教育者很难发现受教育者的情绪或行为上的“异常”，更难以洞察到受教育者的心理变化并捕捉到其中的德育时机。因此，隐性德育课程的潜在性使蕴含其中的德育时机也具有一定的隐蔽性。

---

① 林德崇、杨治良、黄希庭：《心理学大辞典》，上海教育出版社 2003 年版，第 924 页。

### （四）交往活动中的德育时机

交往是人类特有的一种社会行为方式。马克思认为，“人的本质并不是单个人所固有的抽象物，实际上，它是一切社会关系的总和”。[①] 马克思这一关于人的本质的观点，一方面表明了人是具有社会性的人；另一方面表明了人的社会性体现在人与人通过交往构成的社会关系之中。通过交往活动，人与人之间才能相互影响、相互联系，并建立起社会关系。德育作为一种精神层面的实践活动，是在人与人之间进行的，是通过人与人的交往接触进行各种道德规范及价值观念的传递和碰撞。无论是道德认知的学习，还是道德情感的培养、道德信仰的树立及道德行为习惯的养成，都离不开在教育者与受教育者之间，受教育者之间及受教育者与他人之间的交往活动。从这个意义上讲，德育也是一种交往活动。现代心理学研究证明，受教育者的道德发展既不是先天本能的自动展开，也不是外部环境力量的机械外铄，而是在其与他人交往的生活实践中主动建构起来的。对此，拉瑞·纳西曾提到：“道德领域是在生活早期，通过儿童与其他人交往中普遍而不可避免的相互作用经验而建构起来的。”[②] 杜威认为：“最好的和最深刻的道德训练，恰恰是人们在工作和思想的统一中跟别人发生适当的关系而得来的。”[③] 可以说，受教育者的思想品德建构与道德发展，离不开与他人的交往活动。在受教育者与他人的交往活动中，特别是与教育者的交往活动及与同伴的交往活动，存在许多具有德育意义的宝贵时机，教育者若能及时地捕捉和利用，教育者和受教育者均会从中获得最佳德育效果。

1. 师生交往活动中的德育时机

在德育交往活动中，教育者与受教育者之间的师生交往是受教育者生活中最主要的交往活动，也是对受教育者思想品德影响最大的一种交往活动。在德育交往活动中，师生交往的主要内容：一方面包括道德规范及道德价值观念，旨在促进受教育者的思想品德发展；另一方面还包括教育者

---

① 《马克思恩格斯全集》（第3卷），人民出版社1965年版，第3页。

② ［美］拉瑞·P. 纳西：《道德领域中的教育》，刘春琼、解光夫译，黑龙江出版社2003年版，第63页。

③ ［美］约翰·杜威：《学校与社会·明日之学校》，赵祥麟、任钟印、吴志宏译，人民教育出版社1994年版，第7页。

与受教育者之间的情感、态度、性格、气质、意志等人之为人的一切方面的交往。在德育过程中，除了课堂以道德规范学习为主的师生互动活动之外，还包括课外活动中的师生交往，日常生活中的师生交往等。可以说，只要是教育者与受教育者“共在”的场域，无论是德育学科课程、活动德育课程、隐性德育课程、社会环境和社区环境等，都可能存在师生交往活动。因此，德育学科课程中的德育时机、活动德育课程中的德育时机、隐性德育课程中的德育时机等其他环境中的德育时机均可以视为师生交往活动中的德育时机。之所以在此来进一步分析处于各种课程、各种环境下的师生交往活动中的德育时机，旨在从交往实践的角度来观照各种课程中及环境中的德育时机的共同特点。对此，本书将从以下几个方面来具体分析。

首先，师生交往中介的多样性，使其中的德育时机的形式也表现出一定的多样性。德育作为一种教育者与受教育者之间精神层面的实践活动，语言是两者之间交往的中介，或者说，师生交往是以语言为介质的交往性活动。因为“语言就是教育的存在，是师生心灵碰撞的媒介。通过语言，师生确认存在，从而使教育成为可能；通过语言，师生共享世界，从而使生命敞亮起来；通过语言，师生对话人生，从而引起师生共往”，“语言对于教育的进行，对于师生交往具有本源上的意义”。[①] 在师生交往过程中，当受教育者向教育者诉说心中的困惑、苦恼及不解时，教育者就会从受教育者的言语中发现其中的德育时机，或者说，此时关于德育时机的信息是以语言的形式传递给教育者的。师生交往除了语言沟通之外，教育者和受教育者之间的情感交流也是两者之间的交往方式，这使师生交往中的德育时机也能够以情绪、情感的形式表现出来。比如，当受教育者情绪低落或者情绪高涨时，教育者能够透过受教育者此时的情绪状态洞察到其内心的困惑或矛盾，并捕捉到其中的德育时机，及时地对其进行指导。再比如，当教育者流露出真挚的期盼之情时，受教育者往往很容易为之感动，并将教育者对自己的这种期盼视为奋斗目标和发展方向，且表现出积极向上的精神状态，此时教育者应将受教育者表现出的这种积极向上的状态视为德育时机，抓住时机给予受教育者以鼓励和鞭策，促使其将这种奋发向上的情感动力转化为一种信念。此外，动作、神情、态度等均可视作师生

① 王丹：《师生心灵之约》，《教育研究》2002 年第 2 期。

交往的信息中介，这使教育者在动作、神情、态度等为介质的信息中能够捕捉到多种多样的德育时机。

其次，教育者对德育时机的捕捉和利用受到师生交往关系的影响。"在学校德育中，教师是社会规范的承载者，师生交往中儿童的情感体验决定了儿童是否将外部的道德要求转化为自身内在的需要，而这种情感集中表现为爱的需要、尊敬感与归属感的满足。"① 在良好师生关系的基础上，师生之间的交往和互动能够缩短师生之间的心理距离，增进相互之间的了解。在师生交往中，受教育者乐于向教育者敞开心扉，并乐于接受教育者的指点。正如一位教师所说，师生贵相知。你如果能在通向学生心灵间架起一座感情的桥梁，又能赤诚地将心交给学生，那么最佳教育时机是会频频向你招手的。"道德总是存在于儿童的生活之中，没有脱离生活的纯道德活动。教育者只有以强烈的责任感，带着道德教育的意识去关注儿童的现实生活，参与并理解儿童的生活、解读儿童内心秘密时，才能捕捉到有教育意义的道德事件，把握好教育的契机。"② 因此，教育者也只有在良好师生关系的基础上，才能深入地了解受教育者，才能在受教育者"正常"的行为表现、精神状态中发现"异常"，从"异常"中捕捉到德育时机。

再次，师生交往具有一定目的性，因此有些交往活动中的德育时机是教育者有意识创造的。由于师生交往是建立在德育实践活动基础之上的，这就决定了师生交往不同于一般的社会人际交往，即师生交往除了两者之间进行道德规范、道德原则及价值观等方面的传递、互动和交流，还需要在双方间进行情感交流以增进彼此的了解和信任，同时教育者对受教育者的道德认知引导、道德情感激发及道德信仰和道德行为的塑造是教育者与受教育者建立交往关系的主要目的。师生交往的目的性，表现在教育者不仅能够在师生交往过程中积极地发现和捕捉德育时机，还能够有意识地创造德育时机。例如，教育者与受教育者之间有时会产生一些冲突，如果教育者积极地将这些冲突中的不利条件转化为有利条件，那么在这种情况下"冲突"将会变成具有教育意义的德育时机。存在主义教育家布贝尔认为，"师生之间也可能产生冲突，重要的是当发生冲突时，教师应当从关

① 王健敏：《道德学习论》，浙江教育出版社 2002 年版，第 211 页。

② 同上书，第 239—240 页。

心爱护学生出发，在一种健康的气氛中加以解决。这样，冲突也会具有教育价值”。[①] 因此，可以说，教育者的这种有意识地将“冲突”转化为德育时机的过程，其实就是创造德育时机的过程。

2. 同伴交往活动中的德育时机

除了师生交往活动之外，受教育者与同伴之间的交往活动，也是促进受教育者思想品德形成与发展的重要方式。同伴交往活动之所以能够促进受教育者思想品德的形成与发展，一方面是因为良好的同伴交往能使受教育者产生安全感和归属感，并在受教育者心理发展中具有其他人际交往无法替代的独特作用。心理学家德里斯科尔认为，“儿童与其同伴的相互作用是认知发展的一个重要来源”。[②] 另一方面是在同伴交往活动中，不乏存在着具有德育价值的德育时机。这些德育时机具有不同于其他交往活动中的德育时机的特征和价值，因此，教育者不仅要注意师生交往活动中的德育时机，还应深入到受教育者同伴交往活动中以及时地捕捉和合理利用其中的德育时机。本书认为，同伴交往活动中的德育时机主要体现在以下三个方面：

首先，同伴交往活动中的德育时机表现为同伴之间由价值观念不同而造成的各种冲突。受教育者通过交往活动，与他人建立了一定的同伴关系。所谓同伴关系，是指“年龄相当的儿童之间所保持的关系。与成人之间的关系不同，这种关系具有平等性。在这种关系中，儿童能坚持自己的意见，并与不同意见争论”。[③] 皮亚杰认为，同伴的相互作用在帮助儿童摆脱自我中心思维上是必不可少的，因为儿童只有在与同伴交往中，才能把自己的观点与别人的观点相互比较，从而认识到自己的观点与他人有别，对他人的观点提出疑问或修改意见。只有在与同伴的交往中，儿童才能摆脱权威的束缚，相互尊重，相互协作，发展自己的主观评判能力。因此，同伴交往活动较之其他交往活动（如师生交往活动）更具有平等性。同伴交往活动的平等性使受教育者与他人更易于发生各种价值观念上的冲突。当受教育者希望化解冲突而以现有的道德认知无法化解时，便会求助于教育者或其他成人，此时在受教育者的“求助”中便蕴含着德育时机。

① 黄志成：《西方教育思想的轨迹》，华东师范大学出版社 2008 年版，第 135 页。

② ［美］M. P. 德里斯科尔：《学习心理学——面向教学的取向》（第 3 版），王小明译，华东师范大学出版社 2008 年版，第 181 页。

③ 顾明远：《教育大辞典》（增订合编本），上海教育出版社 1998 年版，第 1558 页。

教育者应抓住这类德育时机，积极地给予受教育者引导和指导从而帮助其化解冲突，使其在处理同伴之间的矛盾过程中提升人际交往能力和道德水平。

其次，同伴交往活动中的德育时机还表现为“同辈文化”与社会主流道德观念之间的差异引起受教育者产生的思想冲突。受教育者之间通过同伴交往活动，因具有共同的价值观、兴趣及活动，处于相近年龄（或同年龄）和发展水平而组成同辈群体。所谓同辈文化，是指“同辈团体中的价值观念与行为形态”。[①] 从同辈文化这一概念上，可以看出，同辈文化是一种亚文化，在受教育者的个体发展中发挥着不可忽视的作用。研究显示，同辈文化的影响在受教育者（青年时期）政治社会化、道德社会化和人格发展等领域尤为明显。同辈文化代表着受教育者所在同辈群体特有的价值观，虽然其受制于社会主流文化但具有一定的相对独立性，有时甚至会与社会主流文化、社会主流价值观发生冲突。当教育者发现受教育者所在的同辈群体中的亚文化与社会主流文化相左时，不能忽略同辈文化对受教育者造成的影响。英国心理学家科尔曼在研究受教育者同辈文化后认为，同辈文化的影响可以左右教学效果，其影响有时甚至大于教育者的影响。因此，当同辈文化与社会主流道德观念之间的差异引起受教育者产生思想冲突时，教育者应将之视为转变受教育者思想观念的德育时机。此时，教育者若能抓住时机积极地采用各种德育方法，发挥其权威和影响力的积极作用，使受教育者能够正确认识到其所处群体中的同辈文化与社会主流文化、主流价值观之间的差异，进而使其从思想上和情感上逐渐接受社会主流价值观念。

再次，同伴交往活动中的德育时机还表现为由于同辈范型的榜样作用所引起的受教育者表现出的一种积极奋发向上的思想状态及情绪状态。所谓同辈范型，是指“同伴之间言行举止互为模仿的对象”。[②] 当受教育者成长到一定年龄阶段（特别是进入小学以后），随着同伴之间交往活动的增加，其相互之间的影响显得越来越重要。在同伴交往过程中，受教育者通过观察同伴的行为，不仅在行为上相互模仿，而且会通过树立榜样和相互之间的奖惩获得价值取向，特别是那些受到奖励的行为比受到惩罚的行

① 顾明远：《教育大辞典》（增订合编本），上海教育出版社 1998 年版，第 1558 页。

② 同上。

为更易于被受教育者仿效。如果同辈范型的榜样作用发挥得当，就会促使受教育者“见贤思齐”，并表现出积极奋发向上的思想状态及情绪状态——接受德育的最佳心理状态，此时教育者若能把握这一德育时机给予引导和鼓励，往往能够取得比一般说服教育更好的德育效果。

### （五）社会环境中的德育时机

社会环境是人类在自然环境基础上创造和积累的物质文化、精神文化和社会关系的总和，如民族文化、生产方式、生活方式、社区机构、家庭亲友、科学教育、公共场所、社会风气和思潮等。社会环境不仅是人类世代创造的产物，也是作为年轻一代的受教育者身心发展的基础。社会环境对受教育者的影响，与学校特有的德育环境相比，更具有广泛性、自发性、偶然性和不可控性等特点。其中，社会环境对受教育者的影响有积极影响，也有消极影响。前者若与教育者的德育目标一致，则能够促进德育目标实现，可视为一种有利条件。后者若与德育目标不一致，干扰德育目标实现，教育者应尽力避免这种消极影响，或者将可能带来的消极影响转化为积极影响。为了更加深入地认识社会环境中的德育时机，本书将进一步对社会环境中的德育时机进行分类，即宏观（经济、政治、文化等）环境中的德育时机、中观（社区）环境中的德育时机、微观（家庭）环境中的德育时机和中介系统（大众媒体）中的德育时机，并对各类环境中的德育时机分别进行分析。

1. 经济、政治、文化等社会宏观环境中的德育时机

在前面分析德育时机的共同性特征时，本书曾提到处于相同社会背景下的社会成员（包括受教育者）被共同的文化背景赋予相似的社会心理、思维方式和共同的价值观，当他们受到同一环境因素的影响时，通常所作出的反应和判断比较接近和一致，表现出具有共同性特征的德育需要。由于德育时机是在以受教育者德育需要为核心的内驱动力的动力作用下形成和显现的，其性质和特征是由德育需要的性质和特征所决定的，那么具有社会共同性的德育需要必然也会促使具有同样性质和特征的德育时机形成和显现，因此，经济、政治、文化等社会宏观环境中德育时机的主要特征表现为共同性。例如，一些突发公共事件，特别是当发生重大灾难时，人性中的真善美与假恶丑表现得淋漓尽致，同时也考验着受教育者内心的道德良知，比如，“范跑跑”的对错与否；爱心能否用捐款数额来衡量；当

日本人民饱受大地震和核泄漏事故的摧残时，我们是放下民族仇恨伸出援助之手，还是冷眼旁观甚至幸灾乐祸……重大突发事件的发生无疑是在拷问人们的良知和对人性的反思，同时也对受教育者造成了极大的心灵震撼，为教育者提供了难得的德育时机。此时，教育者若能把握时机将鲜活的实例和德育内容结合起来，对受教育者进行动之以情、晓之以理地引导和说理，则能有效地培养受教育者的道德情感和人文情怀。再比如，社会上出现的一些不良社会风气或社会思潮，无论是社会风气还是社会思想，都具有群体性、时代性及流行性的特征，特别是社会思潮，能够对人们的思想形成较强烈的冲击力。处在青春期且存在求新、求异、求变心理的受教育者，在社会风气和社会思潮的冲击下，极易受到思想上的影响。对于一些与德育目标方向一致的社会风气或社会思潮，无疑会给教育者带来德育时机。此时，教育者根据受教育者现有的思想品德发展水平，合理地、科学地利用良好社会风气或社会思潮中的积极因素，促进受教育者的思想品德水平向更高层次发展。同时，处于青少年时期的受教育者，由于其世界观、人生观、价值观正处于形成过程中，特别是大、中学生，已经具有了相当的思考能力，但同时社会阅历的匮乏又常常使他们对很多问题的认识还停留在表面上，难免会陷入偏激，对各种形形色色的社会思潮或不良社会风气常常会盲目追从，不辨真伪，难分是非。因此，对于一些不良社会风气或社会思潮，教育者要正确预见其可能对受教育者造成的恶劣影响，并积极采取有效的德育策略，因势利导，将其转化为提高受教育者道德认知、培养道德情感及树立道德信念的德育时机。

此外，由于社会宏观环境对受教育者思想品德的形成会产生潜移默化的影响，这就需要教育者发掘其中的育德因素，结合德育目标和德育内容，发挥这种潜在影响的德育作用，进而捕捉到其中的德育时机。例如，中国在全球经济危机中的迅速崛起，国际经济地位的提升；吉利汽车收购沃尔沃；联想集团收购 IBM 的 PC 业务；中国成功举办 2008 年奥运会和 2010 年亚运会，并均高居金牌榜首位；2009 年，新中国成立 60 周年的国庆阅兵彰显了我国强大的军事力量；当今，世界上速度最快的火车、运算最快的计算机是中国人创造的；中国量子密码通信领域跻身世界前沿……这些经济、军事、科技等领域的事件，如果能够被教育者发掘并利用其中的爱国主义教育因素，那么这些事件将会为教育者带来进行爱国主义情感教育的最佳时机。

2. 社区环境中的德育时机

在社会学上，“社区是指一定地域内发生各种社会关系和社会活动，有特定的生活方式，并具有成员归属感的人群所组成的一个相对独立的社会实体”。[①] 按照社会心理学理论，当人们与他人在一起时，人的需要、愿望、恐惧、矛盾、愉快、满意和团结之情会成为群体情感的组成部分。这种群体情感不是孤立的存在，而是体现于各种相互依存的关系之中。作为社会成员的家庭居住地，社区环境相对于家庭而言，具有更多的社会环境因素；而较之社会环境，社区环境又包含更多的人情伦理；与学校环境相比，社区组织化不太严密。因此，社区是以人情为纽带，极具有浓郁的家庭和人情关系，又同时具有社会性的人际关系，是受教育者实现初始社会化的主要场所。受教育者通过参与社区内各种活动，塑造着自己的品德，从而逐步使自己成为一个社会人。有调查表明，受教育者在校时间不足全年的三分之一，其余时间，尤其是节假日，都是在他们生活的社区内度过的。社区已成为受教育者继家庭、学校以外的第三大活动场所，是受教育者思想品德形成与发展的重要影响源。在社区生活环境中，不乏包含大量具有德育意义的影响因素，如果教育者能够走近受教育者的生活社区，深入了解社区的环境，积极、主动地组织各种社区活动并利用其中的有利因素，则会捕捉到大量的德育时机。

与其他环境中的德育时机相比，社区环境中的德育时机主要表现为以下两个方面：一方面，社区环境中的德育时机类似于隐性德育课程中的德育时机，“潜藏”于受教育者的日常生活之中。社区环境对受教育者来说，是最直接、最具体可感、最生动形象的社会氛围，并间接地反映着整个国家和社会的思想观念和行为规范等。与社会宏观环境对受教育者产生的间接影响不同，社区环境与受教育者的日常生活密切相关，对受教育者产生着直接影响。苏联教育家苏霍姆林斯基曾经说：“单单在儿童上学和回家的路途上，他们受的思想教育，就比在学校里呆几个小时所受的教育都要强烈、鲜明得多。”[②] 之所以如此，“就在于这些思

① 乐善耀：《学习型家庭》，文汇出版社 2002 年版，第 188 页。

② ［苏］苏霍姆林斯基：《教育的艺术》，肖勇译，湖南教育出版社 1983 年版，第 103 页。

想是包含在形象里，包含在生活的各种画面和现实中的"。[①] 社区生活中的一些偶发事件，如邻里之间发生的冲突和矛盾，社区环境中的一些变动，甚至花草树木的一些变化，都可能会触动受教育者的心弦，引起受教育者的关注和反思，而德育时机就"潜藏"于受教育者由社区环境所引起的这些触动、关注和反思之中。教育者若能通过实地调查或访谈的方式，收集这些具有德育意义的鲜活实例，并结合德育目标和德育内容对受教育者进行引导和启发以引起受教育者强烈的兴趣，则能够捕捉到那些处于"潜藏"状态的德育时机。另一方面，社区环境中的德育时机还表现为社区环境中不良的社区风气或价值观念与受教育者已有的价值观念之间的冲突。由于社区成员构成成分复杂、社区生活内容包罗万象、管理相对松散等原因使得社区环境十分错综复杂，各种社会意识通过为社区所认可的各种形式表现出来，并对受教育者产生或强或弱、或好或坏的影响。处于成长中的受教育者，其生理、心理尚未成熟，缺乏辨别是非和自我控制的能力，很容易受到这些因素的影响。而且，社区是与受教育者密切联系的日常生活环境，也是受教育者践行已掌握的道德规范和道德原则的场所。然而，当受教育者通过参与或观察社区交往活动时，发现许多书本上没有或与书本不相符合的东西，这些反差会对受教育者在家庭和学校所接受的价值观念产生强大的冲击和威胁。此时，教育者应客观、正确地认识社区不良风气对受教育者产生的消极影响，将其视为一种培养受教育者价值观念的德育时机，并采用各种德育策略加以利用，如专门地组织受教育者开展以社会主义核心价值观为主题的社区实践活动，使受教育者通过实践活动正确认识不良社区风气的影响从而加深对社会主义核心价值观的认同感。最后，由于社区成员之间是一种非正式又联系相对密切的群体关系，这使社区成员容易在心理上相互感染、相互启发，形成特有的社区心理文化氛围。因此，社区中的一些榜样人物往往能够对受教育者产生一定的积极影响，特别是那些与受教育者同属"同辈群体"的榜样人物，其对受教育者产生的影响力更大，有时这种影响力甚至能成为受教育者奋发向上的推动力。此时，教育者应将受教育者所表现出的这种奋发向上的状态视为重要的德育时

---

① ［苏］苏霍姆林斯基：《教育的艺术》，肖勇译，湖南教育出版社 1983 年版，第 103 页。

机，给予及时地指导和帮助以满足其因“见贤思齐”而产生的德育需要。

3. 家庭环境中的德育时机

家庭是受教育者生活的主要场所。受教育者，特别是处于幼年时期的受教育者，具有较强的好奇心，对新鲜事物非常感兴趣，家庭生活中的点点滴滴往往能够成为他们关注的焦点。而且处于幼年时期的受教育者较之成人更情绪化，喜怒哀乐等情绪变化表达得比较直接，对于感兴趣的事物则表现出“兴奋点”或“兴趣点”；在日常生活中遭遇冲突和挫折时，则表现得情绪低落、沮丧，“冲突点”和“挫折点”非常明显。此外，对受教育者而言，家长榜样、权威的力量是无穷的，受教育者往往对自己的父母、亲人较之他人更加信任。在他们遇到困惑或挫折时，最先向家长求助，使家长在德育时间上较之其他人具有一定的优先性和针对性。因此，只要家长具有一定的德育时机意识，能够对受教育者进行正确、及时地引导和教育，那么家庭生活中处处可见德育时机。可以说，与其他环境相比，家庭生活中的德育时机出现地更频繁，更明显。

**道德教育的“生活”进行方式**

2000 年春节，全家围坐在电视机旁边看春节联欢晚会，孩子突然问我们：“你们谈恋爱的时候，是谁追谁？”他爸爸笑而不答。我说：“是妈妈追爸爸。”孩子知道我们是大学时代的同班同学，他说：“妈妈，那时爸爸的学习成绩一定特别好吧。”我说：“不是。”他说：“那你怎么会追他？”我说：“孩子，还有比学习成绩更重要的东西。”我告诉孩子：大学三年，我几乎没跟你爸爸说过话，他并没有引起我的注意。但在大学四年级的时候，有件事震动了我。那是一次重要的考试，由于临近毕业，同学们忙于找工作，复习不充分，考场纪律可想而知，成绩公布，大家都很理想，唯独你爸爸得了 60 分，他的同桌说：“秦洪伟真傻，他没有抄。”就是这句话，让我爱上了你的爸爸。他的文化课虽然只得了 60 分，但他诚实的品格，我给他打了 100 分。我告诉孩子，“品格胜于分数”，“品格不能打折”。

在上述案例中，母亲将孩子偶然提出的一个疑问——“为什么妈妈会追爸爸？”作为德育时机，通过生动的实例，在回答孩子心中疑问的过程中，借机教育孩子“品格胜于分数”，“品格不能打折”，使孩子感受到了“诚实”这种宝贵品质的力量。

4. 大众传播媒介带来的德育时机

大众传播媒介主要指广播、电影、电视、报纸、杂志、文学读物、戏剧等传递手段。当前，网络、电视、报纸、杂志等电子和印刷媒介已经成为人们生活中的必需品，它们是联系人们与外部世界的桥梁，向人们传递着各种各样的信息。据调查统计，当前受教育者的主要信息渠道是网络和电视，而且电视和网络对受教育者的影响可谓并驾齐驱。特别是网络媒体，随着互联网的广泛运用，网络已经成为在青年群体中覆盖率最为广泛的媒体。在大众传媒中更多呈现的是流行文化，包括娱乐文化、虚拟文化、消费文化、实用主义文化等，这些文化内容无疑对传统文化和传统意识形态造成了强烈的冲击，甚至带来了许多不良影响。在这种情况下，教育者在清晰地看到大众传媒带来不良影响的同时，也应看到其中的德育时机。例如，近年来，一股股选秀之风席卷中国大地，大大小小的电视台、电视栏目都在热衷于搞所谓的平民选秀。这些选秀节目让许多怀揣明星梦的青少年为此趋之若鹜，游走于各地，甚至放弃了正常的学习、工作和生活，为的就是能够得到一个机会，一夜成名；有不少青少年甚至开始怀疑吃得“十年寒窗苦”的目的和意义，并为此感到困惑。可以说，这种浮躁之风对青少年的学习和生活产生了严重的不良影响。此时，教育者如果从受教育者的这种困惑中看到德育时机，利用选秀的反面事例对其进行人生观和价值观教育，那么则会收到较好的德育效果。因为这些鲜活的事例与书本上知识相比更加贴近生活，对受教育者而言，比单纯的说教更富于说服力和感染力。此外，面对外来文化的冲击，不少媒体利用自身的信息中介地位大力宣传我国优良传统，坚守着本土文化堡垒，发挥着道德教化的功能，提供了许多德育时机。如许多电视、报纸、网络等媒体不断地报道先进人物事迹，特别是中央电视台推出的“感动中国”节目，被媒体誉为“中国人的年度精神史诗”；中央电视台推出的北京师范大学于丹教授主讲的“论语心得”系列节目，使人们得到了一些心灵上的感悟和思想上的升华；电影“唐山大地震”的上映，让人们在汶川地震之后又一次感受到了在无情灾难背后的温暖和亲情的力量……这些无疑为那些浮躁和迷茫的受教育者提供了教育与自我教育的时机。

# 第三章

# 德育时机的形成

德育时机的形成规律是贯穿全文的逻辑线索。本章通过结合时机形成理论及德育活动的主体间性特征，对构成德育时机的主客观条件及其相互作用过程进行了确证，从而一方面进一步印证了德育时机的内涵及其构成；另一方面为德育时机的创设、捕捉和利用等实际应用问题的研究提供了理论依据。

## 一　德育时机的形成过程

### （一）时机形成理论

马克思主义认识论认为，整个世界是普遍联系着的，即世界上的事物都是相互联系，都是互为条件的。人的实践活动总是处于和自然界及社会的广泛联系之中，这样，自然界及社会中的各种联系就构成了这一实践活动进行所需的外部条件。这种外部条件一直处在一种变动之中。由于构成外部条件的诸因素本身是处在不断的变动之中，诸因素相互之间联系的范围、方式、程度等处在变动之中，而且人的实践活动与外部条件的联系也是在变化之中。实践的这种外部条件的变化，在某个特定时间可能达到一种状态，恰好十分符合主体实践的需要，满足主体实践的要求，成为对主体实践一种非常有利的外部条件。这时，这种有利的外部条件就是我们通常所谓的时机。因此，时机的形成和出现，是在实践过程中，人们与诸多外部因素之间、诸内部因素之间相互联系并不断变化的结果，是一个客观变化过程的产物。

关于时机形成的具体过程，沈殿忠在其著作《机遇》中从发明学的角度对机遇的形成过程进行了论述，本书认为这一个观点是值得借鉴的。他认为，“机遇”是主客观因素相互作用产生的。主观因素作用是一个过程，既包括机遇产生前的思想准备（知识准备和思维方法的准备），也包括产生机遇的“临界点”之际的思想状态。而“临界点”的思想状态并不是凭空产生的，是在以往的知识和方法准备的基础上产生的，但又不同于以往的知识和方法的准备，而是过去积累的知识和方法在新条件下一种创造性的再组合。因此，可用一个公式把促使机遇产生的主观作用 $C$ 表示出来：

$$C = M + Pm \tag{1}$$

$M$ ——表示机遇产生之前的思想准备。

$Pm$ ——表示产生机遇的“临界点”时的思想状态。

客观因素则是除主观条件之外的一切能够促使机遇产生的因素，即促使机遇产生的所有客观条件。其中，客观因素可划分为两类：一类是被动发生作用的客观因素，例如，仪器、设备等，另一类是主动发生作用的客观因素，如师长、合作者等。但是，两类客观条件又不是各自孤立发生作用的，而是通过不同形式结合起来共同发生作用。同样，客观因素作用也是一个过程，既包括机遇产生之前的主动、被动发生作用的客观条件，也包括机遇产生之际的“临界点”的客观条件的作用。这种“临界点”的客观条件，既是在以往的客观条件基础上产生的，又不同于以往的客观条件，而是以往的客观条件加上新的客观条件的再组合。我们也可以把促使机遇产生的客观条件 B 表示为：

$$B = W + Pw \tag{2}$$

$W$ ——表示机遇产生之前的客观条件。

$Pw$ ——表示产生机遇的“临界点”时的客观条件。

显然，在主、客观相互作用中产生的机遇可表示为：

$$J = C \cdot B \tag{3}$$

上式可展开如下：

$$\begin{aligned} J &= C \cdot B \\ &= (M + Pm) \cdot (W + Pw) \qquad (4) \\ &= MW + PmW + MPw + PmPw \end{aligned}$$

用希腊字母 α、β、γ、δ 分别代表上述公式的各项，可表示如下：

$$J = \alpha + \beta + \gamma + \delta \tag{5}$$

这一公式表明，造成机遇的主、客观条件相互作用作为一个过程，是由四个环节构成的——$\alpha$ 项表示机遇产生之前所具有的思想准备与客观条件的相互作用；$\beta$ 项表示机遇产生之前的客观条件与“临界点”的思想状态（主观条件）的相互作用；$\gamma$ 表示机遇产生之前的思想准备（主观条件）与“临界点”的客观条件的相互作用；$\delta$ 表示产生机遇的“临界点”时的思想准备（主观条件）与客观条件的相互作用。任何机遇的产生都需要具备这四个环节，缺一则不能产生机遇。本书认为，虽然这一公式未对各个主客观因素的相互作用进行详细的说明，但其对时机形成的研究是值得借鉴的。

### （二）德育时机形成过程分析

在上述时机形成理论中，公式 $J = C \cdot B$ 表明了时机是在主客观条件相互作用下形成的。$C$ 和 $B$ 分别表示构成时机的主观条件和客观条件，但从另一角度来看，它们也分别代表着主体和客体，即构成时机的主客观条件之间的相互关系，其实也是作为主体的人与客体（包括被动发生作用的客体，例如，仪器、设备等，及主动发生作用的“客体”，如师长、合作者等）之间的相互关系。主体与客体是一对重要的哲学范畴。所谓主体，就是指从事着实践活动和认识活动的人。所谓客体，指的是人们实践活动和认识活动所指向的对象。主体与客体不仅构成主客体关系，而且其相互间还发生作用。这种相互作用表现为一种主体客体化和客体主体化的双向运动。主体客体化，是指人通过实践使自己的本质力量转化为对象物。这些对象是人在与外在世界的相互作用中创造出来的，是人的体力和智力的物化；客体主体化是指客体失去对象化的形式，变成主体的一部分。从这一角度来看，既然时机的形成过程是主体与客体之间相互作用的过程，那么在其形成过程中也必然存在主体客体化和客体主体化的双向运动。一方面，构成时机的客观条件（$W + Pw$）——被动发生作用的客观条件，例如，仪器、设备，及主动发生作用的客观条件，如师长、合作者等，对于其他人来说，也许只是客观存在、客观条件，没有任何价值和意义。然而，这些客观条件一旦被实践主体纳入实践活动中，便具有了客体性质。通过实践主体的认识活动，这些具有客体性质的客观条件（$W + Pw$）被实践主体赋予了“价值”，由一般的客观条件变成了有利于实践主体实现目标的具有“价值”的客观条件，即时机。这一过程其实就是一般客观条件（$W + Pw$）经过主体客体化运动转变为“时机”的过程。另一方面，实践主体通过利用“时机”实现了目标，这个目标可能是发明创造，也可能是某个愿望，无论实践主体最终实现了什么样的目标，都离不开“时机”这个有利条件，离不开“时机”带来的价值及其起到的推动作用。因此，实践主体利用“时机”实现目标的过程就是“时机”与实践主体之间客体主体化的运动过程。

在主体客体化和客体主体化双向运动过程中，实践主体发挥着主体性，即实践主体在对象性活动中，运用自身本质力量，能动地作用于客体的特性，是人的自觉能动性，具体包括主观性、自主性和创造性。在实践主体把客观条件（$W+Pw$）作为客体进行认识时，会根据其已有的知识与经验（$M$）去判断和评价客体是否能够满足实现目标的需要，是否具有“价值”。另外，实践主体在“临界点”的思想状态（$Pm$），如情绪、心理状态等，也影响到其对客体的判断。因此，实践主体对客观条件（$W+Pw$）的认识是具有主观性、自主性和创造性的。作为客体的客观条件（$W+Pw$）在主客体相互作用的过程中则表现出一定的客体性，即在主体的对象性活动中所表现出来的特性，具体指客观性、对象性、和对主体的制约性。客体，即构成时机的客观条件（$W+Pw$），本身是客观的，不会因为实践主体的意志而改变。另外，客体对实践主体的制约性表现在实践主体在利用“时机”实现目标的过程中，是受客观条件（$W+Pw$）制约的，不能对客观条件进行随意改造。

作为一种特殊的实践活动，德育实践活动不同于其他实践活动的地方在于：德育实践活动是主体间的德育活动，而非一般主客体间的实践活动，即教育者和受教育者同是德育实践活动的“主体”。在马克思看来，人不仅是意识的主体，更重要的是历史的、实践的、交往的主体。人的本质是社会关系的总和，人是关系性的存在。他提出的“人与人的关系”是主体性的，即能动、现实的“交往关系”“社会关系”，从一般意义上规定了主体间的关系。还有“交往”“交往实践”“交往形式”“精神交往”“交换”“物质交换”等概念，着重规定了人们之间即主体间的物质关系、精神关系和实践关系。马克思这一主体间性思想为德育实践活动提供了新的哲学范式和方法论，在新的基础上揭示了德育的性质——教育者与受教育者之间的德育活动是主体间的交往活动。德育活动的主体间性这一特征决定了德育时机的形成过程也不同于一般时机的形成过程。

在第二章，本书将德育时机定义为，存在于一段特定的时间之中，在主客观条件相互作用下而产生的有利于教育者和受教育者获得最佳德育效果的客观条件。教育者作为德育活动的主体，必然在创设、捕捉和利用德育时机的过程中处于主体地位。因此，教育者的知识、经验及在“临界点”时的情绪、心理状态（$M + Pm$）构成了德育时机形成的主观条件。由于在德育活动中，受教育者是教育者的德育对象，是德育活动中具有主体性的“客体”，因此，形成德育时机的客观条件主要来自受教育者方面，更确切地说是由受教育者内心的德育需要引发其在情绪和心理上产生的一种紧张状态。在这种情况下，教育者对受教育者进行德育往往能够取得最佳德育效果从而实现德育目标。因此，在德育活动中，当出现受教育者在内心德育需要驱使下表现出情绪和心理上的紧张状态时，则是教育者进行德育的最佳时机。

根据前面对时机形成过程中主客体相互作用关系的分析可知，时机形成过程其实是实践主体与客体之间主体客体化和客体主体化的双向运动过程。对于德育时机的形成，同样也存在这样的双向运动过程。受教育者在德育需要驱使下所表现出的紧张状态，对于其他人来说，也许只是一种客观态势，没有任何价值和意义。然而，受教育者的这种紧张状态一旦被教育者发现并被意识到，便具有了客体性质。教育者通过自身的知识、经验，对受教育者表现出的这种客观态势进行认识和分析。在这一过程中，教育者一旦意识到通过把握和利用受教育者这种紧张、矛盾心态便会实现德育目标并取得最佳德育效果时，受教育者表现出的这种紧张、矛盾心态，即客观态势，便被教育者赋予了“价值”，成为一种有利于教育者实现德育目标并能够取得最佳德育效果的客观条件，即德育时机。这一过程，其实就是受教育者表现出的这种客观态势经过教育者认识活动的主体客体化，最终转变为“德育时机”的过程。在德育活动中，教育者把握和利用德育时机的过程，实际上也是实现德育时机价值的过程，即德育时机的价值最终以德育效果的形式体现出来，因此，这一过程也是德育时机被客体主体化为德育效果的过程。

由于德育活动是一种教育者与受教育者主体间的交往实践活动，因此，在德育时机形成过程中，相互为主客体的教育者与受教育者同时具有主体性和客体性两种性质。一方面，教育者作为德育主体，在创设、捕捉和利用德育时机的过程中，发挥着主体性，然而，教育者这种主体性受到德育时机客观性质的制约。德育时机的性质是由其内驱动力——

受教育者的德育需要的性质所决定的，受教育者德育需要的客观性质也就决定了教育者应采取何种德育方法和德育内容来满足受教育者的这种需要，即制约了教育者利用德育时机的手段和方法。再者，受教育者的德育需要是在一定身心发展水平和已有思想品德发展水平的基础上，在外部环境诱因的刺激作用下产生的。因此，受教育者的身心发展水平和思想品德发展现状及外部环境诱因也是制约教育者的客观因素。此外，受教育者所表现出的情绪、行为的变化，对教育者在“临界点”上的思想、情绪和心理状态也有一定的影响作用。有时，教育者会因受教育者对其造成的这种情绪上、心理上影响而对德育时机做出错误判断，以致错失良机。另一方面，受教育者作为德育活动参与者与德育接受者，具有一定的主体性，在德育时机的形成过程及教育者捕捉和利用德育时机的过程中发挥着主体选择性，但同时也受到作为外部环境因素之一的教育者，即“客体”的制约。在前面章节对德育时机的结构分析可知，德育时机的内驱动力是受教育者的德育需要。受教育者的德育需要是在外部环境中客观因素的刺激作用下产生的。然而，并非任何外部环境中的客观因素都能够对受教育者产生刺激作用。只有经过受教育者主体选择的外部环境因素才能诱发其产生德育需要。（对于这一问题，本书将在本章第二部分进行详细论述。）在教育者利用德育时机的过程中，受教育者会根据自身的德育需要对教育者采取德育方法和德育内容进行选择性接受。如果教育者的德育方法和德育内容不能满足受教育者的德育需要，教育者则不会获得理想的德育效果，更不会实现德育目标，那么德育时机也不会为教育者带来应有的价值。

通过以上分析可知，德育时机形成过程中主客观条件相互作用关系可被表述为：

$$V = S \cdot Pt \tag{6}$$

其中，$V$（Value，价值）表示德育时机的价值（包括应然价值和实然价值），$S$（Subjective Condition，主观条件）表示教育者，即创设、捕捉和利用德育时机的主体所具备的主观条件。在后面章节里，本书将教育者的主观条件概括为德育机智。$Pt$（Present degree）表示德育时机的显现程度，它描述的是受教育者在德育需要驱使下表现出的情绪、行为上的变化。可以说，这一公式包含了两层含义：一方面，德育时机应然价值的判断，依赖于教育者的主观条件或主体能力和德育时机的显现程度。如果德育时机没有特别的显现形式，无论教育者主体能力多么强，也无法发现和判断德育时机的价值；如果教育者主体能力很弱，即使德育时机表现得十分明显，教育者也会视而不见。另一方面，德育时机价值的实现，或者说德育时机的实然价值，也取决于教育者的主体能力和德育时机的显现程度。当德育时机还未成熟时，如果教育者过早地捕捉和利用德育时机，无论教育者的主体能力多么强大，都不会取得预期的德育效果；当德育时机已成熟时，但如果利用德育时机的方法不当，教育者也不会实现德育时机的价值。在 $V = S \cdot Pt$ 这一公式中：

$$S = M + Pm \tag{7}$$

其中，$M$（Master，教育者）具体表示教育者已有的知识、经验、思维能力等，是构成德育机智的智力因素；$Pm$（Point，某一时刻、时点）表示在德育时机产生的“临界点”时教育者的时机意识、情绪状态等构成德育机智的非智力因素，有时会受到外部环境和受教育者情绪变化的影响。$M$ 与 $Pm$，即教育者的智力因素和非智力因素共同作用下产生德育机智 S。在 $V = S \cdot Pt$ 这一公式中，

$$Pt = (S' + I) \cdot t \tag{8}$$

$S'$（Student，受教育者）表示受教育者当前的身心成熟水平和思想品德发展现状。$I$（Inducement，诱因）表示外部环境中的诱因，如突发事件、特定情境等。$S'$ 和 $I$ 经过相互作用产生了受教育者的德育需要——德育时机的内驱动力。$t$ 则表示德育时机所存在的时间，体现了德育时机的显现和消逝是一个动态变化的过程。

把 $Pt$ 等式右边的因素代入原公式，可得：

$$\begin{aligned} V &= S \cdot Pt \\ &= S \cdot (S' + I) \cdot t \\ &= S \cdot S' \cdot t + S \cdot I \cdot t \end{aligned} \tag{9}$$

于是，我们可以看到在德育时机形成过程中，德育机智 $S$ 与客观因素的几组关系，德育机智 $S$ 与时间 $t$ 的关系，德育机智 $S$ 与受教育者 $S'$ 之间的相互关系，德育机智 $S$ 与外部环境诱因 $I$ 的关系，以及受教育者 $S'$ 和外部环境诱因 $I$ 的关系，如图 3.1 所示。对于以上几组关系，本书将分别从德育时机的客观条件、德育时机内驱动力的形成和德育时机的主观条件——德育机智这三个部分进行论述。

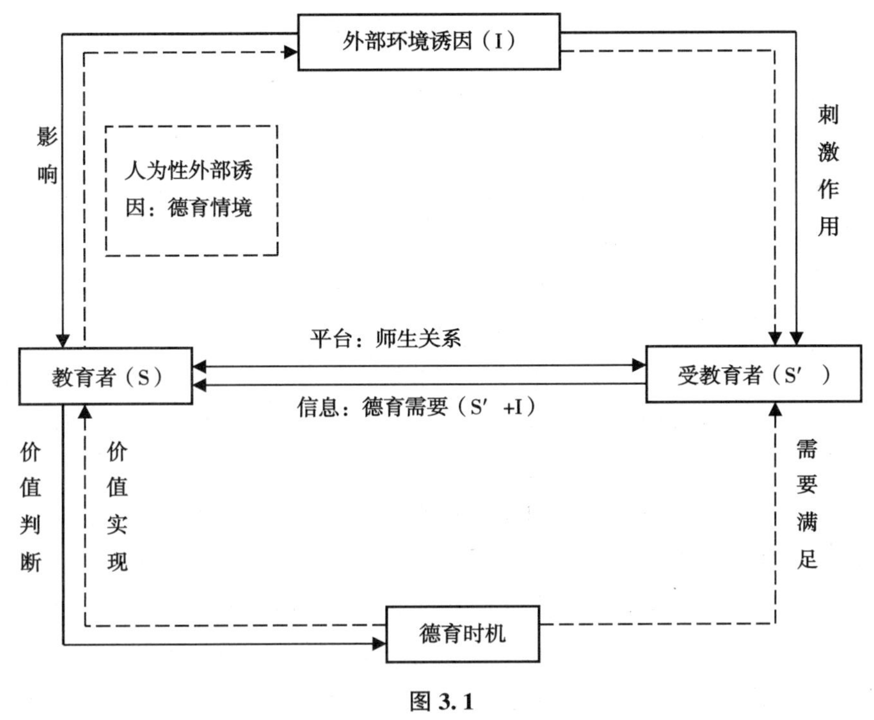


图 3.1

## 二　德育时机形成的平台：师生关系

作为一种特殊的实践活动，德育是教育者与受教育者主体间的交往活动。“所谓交往，简而言之，就是共在的主体之间的相互作用、相互交流、相互沟通、相互理解，这是人的基本存在方式。”① 教育者和受教育者主体间的交往活动是建立在一定的师生关系基础之上，所谓“师生关系是指教师和学生在共同的教育教学过程中，通过相互影响和作用而形成和建立起来的、贯穿于整个教育教学活动的一种特殊的人际关系，它是教育过程中最重要的人际关系”。② 德育时机作为在德育活动中由主客观条件相互作用而产生的一种有利的客观条件，其形成和价值是在师生关系这个平台上并通过德育交往活动来实现。换句话说，德育时机形成及其价值实现的平台是教育者与受教育者共建的师生关系。

① 张耀灿：《思想政治教育学前沿》，人民出版社 2006 年版，第 377 页。

② 李宝强：《教育基本原理》，山东人民出版社 2008 年版，第 272 页。

### （一）德育时机形成于良好师生关系下的德育活动之中

本书之所以把师生关系看作是德育时机形成的平台，是因为良好的师生关系是师生之间信息传递畅通，教育者能够及时了解受教育者心态变化的保证。教育者和受教育者之间的德育活动是一种主体间的交往活动。通过这种主体间的交往活动，教育者与受教育者建立了师生关系。可以说，师生关系在教育者与受教育者之间起到了传递信息的媒介作用。受教育者思想上、情绪上的变化作为一种客观态势，是由一些信息符号组合而成的，只有在师生关系的媒介作用下，才能被教育者发现和捕获，并成为有价值、有意义的客观条件，即德育时机。然而师生关系传递信息的媒介作用，是受师生关系亲密程度制约的。如果师生关系疏远，甚至呈现一种对立状态，师生之间缺少沟通和互动，那么这种师生关系形如虚设，没有任何的媒介作用。即使教育者发现了受教育者思想上、情绪上的一些变化，但在对立情绪的影响下，教育者可能会对受教育者表现出的这种变化视而不见。只有在良好师生关系下，师生之间才能相互了解、理解，教育者才能及时发现受教育者情绪和思想上的异常，及时捕捉德育时机；而受教育者出于对教育者的尊敬和信任，也更易于主动向教育者倾诉心中的烦恼以寻求帮助。可以说，只有在良好的师生关系之下，德育时机才能不时地在教育者与受教育者的德育交往活动中闪现出来，换句话说，德育时机形成于良好师生关系下的德育交往活动之中。

### （二）师生关系是影响德育时机价值能否实现的重要因素

苏霍姆林斯基曾指出过这样一种现象："哪个学校里有一位优秀的数学教师，数学就会成为学生最喜爱、最感兴趣的学科，就会在许多学生身上发现杰出的数学才能；如果学校里新来一位有天才的生物教师，那么两年之后就会出现十来个禀赋高强的少年天才的生物学家。"① 这就是说，受教育者对某门学科的潜在兴趣和愿望与对教育者的个人品质、专业素质、行为举止等方面持肯定态度有关。而这种受教育者对教育者的肯定性态度是良好师生关系的一种体现。

---

① ［苏］瓦·阿·苏霍姆林斯基：《给教师的建议》，杜殿坤译，教育科学出版社 1984 年版，第 60—61 页。

德育时机作为一种有利于教育者和受教育者获得最佳德育效果的客观条件，其本身是具有一定价值的，其价值包含应然价值和实然价值两个部分，这二者缺一不可。即使教育者在认识德育时机的过程中赋予了这种“一般客观态势”某种价值意义，但那只是应然意义上的价值。如果受教育者不接受来自教育者的德育影响或道德信息，德育时机的应然价值则不能转化为现实的德育效果，即德育时机的应然价值不能转化为实然价值，那么德育时机也就不再具有“时机”的价值意义。作为传递德育影响和道德信息的媒介——师生关系，是影响教育者正确选择德育方法和德育内容以及受教育者能否接受道德信息的重要因素。鲁洁认为，“师生关系本身就具有德育影响因素，在它的参与下可以赋予所传导的德育影响以新的意义、内容和力度。合乎道德要求的、和谐良好的师生关系会给予德育影响以实践的意义，可以超越影响本身所提示的内容，相反，不符合道德要求的，相互对立冲突的师生关系则经常使受教育者产生意义障碍，扭曲影响的本义与含义”。[①] 蓝克尔认为个人通过信息反馈影响另一个人的行为……这一模式揭示出师生之间行为与观念的相互影响的基本媒介是信息反馈，德育过程中师生信息传播是实现德育目标的基本途径。[②] 道德接受论认为，“在具体的道德接受活动中，道德文化信息的传导者所传导的道德文化信息，直接刺激、作用于道德接受主体，使道德接受主体产生了道德需要，形成了接受动机，产生了接受结果。道德文化信息的传导者这一作用发挥的程度，道德接受主体接受的效果与传导者和接受者之间的关系有很大影响（这里仅限于对传导者自身，而不涉及传导者所采用的传播渠道、手段，也不涉及传导者所传导的道德文化信息）”。[③] 这里的道德文化信息传导者和接受主体二者分别为教育者和受教育者。王健敏认为：“在学校德育中，教师是社会规范的承载者，师生关系直接影响儿童对道德规范的接受态度。从某种意义上讲，教育对学生发生的实际影响是由师生关系的亲密程度来决定的，亲其人才能信其言……”[④] “道德学习是在现实的师生互动中逐步生成的，道德学习的发生首先需要学生对教师产生

---

① 鲁洁：《超越与创新》，人民教育出版社 2001 年版，第 185 页。

② 参见鲁洁、王逢贤《德育新论》，江苏教育出版社 2010 年版，第 489—490 页。

③ 张琼、马尽举：《道德接受论》，中国社会科学出版社 1995 年版，第 128 页。

④ 王健敏：《道德学习论》，浙江教育出版社 2002 年版，第 210—211 页。

好感、敬意，才会有对教师所传递价值的认同。”① 可以看出，即使教育者及时把握德育时机，但在师生关系疏远的情况下，受教育者可能拒绝接受德育或者接受程度较低，教育者则不会取得预期的德育效果。只有在良好师生关系下，受教育者才会积极地接受德育影响或德育信息，满足自身德育需要；同时，教育者也通过利用德育时机获得最佳德育效果并实现德育目标。因此，师生关系是影响德育时机价值实现与否的重要因素。

### （三）师生关系本身也是引发德育时机形成的客观因素

根据前面对德育时机的分析可知，德育时机是有利于德育目标实现的客观条件，受教育者的德育需要是德育时机的内驱动力。在教育者、受教育者和德育目标之间，如何将德育目标转化为受教育者的德育需要，引发德育时机的形成和出现是一个关键问题。在德育过程中，良好的师生关系能改变教育者、受教育者和德育目标之间的不平衡结构，促进受教育者将德育目标转化为自身的德育需要（如图 3.2 所示），进而引发德育时机的形成和出现。因此，本书认为，师生关系本身也是促进德育时机形成的一个重要因素。

鲁洁认为，“德育中的师生关系最主要的价值和优势就是其渗透性特点，因为大多数接触和交往都是经过教育者精心设计、有意安排，随意性较小，即使是随机的教育交往经教育者悉心引导也会步入德育目标的轨道。教育爱是交往中的粘合剂，具有双重特点。一是互动性，是师生人格力量的相互感化的结晶，内心真情实感的自然流露；二是教育性，这种情感始终渗透着德育的精神……”② “在和谐师生关系下，学生对教师持积极肯定态度。当教师对德育目标赞成而学生反对时，形成了不平衡结构，这种不平衡也体现在学生的心理活动中。为了使结构趋于平衡，为了维持与教师的亲密关系，学生改变了对德育目标的看法，使不平衡结构转化为平衡结构（图 3.2）……”③ “这说明师生关系具有德育功能，良好的师生关系可使受教育者对教育者的积极肯定态度迁移到教育者态度所指向的德育目标上去，可使受教育者改变原有的价值态度，这是教育者情感对受

① 王健敏：《道德学习论》，浙江教育出版社 2002 年版，第 211 页。

② 鲁洁、王逢贤：《德育新论》，江苏教育出版社 2002 年版，第 495 页。

③ 同上书，第 496 页。

教育者态度的渗透过程。”① 由此可见，在受教育者接受德育目标并转化为自身的德育需要这一过程中，师生关系中的教育者情感起到了渗透和影响作用，而受教育者德育需要的产生则意味着德育时机的形成与显现。

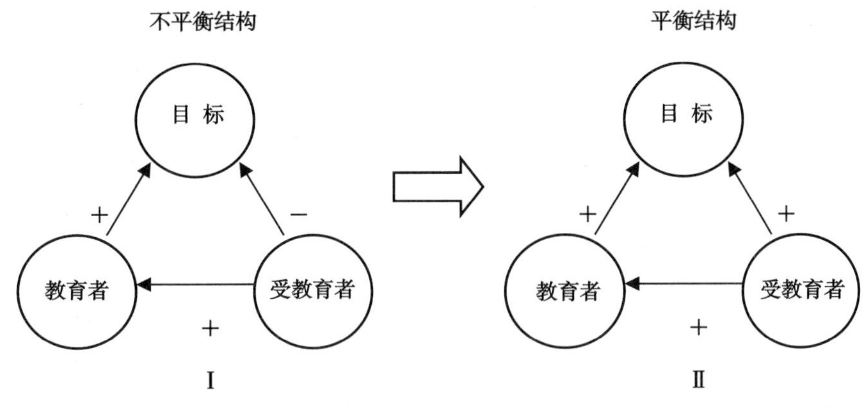


图 3.2

在德育活动中，师生关系这种渗透的德育功能主要受两个因素的影响：一是师生关系的亲密程度。师生关系亲密程度越高，受教育者对教育者的情感依恋越深，则越能改变对德育目标的否定态度，并转化为自身的德育需要，从而达到心理上、认识上的平衡。否则，受教育者宁愿放弃与教育者的积极关系而固执己见、我行我素，因为与其改变自己强烈信奉的思想观点，倒不如摆脱不太强烈的教育者情感约束力。二是教育者的威信。著名教育家赞科夫这样说过：“如果没有威信，那也就是说，师生之间没有正确的相互关系，就缺少了有成效地进行教学和教育工作的必要条件。”② 威信就是“威望”与“信服”的有机结合，是指个体在他人心目中的一种能引起尊敬、服从的肯定地位。教育者的威信就是教育者以其德高望重与才学渊博等条件而在受教育者心目中引起尊敬和信服的地位。一般而言，教育者的威信对受教育者的影响主要是两个方面的：一方面，教育者的威信是受教育者接受德育目标的基础和前提。所谓“亲其师，信其道”，教育者的威信使受教育者坚信德育要求和德育目标的真实性和正确性。另一方面，教育者的威信能唤起受教育者的积极情感。具有威信的

① 鲁洁、王逢贤：《德育新论》，江苏教育出版社 2010 年版，第 496 页。

② ［苏］列·符·赞科夫：《和教师的谈话》，杜殿坤译，教育科学出版社 1980 年版，第 24 页。

教育者，对受教育者给予鼓励和表扬，能够最大限度地引起受教育者的自豪感和上进心，从而能够积极地改变其对德育目标的态度，并将其转化为自身的德育需要。因此，教育者的威信越高，越能促使受教育者改变自身对德育目标的否定态度，将德育目标转化为自身的德育需要，进而引发德育时机的形成和显现。

## 三 德育时机形成的客观条件

如前文所述，德育时机是存在于特定时间之中，由主客观条件相互作用而产生的一种有利于教育者和受教育者获得最佳德育效果的客观条件。德育时机的内驱动力是促进德育时机形成和变化的内部力量。受教育者的德育需要则是德育时机内驱动力的核心，其产生则依赖于具有一定主体结构的受教育者与外部环境诱因的相互作用。在此，本书将对受教育者的主体结构、外部环境诱因，即德育时机形成的客观条件进行分析。

### （一）受教育者的主体结构

由于“个体的需要（包括道德需要）并不是由他人的主观意识所决定的，而是根源于不同个体的结构与条件的特殊规定性”，[①] 因此，在德育活动中，不同的受教育者处于同一情境中，有时会产生不同的道德需要，并在道德需要的基础上产生不同的德育需要。在德育需要的驱动作用下，不同的受教育者会表现出不同的情绪反应和行为变化，进而使德育时机呈现出个体差异性的特征。可以说，受教育者的主体结构决定了受教育者在特定的情境中能否产生德育需要，渴望获得何种道德教育，进而决定了由德育需要引发的德育时机能否形成及以何种形式显现。因此，受教育者的主体结构是影响德育时机形成和显现的重要客观因素。一般来说，受教育者的主体结构要素具体包括以下四个方面。

1. 生理水平上的自然结构要素

生理水平上的自然结构要素，即生理素质，指人与生俱来的生理状况和体质状况，包括人体发育、体质强弱、生命周长及耐力持久状况和身体发育程度，它是人从事一切社会实践活动的基础，是其他素质的依附载

① 鲁洁、王逢贤：《德育新论》，江苏教育出版社 2010 年版，第 495 页。

体，其主要表现为基本活动能力，包括大脑、心肺等诸生理器官的生理功能，以及肌肉、骨骼等运动器官的生理机能。受教育者的发展包括身体和心理两个方面，即生理水平上的自然结构要素的发展和心理水平的发展，这两个方面是密切相关的。受教育者机体的生长和成熟虽然不是机械地决定着其心理发展，但为受教育者的心理发展不断提供新的物质前提和新的可能性。生理发展的水平和规律，总是在一定程度上制约着心理发展的水平和规律。苏霍姆林斯基通过长期观察发现，一些受教育者注意力不集中，情绪抑郁，容易遗忘，与他们身体欠佳有关。科学研究表明，受教育者的体质、脑、神经系统、感觉器官、运动器官甚至心脏、肌肉、腺体等，都会影响受教育者的心理、思维。因此，受教育者的生理素质较好，思维活跃敏捷，对外界环境中的刺激因素也会比较敏感，对新鲜事物容易产生好奇心和兴趣，并表现出“兴奋点”和“兴趣点”，出现德育时机的频率则较高；反之亦然。

2. 心理水平上的意识结构要素

心理水平上的意识结构要素是主体结构要素中的驱动系统，是主体活动赖以发生的驱动力。心理水平上的意识结构要素包括主体的自我意识和需求意识。

（1）自我意识

自我意识是指个体对自身存在状况和对自身不同于客体的主体地位的认识，它趋向于主体和客体的分离。平时我们常常说，“我觉得我是个缺乏勇气的人”，“我认为我能够和别人相处，并不孤僻”，“我认为我的性情和以前没有什么大的变化”，等等。上述这些对自己的感知觉、思维、情感、意志等心理活动的意识；对自己和客观世界的关系，尤其是人我关系的意识；对自身机体状态的意识，都属于自我意识之列。正是具有自我意识，才能使人对自己的思想和行为进行自我控制和调节，使自己形成完整的个性。

自我意识是由自我认知、自我体验和自我调节（或自我控制）三个子系统构成。因此，自我意识也叫自我调节系统。自我认识是自我意识的认知成分。它是自我意识的首要成分，也是自我调节控制的心理基础，它又包括自我感觉、自我概念、自我观察、自我分析和自我评价。自我体验是自我意识在情感方面的表现。自我调节是自我意识的意志成分。自我调节主要表现为个人对自己的行为、活动和态度的调控。在受教育者品德形成和发展过程中，自我意识是必需的意识结构要素，其中，自我认识是受教育者产生道德需要和德育需要的前提，自我情感体验是受教育者产生内心情感动力的心理条件，具体可从以下几个方面进行分析。

首先，自我认识是受教育者产生道德学习动机和德育需要的前提。受教育者的德育需要和学习动机是德育时机内驱动力的核心。如果没有受教育者的自我认识，也就不会产生德育需要，更不会引发德育时机的形成和显现。作为自我意识结构中的认知成分，自我认识使受教育者将自己与其他事物区别开来，从而认识到其他事物与自己的关系。特别是当受教育者意识到自己的某种需要的时候，通过自我认识，受教育者能够认识到满足自身需要的事物应具备哪些价值和属性。当然，受教育者在自我认识过程中，作为自我认识对象的“我”并不是脱离社会关系，而是与他人存在着千丝万缕的联系并作为一种“社会关系的总和”从事实践活动的主体。因此，受教育者的自我认识离不开其所处的社会关系和具体的实践活动。受教育者自我认识的结果最终将表现为一种知识①形态，比如“我是一个失败的人”“我们的关系非常好”“这件事会给我带来非常恶劣的影响”等这样或那样的评价或概括。虽然受教育者的这种自我认识存在是与非、对与错、善与恶的差异，且道德认识作为价值判断，有着善与恶、好与坏的区别，但是两者是紧密相连的。在受教育者道德实践过程中，受教育者的道德认识则明显地具有价值取向方面的内涵。道德认识是受教育者对于客观存在的道德关系以及处理这种关系的原则和规范的认识，受教育者通过善恶观念来把握自己与他人、个人与社会之间的关系，并围绕善恶标准来思考“我”应当如何处理这种关系。在现实生活中，受教育者通常会遇到各种各样的道德问题和矛盾。在面对这些问题和矛盾时，受教育者会通过自我认识来概括一个对象化的“现实自我”，现实自我是现实中的自己以及别人对自己的实际看法和评价。其实，在受教育者自我认识过程中，其自身对这个“现实自我”已经进行自我道德判断和评价。受教育者的这种自我认知越客观，其“现实自我”的道德判断和评价也就越准确。在受教育者的自我意识中，不仅存在“现实自我”，还存在一个“理想自我”。所谓“理想自我”就是受教育者理想中的自己，包括自己所希望达到的理想，以及希望他人对自己所产生的看法等。当受教育者通过自

① 所谓知识，就它反映的内容而言，是客观事物的属性与联系的反映，是客观世界在人脑中的主观映象。就它的反映活动形式而言，有时表现为主体对事物的感性知觉或表象，属于感性知识，有时表现为关于事物的概念或规律，属于理性知识。

我认识和道德认识之后，发现“现实自我”和“理想自我”有很大差距时，这两个“自我”之间会产生矛盾并使受教育者感到不安和痛苦。为了使二者协调一致、达到统一，受教育者需要通过道德学习提高自身的道德认知水平，进而使自我认识达到一个新的高度。在这种情况下，受教育者一旦有了德育需要，也就产生了道德学习的动机，进而引发了德育时机的出现。由此可见，自我认识不仅是道德认识的前提，也是受教育者产生德育需要和道德学习动机的心理条件，是德育时机出现的心理基础。

其次，受教育者的自我情感体验是促使其德育需要转化为内驱动力的必要条件。受教育者不仅是一个具有理性、有意识的存在物，而且是一个具有情感的存在物。通过前面章节分析可知，受教育者的德育需要是促使德育时机形成及显现的内驱动力的核心。现代认识论表明，人的欲望和需要的信息，必须依靠一种具有放大功能的中介，才能促使其自身全身心地投入到认识和实践活动中去。实践证明，这种对欲望和需要的信息起放大和强化作用的最重要的中介因素，就是情绪和情感。在德育活动中，受教育者是通过感受自己或他人的言语或者行为来进行自我情感体验的。更确切地说，受教育者的自我情感体验是对一定情境的感受，离开了一定的情境（无论是现实的还是想象的），情感体验就无从发生。关于受教育者课堂学习行为动机的研究表明，当受教育者接触某一德育情境时，并非主要从德育内容或德育课程本身的认知性角度对之进行反应，而是更多地从德育内容与自身关系的情绪性角度对之进行反应，并据以决定自己的学习动机和学习行为。然而，不论是受教育者的学习动机还是学习行为，都是在受教育者德育需要驱使作用下表现出来的，或者说，都是受教育者通过对德育情境进行自我情绪体验而产生一定的情绪或情感，在情绪或情感的放大作用下，将德育需要转化为内驱动力，并促使受教育者表现出强烈的学习动机或主动的学习行为。当受教育者表现出强烈的学习动机或主动的学习行为时，在教育者看来，就是最佳德育时机。由此可见，如果没有受教育者的自我情感体验，受教育者就不会产生一定的情绪或情感，更不会使其自身的德育需要转化为内驱动力从而引发德育时机的形成和显现。

再次，自我控制影响到德育时机的内隐和外现。当受教育者有了正确的自我意识时，就能够自觉地调节和控制自己的行为，达到自身与社会群体的和谐。这是由于在人的自我意识调节系统中有一种自我控制的功能，即自制力。自制力是反映人控制自己情感、情绪、愿望、习惯和爱好兴趣等心理方面的一种能力。生活在社会中并从事各种活动的人，是具有情感、欲望和兴趣的人，情感、欲望则是人类行为的最初动力。通过前面对德育时机的分析可知，德育时机是以受教育者情绪、情感、行为、言语等方面的变化作为其显现形式的，具体又可分为与积极情绪相联系的“兴趣点”和“兴奋点”以及与消极情绪相联系的“挫折点”和“冲突点”。当受教育者内心产生德育需要，并在其德育需要的基础上产生了某种情绪或情感时，在某些情况下，受教育者不会马上表现出情绪及行为上的异常，而是通过自制力的调控作用对自己的情绪进行梳理。经过自我调控之后，由情绪和需要所产生驱动力会被消减或者放大。一旦内驱动力被消减，受教育者的德育需要就会被隐藏，德育时机则处于内隐状态；相反，一旦内驱动力被放大，受教育者就会出现情绪、行为上的异常，德育时机也因此而显现出来。例如，受教育者做了错事之后，一方面心里充满了自责和内疚，希望得到他人的原谅；另一方面，又惧怕他人得知后而因此受到他人的轻视和排斥。受教育者通过自我控制将这种复杂、矛盾的心态掩饰起来，于是“错事”就变成了“心事”，而此时教育者也就难以发现其中的德育时机。

（2）需要意识

需要意识是一种重要的心理和精神状态，指的是主体自身对客体对象的需要认识，它趋向于主体和客体的结合，以满足于主体自身的需要。从本质上说，人的需要意识，是人预感到缺少某种东西而在头脑中形成的驱动的反映，它使人自觉、有目的、有计划、有信心地从事某种事情，是人能动性的根本表现。在德育过程中，受教育者的德育需要其实就是一种需要意识。对于受教育者的德育需要，本书还会专门论述，在此不再赘述。

3. 理性水平结构要素和非理性水平结构要素——思想品德发展水平

主体结构理论认为，受教育者的主体结构要素除了生理水平上的自然结构要素和心理水平上的意识结构要素之外，还包括其主体理性水平上的经验——知识结构要素和非理性水平上的情感——意志结构要素。理性水平经验——知识结构要素，包括受教育者在成长过程中从现实中总结的直接经验知识和在学习过程中积累的间接经验知识。不同的经验和知识结构要素会使受教育者对同一客观事物产生不同的认识，做出不同的决断，采取不同的行动。非理性水平上的情感——意志结构要素包括本能、潜意识、直觉、情感、意志、习惯等非理性因素。在受教育者的主体活动中，非理性因素是其主体结构要素中的调节系统。在受教育者主体结构中，理性水平结构要素和非理性水平结构要素，是相互作用、相互影响的。例如，情感一旦形成就会引诱观察，加深记忆，推动想象，强化注意和激励思维，由此对受教育者的实践活动发生影响，并具有一种定向、调节和驱动的作用。马克思指出，激情、热情是人强烈追求自己的对象的本质力量。意志同情感一样，同属于非理性因素。它是人们自觉地确定目标，并根据目标，支配和调节行为，从而克服各种障碍达到预期目标的心理过程。作为非理性要素之一，意志受到理性因素和情感因素的制约和影响。理性因素协助、引导意志确定和实现目标；情感则激励意志，是意志活动的内驱力。反过来，意志又支配、调节和发动或制止理性因素活动或情感活动，推动理性因素不断深化，控制情感向健康的、预定的目标发展。

在现实生活中，人作为实践主体所掌握的知识经验涉及范围广泛，具备的情感、意志也是丰富多样。为此，针对德育领域，本书认为，道德实践主体（受教育者）理性水平上的经验——知识结构要素和非理性水平上的情感——意志结构要素，可概括为品德结构要素，即道德认知、道德情感、道德意志、道德行为，这些品德结构要素则反映了道德实践主体（受教育者）的思想品德发展现状。受教育者的思想品德发展现状可从“质”和“量”这两个方面来体现。“质”指的是受教育者思想品德发展的方向，即受教育者思想品德的社会的、阶级的属性，它表明了受教育者的道德观、世界观、人生观、价值观、政治观是符合还是背离社会要求的，其行为是亲社会还是反社会的；“量”指的是受教育者思想品德发展的水平、层次及思想品德的巩固程度，它表明了受教育者思想品德与教育者提出的德育目标之间差距的大小。

受教育者的思想品德发展水平反映了受教育者道德发展所处的特定阶段。柯尔伯格认为，道德发展的各阶段都是一个“结构化了的统一体”，一个有组织的思想系统；每一阶段的核心特征标志着阶段与阶段之间的质的差异；这些阶段形成一个自然的连续顺序，在发展过程中，新的阶段从前一阶段中发展出来，因而是旧与新的综合体；每一个体都是为建立自身的综合体积极努力，而不是去接受一个社会文化所规定的现成模式。[①] 在道德发展的某一特定阶段，构成受教育者思想品德结构的理性水平结构要

① http：//baike. baidu. com/view/2125554. htm [OL].

素和非理性水平结构要素是处于相对平衡的状态的，一旦这种“平衡”被打破，受教育者的思想品德将可能出现一个发展“机会”。这一观点可从道德内化理论中得到确证。道德内化理论认为，道德内化具有一定的平衡性。“所谓平衡性，并不是指道德内化中的各因素、各环节处于一种平衡的状态，恰恰相反，道德内化是遵从平衡到失衡，从再平衡到再失衡的过程不断进行的。也就是说，只要一个人不停止道德认知，平衡就总会走向失衡，失衡也总会导致平衡。平衡——失衡——再平衡——再失衡，是道德内化发展的必然过程，也是道德自我发展的必由之路……”① “平衡性只是用来标志道德内化发展的一个阶段。一个平衡是一个阶段，再平衡是另一个阶段……”② “然而个体是在生长的，内化图式③也在不断受到各种道德信息的刺激，一旦接受的道德信息与个体的内化图式不相匹配，道德内化过程就会出现种种冲突，甚至阻碍。个体道德图式的结构和发展就处于失衡状态……”④ “失衡是‘危险的’。但是，‘危险’原本包含着两层含义：一是危机，二是机会。一般来说，失衡总是能使道德内化获得一种‘发展’的机会，在解决危机的过程中，接受新的道德要求，采择新的道德观点，改变旧有的内化图式内容，从而向高一阶段发展。”⑤ 根据以上道德发展阶段理论和道德内化理论可知，受教育者在道德发展过程中的每次“失衡”预示着德育时机的出现，教育者只有及时捕捉到受教育者的这种“失衡”状态，并采用适当的德育策略促使受教育者从“失衡”趋向于“再平衡”，才能使受教育者获得道德水平的提升，同时，教育者在这一过程中实现德育目标并取得德育效果。

### （二）外部环境中的诱因

#### 1. 外部环境诱因与德育需要的关系

心理学研究表明，外部刺激分为有意识的、无意识的；显现的、隐形

---

① 胡林英：《道德内化论》，社会科学文献出版社 2007 年版，第 147—148 页。

② 同上书，第 148 页。

③ 图式是一种先存的心理结构；道德内化图式是主体在思维、实践活动、人际交往、情感表达、行为选择等过程中所有道德意识和道德心理要素综合而成的相对未定的结构及其功能，是主体接受、过滤、筛选外部客观道德信息刺激的工具。

④ 胡林英：《道德内化论》，社会科学文献出版社 2007 年版，第 148 页。

⑤ 同上书，第 149 页。

的；不可控的、可控的；强烈的、微弱的等。刺激引起的心理反应有表面的、深层的；积极的、消极的；速效的、迟效的等。并非任何外部刺激都能称之为“诱因”，只有能对受教育者产生作用的刺激，才能称为“诱因”。所谓诱因，“通常，把直接推动行为的内部原因称为动机，把激起行为的外部原因称为诱因”。[①] 在心理学中，有一个基本的“心理——行为”公式，如图 3.3 所示。

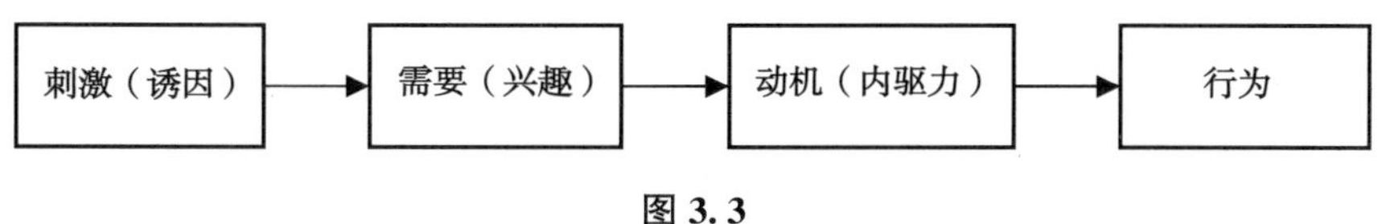


**图 3.3**

作为促使德育时机形成的客观条件，本书认为，外部环境中的诱因，指的是能够对受教育者产生刺激作用并使其产生德育需要的外部客观因素。它决定着德育时机的内容和性质，即外部环境诱因对受教育者产生何种刺激决定了受教育者会产生何种德育需要，进而决定了在这种德育需要的促进作用下会出现何种德育时机。实践表明，当受教育者对某一问题有了看法时，他就会对来自外界的信息进行选择，或接受，或回避、抵制。同时，心理学研究表明，人在固有观念外，有一个可接受的范围，只要外界刺激在这个范围内，人往往不会产生回避或抑制的态度。道德接受理论认为，“如果道德接受客体即道德文化信息的性质与道德接受主体的成长环境，生活经历，接受教育的程度，个人认知发展水平、思想素质水平，以世界观为核心的价值观念相吻合，那么这种道德信息一经传导到道德接受主体那里，立即刺激道德接受主体，产生接受动力——道德需要，从而开启‘接受之门’，在主客体双向建构中完成道德接受过程，形成道德接受结果——‘新质’”。[②] 因此，外界刺激要引起受教育者的心理反应并且产生德育需要，必须具有适应性和有效性。所谓有效的外部刺激，是指对受教育者心理能产生作用，能促进其进行思维，引起其进行深层的反思。适应性的外部刺激，是指外部刺激的性质、内容适合受教育者思想品德发展现状。美国心理学家罗伯特·加涅认为，当刺激情境（刺激学习者感官的所有事件被统称为刺激情境）与记忆内容（学习者已有的知识

① 林崇德、黄希庭、杨治良：《心理学大辞典》，上海教育出版社 2003 年版，第 886 页。

② 张琼、马尽举：《道德接受论》，中国社会科学出版社 1995 年版，第 129—130 页。

和经验）以某种方式影响学习者的操作水平时，学习便发生了。操作水平的变化，是根据学习者在学习之前和学习之后操作水平的差异来界定的。刺激强度要适宜——刺激强度太小不会产生效果，而太大则超出了受教育者的心理承受范围，容易产生副作用；外部刺激的时间要适宜，同样的刺激在不同的时间里，会产生不同的效应。另外，由于受教育者具有一定的主体性，并不是在外部刺激的作用下被动地产生心理反应，受教育者自身的主体结构需要、愿望、兴趣、爱好、认识、情感、意向、自我意识、气质、性格、生活经历以及当时的心理状态，都可影响其对外部刺激的反应。如是与受教育者的需要、愿望和兴趣等相一致的外部刺激，就会引起受教育者产生积极的心理反应，反之亦然。

2. 外部环境诱因对受教育者情绪的影响

在受教育者与外界环境的相互作用中，外部环境诱因除了能够引起受教育者的德育需要之外，对受教育者的情绪、情感也有一定的影响。根据前面对德育时机内驱动力的分析可知，受教育者的情绪、情感对其德育需要具有放大、引导和调节的作用，从而使德育需要最终形成一种驱动力促进德育时机的形成和显现。根据情绪结构理论，在德育活动中，只有当外部环境诱因处于受教育者“情绪结构”中的特定区域内，才能引起受教育者在情绪上产生波动，受教育者若想恢复到原来稳定的情绪状态，必须依靠教育者的引导和帮助。教育者若捕捉到了受教育者的这种情绪波动，那么此时对教育者来说，则是对受教育者进行德育的最佳时机。本书将结合情绪结构理论，具体分析外部环境诱因对受教育者情绪的影响。

受教育者的情绪结构，由深层到外层可被划分为四个区域，即原始状态区（zone of primal fettle，简称 ZPF）、自我防御区（zone of self defense，简称 ZSD）、外力援助区（zone of outer help，简称 ZOH）和崩溃区（zone of breakdown in emotion，简称 ZBE），其具体如图 3.4 所示。

（1）原始状态区（ZPF）

原始状态区（ZPF），处于这一区域内的情绪主要是由遗传而获得的特质类情绪，是受教育者的各种情绪类型中最早、最原始的情绪特质。原始状态区（ZPF）主要是由受教育者先天的遗传和生理因素构成的。在受教育者的个人发展过程中，情绪的原始状态区（ZPF）除了在特殊环境中会发生一些很小的变化之外，在一般情况下，基本上不会因为外部环境的影响而发生变化。从功能角度来看，人在进化过程中通过自然选择保留了

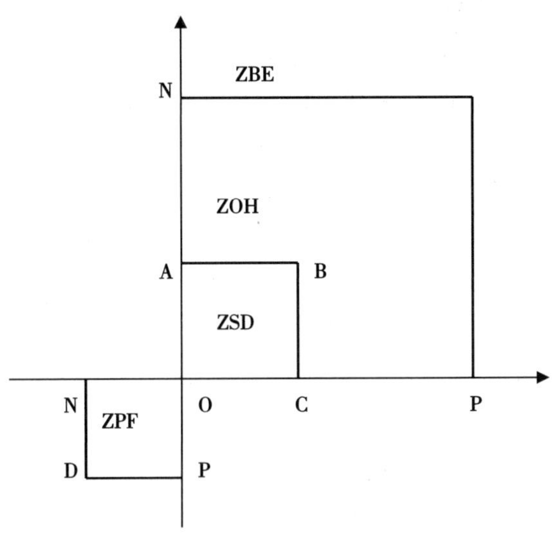


**图 3.4　情绪结构**

（说明：其中 N 代表 Negative，P 代表 Positive）。

一些类似于“本能”的情绪，而处于原始状态区（ZPF）内的情绪就是这类情绪。例如，最新研究表明，人在受到惊吓的时候，会产生恐惧感，而恐惧感则是人在进行自我保护时产生的一种“本能”的情绪反应。随着人通过后天的学习和经验积累，情绪的原始状态区（ZPF）最终会被新的情绪区域——自我防御区（ZSD）所取代。因此，在德育过程中，外部环境因素对受教育者情绪、情感的影响基本不会发生在受教育者情绪的原始状态区（ZPF）。

（2）自我防御区（ZSD）

如果说，情绪的原始状态区是由受教育者通过遗传获得的先天生理因素构成的，那么情绪的自我防御区（ZSD）则是受教育者在原始状态区（ZPF）的基础上由后天各种因素形成的一个新的情绪区域，是受教育者在成长过程中通过应对外部环境中各种问题或各种变化而获得的一种情绪上的“经验累积”。例如，当受教育者还处于婴儿期时，外部环境中的刺激因素对其所引起的情绪反应完全是原始的，像噪声会引起婴儿的大哭。在受教育者的成长过程中，在每次应对外在刺激（特别是会引起情绪问题的外在刺激）之后，受教育者会获得一定的情绪应对“经验”，例如，当处于幼年的受教育者发现噪声不会对自身造成危害时，就不会因恐惧而大哭，诸如此类的情绪应对“经验”就构成了受教育者情绪的自我防御区（ZSD）。随着受教育者在应对各种外在刺激过程中积累了越来越多的情绪应对“经验”，其情绪的自我防御区也就随之不断扩大。可以说，受教育者通过后天积累的情绪应对“经验”建构了情绪的自我防御区（ZSD）。随着这种情绪的自我防御区（ZSD）的形成并不断扩大，原来的情绪原始状态区将会被其取而代之。自我防御区同原始状态区一样，其作用过程是在受教育者的无意识状态下发生的。即使受教育者在这种外部刺激作用下产生了一些情绪波动，只要这种情绪的强度处于自我防御区域（ZSD）内，受教育者可以通过利用积累的情绪应对“经验”，发挥自我防御机制（self-defense mechanisms）的作用，进行自我情绪调整，从而使情绪回归到原来的状态。因此，在德育过程中，即使外部环境因素对受教育者情绪、情感产生了影响，但其引起的情绪强度处于受教育者的自我防御区（ZSD）内，那么这种外部环境因素刺激受教育者产生的情绪、情感波动在经过受教育者自我调整之后也终会回归初始状态。这种外部环境因素则不能对受教育者的德育需要起到放大、引导和调节的作用，更不能促使德育时机形成和显现。

在日常生活中，受教育者会遭遇各种各样的挫折，有时，受教育者能够根据已有的经验通过“自我开导”“自我劝解”等调节方式来消解挫折带来的情绪问题，使自身的情绪状态趋于平稳。可以说，处于自我防御区内的情绪强度对受教育者产生的影响很小，甚至可以忽略不计，更谈不上成为一种动力促使受教育者表现出一些“异常”变化，使教育者捕捉到具有德育价值的德育时机。例如，教育者向受教育者展示的一些具有德育意义的画面，受教育者因为有过类似的经历，也许会产生心灵上的触动，但不可能产生心灵上的“震撼”，更不会表现出教育者所期望的“兴趣点”或“兴奋点”类型的德育时机。

（3）外力援助区（ZOH）

在情绪结构中，除了原始状态区（ZPF）和自我防御区（ZSD）之外，还存在一个外力援助区（zone of outer help）。外力援助区（ZOH）不同于原始状态区和自我防御区无意识的作用机制，这一情绪区域的作用机制是有意识的。外力援助区（ZOH）表示的是受教育者所能承受的最大情绪强度的范围。这一区域处于自我防御区之外，是在其基础上派生出来的，而与受教育者后天情绪应对“经验”的积累无关。当外部环境中的刺激因素对受教育者造成的情绪影响强度超出了自我防御区（ZSD）而落在了外力援助区（ZOH），过大的情绪强度会破坏受教育者原来的自我防御区（ZSD），其原来的情绪结构也会因此发生改变。由于受教育者的情绪趋向于回归到稳定状态，那么此时就可能会出现两种情况：恢复原来的自我防御区（ZSD）状态和重建一个新的自我防御区（ZSD）。然而，恢复原来的自我防御区（ZSD）状态或重建一个新的自我防御区（ZSD）都不可能通过原来的自我防御机制来实现（原来的“自我防御区 ZSD”由于外部环境刺激强度过大而被破坏），此时，受教育者只能通过他人的帮助（如引导、劝慰等）来恢复自己原来的自我防御区（ZSD）或重建一个新的自我防御区（ZSD）。由于外力援助区（ZOH）范围内的情绪波动具有一定的非常态性和持续性，如果受教育者一直处于情绪波动状态，其自我防御区（ZSD）得不到及时的恢复或重建，那么这种消极情绪影响或积极情绪影响则会持续一定的时间。由自我防御区（ZSD）派生出来的外力援助区（ZOH）并不是无限大或无限小，其区域是有一定的范围的。外力援助区（ZOH）是以受教育者的心理所能承受的最大情绪影响而不至于出现情绪崩溃为限。也就是说，只要外部环境中的刺激因素对受教育者的情绪影响强度落在外力援助区（ZOH）区域之内，不管是积极情绪影响还是消极情绪影响，都会使受教育者出现一定程度上的情绪波动，但都不会造成受教育者的情绪崩溃。因此，在德育过程中，只有外部环境中的刺激因素对受教育者的情绪影响强度落在外力援助区（ZOH）区域之内，才会引起受教育者出现较大的情绪波动，才能够对受教育者的德育需要起到放大、引导和调节的作用，进而引发德育时机的形成和显现。此时，受教育者若能及时接受教育者的引导和帮助——外力援助，其思想品德水平获得提升的同时，自身的情绪也趋于平稳，即恢复了原来的自我防御区（ZSD）或重建了一个新的自我防御区（ZSD）。

（4）崩溃区（ZBE）

崩溃区（ZBE）是指外力援助区（ZOH）之外的一个区域，也是情绪结构中最外面的一个区域。假如外部环境对受教育者的情绪影响强度落在这个区域内，受教育者的情绪就会表现出一种混乱的状态，这种情绪混乱状态就是通常所说的情绪崩溃。在受教育者处于情绪崩溃状态时，其心理也处于混乱状态，因此，此时的受教育者难以产生德育需要，也不可能出现由受教育者德育需要为内驱动力核心的德育时机。

# 第四章

# 德育时机形成的主观条件：德育机智

自古以来，随机应变、见机行事、相机行事、急中生智等词语往往被用来形容人们在面对时机，面对特殊情境时所表现出的非凡能力。同时，这些词语也反映了“时机”与“机智”两者之间的内在联系。任何一种客观条件被赋予“德育时机”的价值时，总离不开教育者的观察力和判断力；任何一个德育时机，其所产生的德育效果总是离不开教育者有效的决策力和行动能力。可以说，德育时机的形成不仅需要客观条件——这是德育时机本身作为一种客观条件所必需的基本要素，还需要教育者的观察力、判断力、决策力等主观条件。而这些主观条件，可以用一个新概念——“德育机智”来概括。

## 一　德育机智的内涵

在《辞海》中，机智的定义是：“脑筋灵活，能够随机应变。”① 《语言大典》则从几个层面将机智定义为，可以强调在发明或设计方面的技巧或智力；设计发明时的聪明和灵巧；在困难和微妙的情况下，为了保持与他人的良好关系或避免攻击而对应该说什么或做什么的敏锐感觉。《韦氏大辞典》认为，机智是一种对于言行的敏锐感，以与他人保持良好的关系或避免触犯别人。生理学家荷曼·赫姆霍兹认为，“机智”可被分为两种，即作为人类互动方面的机智和作为社会科学学术成就的机智。在前者，机智通常被理解为一种对情境的特殊敏感性并知道在其中如何表现。从上述的定义中可以看出，“机智”大致可理解为两个层面的含义，首先

---

① 《辞海》，中国书籍出版社 2003 年版，第 474 页。

是学术意义上的，其次是社会交往中的，但不管哪个层面，机智都被赋予了一个显著的特点，即主体对于特殊情境的敏感性。

将机智的概念引入到教育议题中来的学者是德国教育家约翰·弗雷德里奇·赫尔巴特。1802 年，他在关于教育的讲演中提到："关于你究竟是一名优秀的教育者还是拙劣的教育者的这个问题非常简单，你是否发展了一种机智感呢？"[①] 赫尔巴特断定，机智在实践的教育行动中占据着特殊的地位。赫尔巴特认为，"机智介乎理论与实践之间……""在日常生活里我们做瞬间的判断和迅速的决定的过程中机智自然表现出来……""机智是一种行动方式，它依赖于人的情感或敏感性，仅仅从遥远的意义上依赖于由理论和信念形成的判断……""机智对情境的独特性非常敏感……""机智是实践的直接统治者"。[②] 可见，赫尔巴特将机智视为教育过程中的一种促使理论转化成实践的工具。随后，对于教育中的"机智"，美国心理学家威廉·詹姆斯在 1892 年写的讲稿中提到，为了达到这一结果，我们必须具有额外的天赋，一种逾越的机智和天赋，来告诉我们在孩子面前说什么样的话，做什么样的事。那种面对学生的天赋，那种对于具体的情景而出现的机智是心理学一点也帮不上忙的，尽管它们是教师艺术的最基本的知识。可见，"机智"在威廉·詹姆斯看来是一种额外的天赋。苏联教育家马卡连柯认为，教育机智是一种教师同学生交往并影响学生的职业性专门能力——表现力和说服力。日本教育实践家斋藤喜博认为，教育机智是教学展开过程中及时对学生的反应做出相应的判断和组织的能力，即教师在教学中的应变力和组织力。加拿大"现象学教育学"创始者之一——马克斯·范梅南高度重视"机智"在教育中的作用，提出了"教育机智"这一概念，并在其著作《教学机智——教育智慧的意蕴》中对"教学机智"展开深入探讨。范梅南认为，教学机智是教育的一种特殊品质，是一种能使教育生活充满活力的因素，也是教育者在面对教育情景中随处可见的偶发性因素时所表现出来的一种积极状态。真正的教育是智慧的教育，智慧的教育需要实施者的教育智慧。如果说，教育智慧是教育者的一种内在品质，那么教育机智则是教育智慧的外在体现。教育者只有在与孩子们相处时培养和形成一种教育机智，才能充分实现教育

① 参见［加］马克斯·范梅南《教学机智——教育智慧的意蕴》，李树英译，教育科学出版社 2001 年版，第 169 页。

② 同上书，第 169—170 页。

的神圣使命。

随着我国不断吸收和借鉴国外先进的教育思想，“教育机智”逐渐进入到我国学者的视野里，有不少学者提出了具有代表性的观点。

我国学者顾明远在其主编的《教育大辞典》中把教育机智界定为：“一种根据情况变化创造性地进行教育的才能。构成教育机智的主要因素包括两个方面：有高度的智慧，能巧妙地精确地发人深省地给人以引导、启示和教育。一个教师的教育机智是在长期的教育实践中，经过磨练，结合学习教育科学理论，逐步形成的，是其经验、才识、智慧的结晶。”①

我国学者林崇德在其主编的《心理学大辞典》中提到：“教师的教育机智是教育心理品质之一，指对学生活动的敏感性及能根据学生新的特别是意外的情境，快速地做出反应，及时采取恰当措施的活动。它表现在四个方面：（1）因势利导，根据学生的要求和愿望，运用循循善诱的方式进行思想教育，同时把学生的兴趣和爱好引向正确的道路。（2）随机应变。根据当时的情况，灵活地处理意外事情，及时调节和消除矛盾的行为。（3）对症下药，从学生实际出发，采取灵活多样的教育方式；（4）掌握分寸。教育学生实事求是，说话适度，要求恰当，方式适合。教育机智是在学习教育理论，总结经验，努力参加教育实践的过程中形成和发展的，它所依赖的主要心理品质是高度的责任感，对学生的爱护、尊重和公正的态度，冷静和沉着的性格，对学生的深刻了解等。”②

有的学者则认为，教育机智则是指教师所具有的在复杂、微妙的教学情景中迅速且恰当地行动的能力，具体而言包括：第一，教育机智是一种行动能力；第二，教育机智发生在特定的教育教学情景中；第三，是教师的即席创作。③ 有的学者认为：“教育机智是教师在教育过程中对学生活动的敏感性，以及能根据学生新的特别是临时突变的情况快速做出反应，及时采取恰当措施的能力。教师的教育机智是教师教育原则性与灵活性相结合的具体体现，也是深思熟虑与果断性相结合的一种教育艺术。它是建立在教师对教育规律充分认识的基础上，是教育经验长期积累的结果。”④ 有的人则认为：“教育机智就是教师对工作中发生的瞬息万变的情况，能

① 顾明远：《教育大辞典》（第1卷），上海教育出版社1990年版，第21页。

② 林德崇、杨治良、黄希庭：《心理学大辞典》，上海教育出版社2003年版，第610页。

③ 吴德芳：《论教师的实践智慧》，《教育理论与实践》2003年第4期。

④ 胡志刚：《教育时机论》，黑龙江人民出版社2003年版，第247页。

敏感、迅速而准确地判断，能正确、机敏而妥善地处理，从而取得良好教育教学效果的能力，是教师对突发事件敏锐的感觉和恰到好处的判断。"① 此外，还有人指出："教育机智是教师根据情况变化创造性地处理问题与进行教学的一种才能，具体地说，是指在教学中有高度的灵活性，能随机应变、敏捷、果断地处理问题，有高度智慧，能巧妙而精确地给学生以引导、启示和教育。教育机智是教学艺术的体现，是教师应该具备的基本功。"② 可以看出，以上几种观点大多强调教育机智是教师在面对特定或突发教育情境时，能够果断、准确地采取有效行为的能力。

与上面的众多观点不同，有的学者认为："教育情境就其性质而言有两种类型。其一可称之为常态性教育情境，它基本上排除课堂里某些例外事件和事态的发生，其过程和事态发生的情境具有相同或相近的特征；与之相对应的是非常态性教育情境，在此情景中，事情或事态的发生通常超乎教师的预料之外，教师解决此类事情的方案或方法也无定规可循……在常态性教育情境中，教师的这种判断就在于区别某件事态或事件是不是教育理论所陈述的规律或规则的一个例证。这便是教师运用教育理论指导教育实践的教育机智。理论之所以还需要教育机智，按照康德的论证，'不管理论可能是多么完美，在理论与实践之间仍然需要一种从这一个联系到并过渡到另一个中间项的媒介，这个媒介的核心便是主体的判断力——实践机智'。"③ 这种观点认为，教育机智除了包括教师面对非常态教育情境时所具备的随机应变的应激能力之外，还应包括在常态性教育情境中，教师灵活运用教育理论的"实践机智"。

综合上述诸多学者的观点，本书认为，教育机智是指教育者在常态教育情境中具备的灵活运用教育理论的实践能力和非常态教育情境中（如特定或突发情境）能够果断、准确地采取有效行为的能力。

关于"德育机智"，有的学者提出了值得一些借鉴的观点，认为"德育机智就是教师在特定的德育情境中，依据学生的具体情况，做出符合具体德育情境的德育决策并付诸实施的能力。它包括两方面的内容：一是指教师在实施德育过程中，在特定的德育情景中，能够根据学生的认知经

① 刘永曾、鲍东明：《捕捉最佳教育时机》，辽宁师范大学出版社 1995 年版，第 2 页。

② 赵彦改：《中学化学教学艺术》，气象出版社 1995 年版，第 326 页。

③ 李子华：《教师的教育机智及其培养》，《安徽师范大学学报》（人文社会科学版）2003 年第 7 期。

验、身心特点及个体差异等，果断、准确、合理地应对情况、处理问题。二是指教师有高度的智慧，能巧妙地、精确地给人以引导、启示和教育。就其实质而言，德育机智就是一种创造能力，是创造性解决和处理有关德育问题的能力”。① 可以看出，上述观点是在“特定的德育情境”中去定义德育机智。本书认为，德育机智与教育机智两者之间有很多相通的地方，但二者之间还是有区别的。德育机智不仅表现为教育者对偶发事件及时采取有效的教育行动，以及创造性地运用德育理论，还体现在教育者从有效的德育行动中获得德育效果，即德育目标的实现。由于“德育是教育者根据一定社会和受教育者的需要，遵循品德形成的规律，采用言教、身教等有效手段，在受教育者的自觉积极参与的互动中，通过内化与外化，发展受教育者的思想、政治、法制和道德几方面素质的系统活动过程”。② 德育不仅具有同智育、体育、美育等一般学科教育的教育性功能，而且还具有社会性功能和个体性功能，即满足社会性需要，同时满足受教育者的个体发展需要。因此，德育机智作为教育者在德育过程中表现出的一种主体综合能力，不仅仅包括如何机智地发挥德育的教育性功能，如创造性地运用德育理论或在处理偶发事件时对受教育者进行教育，还包括教育者如何机智地发挥德育的社会性功能和个体性功能。在受教育者的品德结构中，除了道德认知之外，还包括道德情感、道德信仰、道德意志和道德行为，知、情、信、意、行是一个整体，因此，在德育过程中，教育者处理偶发事件时，不仅要及时地控制偶发事件带来的负面影响，还要洞察到偶发事件所反映的受教育者思想问题，把握时机对其进行引导，帮助受教育者获得思想品德水平的提升。此外，教育者的德育机智并不是随意发挥的，而是受社会道德要求、德育目标制约的，无论是对偶发事件的处理，还是创造性地运用德育理论，德育目标不仅是其进行任何德育工作的导向和指南，还是其进行任何德育工作的目的。德育目标反映了社会对受教育者的道德要求，也是实现受教育者个体社会化的保证。因此，有效地实现德育目标并获得最佳德育效果也是教育者德育机智的重要体现。综上所述，本书认为，德育机智可以定义为：教育者在常态德育情境中创造性地运用德育理论和非常态德育情境中（如特定情境或偶发事件）能够果

① 任丽平：《论德育机智》，《成都中医药大学学报》（教育科学版）2007 年第 2 期。

② 鲁洁、王逢贤：《德育新论》，江苏教育出版社 2010 年版，第 128—129 页。

断、准确地采取有效行为从而获得最佳德育效果的主体综合能力。

## 二　德育机智的构成

范梅南认为，“说机智属于情感而不是智力的或认知的领域，这是不恰当的。这种区分是教育理论中人为的区分。机智表达的是关注一个人的整体存在的智慧，是对他人的主体性，对他人的特殊之处的一种主动的敏感性”。[①] 因此，德育机智作为教育者所具有的一种综合能力，其构成除了必要的知识经验等理性因素之外，还包括一些非理性因素和必备的专业素质。

### （一）知识经验

德育机智是建立在一定知识经验的基础之上。知识经验越丰富的教育者，就越能表现出德育机智；缺乏德育知识经验的教育者在偶发事件面前往往会手足无措，不知如何处置。这里所指的知识经验是广泛的，包括一般的文化知识经验、专业方面的知识经验和教育科学方面的知识经验，尤其是教育科学方面的知识经验，对教育者德育机智的发挥有极大影响。叶澜指出，课堂应是向未知方向挺进的旅程，随时都有可能发现意外的通道和美丽的图景，而不是一切都必须遵循固定线路而没有激情的行程。可见，德育时机的捕捉和利用是没有固定的规律和方法可循，能否及时地把握德育时机，有效地利用德育时机，在很大程度上依赖于教育者的德育机智。如果教育者在处理偶发事件时不懂得教育艺术，不懂如何把握轻重，要么训斥、惩罚，要么姑息迁就、滥用奖励，那么教育者不仅不能取得良好的德育效果，有时甚至会对受教育者造成负面影响。通常，具有丰富知识和经验的教育者在面对突发事件时，善于控制自己的情感，抑制无益的激情和冲动，心平气和，泰然处之，以静制动，冷静地掌控局面，迅速使课堂安静下来。同时，这样的教育者还善于具体问题具体分析，坚持耐心细致的教育，态度严肃而亲和，头脑冷静而理智，正确处理师生矛盾，缓解受教育者的对立情绪。这样，既不影响课堂教学，又不放弃原则而姑息

① ［加拿大］马克斯·范梅南：《教学机智——教育智慧的意蕴》，李树英译，教育科学出版社 2001 年版，第 193 页。

迁就受教育者的问题行为，甚至更有利于发挥德育机智，捕捉德育时机。

### （二）智力因素

一般来说，教育者的智力水平与其德育机智成正相关，智力水平越高，德育机智能力就越强。可以说，智力因素是德育机智构成要素中的重要部分。所谓智力因素，是在人们的智慧活动中，直接参与认知过程的心理因素，包括注意力、观察力、记忆力、想象力、思维能力等方面。由于思维在智力中处于核心地位，所以有时人们把智力等同于思维力，而思维主要是一种理性活动，这样人们又把理性和思维联系起来，称为理性思维，并把智力视为理性因素，相应地把智力之外的因素（情感和意志）称为非智力因素或非理性因素。

1. 观察力

德育机智首先需要有对情境和他人敏锐的观察能力。“观察力是构成智力的要素之一。它不只是单纯的知觉问题，且包含着理解、思考的成分，是有目的，有计划的知觉，因此称为‘思维的知觉’。”① 在处理课堂偶发事件时，教育者要敏锐观察、洞察事件的状态、程度、影响，观察受教育者对此的反应、态度、言行，了解或推测事件的原因，预测事件的结果或发展趋势，从而把握事件的性质，做出正确的决策。教育者的这种敏锐观察往往呈现出一种整体性、类似于一种“撞入眼帘”的知觉形式，这是因为机智的行动通常是在瞬间完成的，时间的限制使教育者不可能对偶发事件所带来的特殊情境进行周到细致的观察。观察依赖于教育者对情境和他人的熟悉程度，当教育者对一种情境或他人比较熟悉时，知觉就会连接成块，观察时就容易觉察出细节，容易识别出情境中的德育时机，切中要点，准确把握；反之，当教育者对情况不熟悉时，一切都需要教育者的观察，注意力分配过散，在忙乱中不易觉察出有价值的时机。

2. 思维能力

思维能力是人脑对输入的信息进行加工整合，从而制作出思想产品的能力。思维能力是构成智力的核心要素。它一方面反映出大脑的聪慧程度，另一方面表现为系统思维的使用频率。思维能力的高低依赖于大脑对

---

① 林崇德、杨治良、黄希庭：《心理学大辞典》，上海教育出版社2003年版，第247—248页。

客观事物的概括、判断和推理水平。一般情况下，思维能力是通过广阔性、深刻性、独立性、敏捷性、灵活性等多个维度表现出来的。广阔性、深刻性、独立性、敏捷性、灵活性等属性所代表的思维能力是德育机智的重要组成部分。

思维能力的广阔性是指思维的广度，善于抓住问题的广泛范围，在各个不同的知识和实践领域中进行创造性思考。在教育者处理偶发事件时，仅仅控制偶发事件的发展态势，片面地关注于偶发事件造成的后果，并不能从根本性上解决问题。教育者只有全面地、冷静地分析偶发事件的起因和可能造成的潜在影响，才能找到问题的症结所在，从而结合偶发事件的性质创造性地采取有效行动。只有这样，才能从根本上解决问题，而且还能从中发掘积极因素或将消极因素转化为积极因素，对受教育者施加影响，从而创造德育时机并获得最佳德育效果。

思维能力的深刻性是指思维的深度，善于抓住事物的内部联系，预见事物的发展趋势，深入地思考问题。在德育实践中，德育时机是一种看似可遇不可求的有利条件。然而，机遇总是光顾“有准备的头脑”。具有深刻性思维的教育者往往能够通过观察受教育者情绪、行为和言语上的变化，洞察到受教育者的内心矛盾，并对其内心矛盾的发展趋势进行深刻分析。一旦受教育者的这种内心矛盾激化，教育者则能够采取及时、有效的德育策略，帮助受教育者化解内心矛盾，从而使其思想品德发展水平上升到一个新的层次。

思维能力的独立性，体现的是一种有目的地独立解决问题的思维品质，表现为善于独立思考、发现问题，较少受环境因素的影响和暗示。具有思维独立性的教育者，往往能够排除外界干扰，保持清醒的头脑，准确地把握问题的本质，从而避免了做出错误的分析和判断。

思维能力的灵活性是指思路灵活、随机应变、足智多谋。具有灵活性思维的教育者，考虑问题能迅速地变化和转移思维的方向，从问题的一个侧面转向另一个侧面，从一个假设过渡到另一个假设，既不为定势思维所左右，又不受功能固着的影响，能将德育理论灵活运用到德育实践中。马卡连柯曾指出，教育技巧的必要特征之一就是要有随机应变的能力。有了这种品质，教师才可能避免刻板公式，才能估量此时此刻的情况特点，从而找到适当的手段并且正确地加以运用。

思维能力的敏捷性是指迅速而正确地解决问题的能力，这也是德育机智最显著的特征。在德育时机出现时，由于德育时机的易逝性和短暂性，教育者没有太多的时间去反复思考该如何采取行动，必须马上做出判断并采取有效的策略以捕捉和利用德育时机；否则，等到教育者考虑成熟之后再去采取行动，那时德育时机早已消逝，无论教育者采用多么有效的德育策略也不会取得最佳德育效果。

3. 直觉思维

所谓直觉思维，是一种不必经过严密的逻辑推理和验证而蓦地对问题的精义做出合理的猜测、设想或突然顿悟的思维。灵感、猜想、预感等均可视为直觉思维的表现。

之所以说教育者的德育机智，特别是在捕捉和利用德育时机时所表现出来的德育机智，与直觉思维存在着微妙的关系，是因为直觉思维具备以下特征：第一，预见性。直觉思维对于德育时机的观照是超前进行的。通过直觉思维，教育者能预见德育时机初现、成熟的发展趋势，这就有助于教育者德育机智的发挥，从而把握德育时机的性质，有准备地引导客观态势向积极方面转化，并有效地预防其中消极因素的产生和扩散。第二，快速性。德育机智需要直觉思维，是因为一些情景的不确定性和紧迫性要求教育者必须马上采取行动，而这种“机智”的行动往往作为一种“直觉判断”是瞬间发生的。如杜威所说：“情境内在地具有烦难和不确定的性质，因为这种情境的后果悬而未决；它们走向厄运，也走向好运。人类的自然倾向就是立即采取行动；悬而不决是不能忍耐的；渴望立即行动起来。”① 加拿大教育学家范梅南在提到直觉思维在捕捉教育时机中的作用时曾指出：“我们注意到在与孩子们的日常生活当中，我们常常必须在这样的时机采取行动。通常情况下，我们并没有时间坐下来仔细筹划如何行动。而且即使有时间来思考不同的方法和最佳的方式，在教育时机的这一瞬间你必须行动，即便这个行动可能是暂时的不行动。”② 第三，非逻辑性。直觉思维虽然没有逻辑形式，但是它也能够认识事物的本质和规律性。直觉思维省去了严密的逻辑思维环节，其结果是由现象到本质的直接“升华”，因而也就具有一定或然性，需要在事后以逻辑思维或实践来

① ［美］约翰·杜威：《确定性的寻求——关于知行关系的研究》，傅统先译，上海人民教育出版社 2004 年版，第 224 页。

② ［加拿大］马克斯·范梅南：《教学机智——教育智慧的意蕴》，李树英译，教育科学出版社 2001 年版，第 55 页。

验证。

### （三）非智力因素

1. 道德移情能力

心理学家通过大量亲社会行为、攻击性行为的研究得出结论：移情是维系积极社会关系的重要动因，是人们内心世界沟通的心理桥梁，是人际互动的良好补充。它作为诸如助人、抚慰、合作和分享等亲社会行为的动机基础，能激发、促进亲社会行为的发展。由移情唤起的助人动机是一种出自内心的以降低不幸者痛苦的情绪紧张，而不是追求社会高评价的外部功利性动机。心理学研究表明，道德移情是在情感性唤起和对他人的社会认知能力的提高基础上产生和发展的。具体来说，移情体验的产生必须具备三个条件：首先是对他人情绪表达的觉知。人的情绪具有信号功能，通过情绪表达，同时也影响和感染他人。这种情绪信息交流的前提是能识别各种不同情绪及其表达的意义。其次，对他人所处情境的理解。这要求个体能从当事人的角度观察他所处的情境，即要求个体能站在当事人的地位，设身处地地考虑他人情绪表达的真正意义。再次，是相应的情绪体验的经验。个体必须有过类似情境下相应的情绪体验的经验。例如，不被尊重的愤怒，被他人误解的痛苦，等等。当个体看到受害者的情绪表达和所处的情境，就会唤起自己生活经验中类似的情绪反应，这样才能产生移情性体验。

教育者的移情能力，指理解、分享他人或群体情感的能力，并体现为对受教育者理解、同情、接纳、信赖。罗杰斯认为，如果教师能如实地接纳学生，并理解学生感情的话，就会产生有意义的学习（人格的建设性变化）。苏霍姆林斯基认为，教师如不能设身处地与儿童分享优伤与快乐，不能沉醉于孩子的顽皮活动中，就没有权利谈论对孩子的影响问题。从这个意义上说，成功的教育者就是要使自己变成一个孩子。教育者对受教育者的移情有助于及时掌握班级道德气氛，获得德育信息以发挥德育机智去发现或创造德育时机，主动、积极地采取教育行动。2010 年 9 月，上海市学生德育发展中心专门开展了教师节专项调研，来自全市 10 多所大学、中学的 3000 余名学生参加了本次问卷调查。调查显示，超过 50% 的学生表示，最受学生欢迎的教师都是和学生比较亲近的老师，这些优秀教师非常关注学生的情绪变化，及时关注、了解学生的内心需要与渴望；

当学生遇到挫折时，近70%的学生愿意向教师求助。[①] 另外，在面对一些偶发事件，特别是一些矛盾和冲突时，教育者只有出于对受教育者的爱护、关心和体谅，才能体验到受教育者所处的矛盾、冲突情境，才能洞察到受教育者接受德育的最佳心理状态，并捕捉到进行德育的最佳时机。

2. 心理承受能力

所谓心理承受能力，是指个体对逆境引起的心理压力和负性情绪的承受与调节的能力，主要是对逆境的适应力、容忍力、耐力、战胜力的强弱。一定的心理承受能力是个体良好心理素质的重要组成部分。心理承受能力之所以是德育机智构成要素，是因为德育是一种实践性较强的活动，它的教学活动范围并不仅仅局限于课堂上，在师生交往中，在受教育者的集体活动、社会活动等课外活动中，德育活动无所不在。现代教育发展的社会化、国际化、立体化和多元化特征使得德育过程的随机性、偶然性和无序性增强，使得教育者会面对更多突发事件。所谓突发事件，通常是指那些事前难以预测、带有异常性质，在人们缺乏思想准备的情况下猝然发生的事件。突发事件往往会给教育者带来不良情绪和压力，而情绪和压力对德育机智有很大影响。杜威认为："这其中包含了一种对现状会变成什么样子的关心，这种关心可能有两种完全不同的意义，既有可能是指焦急、担心和忧虑，也有可能是对自己将要表现出来的潜能的兴趣。"[②] 当教育者处于最佳情绪状态时，会集中一切精力去面对不确定的情境，思维敏捷，容易发挥出德育机智；反之，当教育者处于情绪低潮时，情绪会呈现出一种压倒一切的态势，裹挟住意志，使教育者思维迟钝，容易冲动，无法果断、正确地做出判断和决定。因此，只有具备良好的心理承受能力，教育者才能在短时间内果断地处理复杂棘手的突发事件，甚至将突发事件带来的不良影响转化为具有教育意义的德育时机，并获得良好的德育效果。

在德育过程中，教育者的心理承受能力主要包括以下几个方面的特征。

(1) 自控性。所谓自控性，就是通过实现对自身的某些限制，从而达到心理上对一定刺激的承受，是教育者在受到突发事件的刺激时，努力

---

① http://edu.sina.com.cn/l/2010-09-08/1655193023.shtml [OL].

② [美] 约翰·杜威：《确定性的寻求——关于知行关系的研究》，傅统先译，上海人民教育出版社2004年版，第226页。

控制自己的情绪，保持理智状态的一种特性。由于突发事件并不为教育者事先所了解，所以在教育者没有任何思想准备的情况下，突发事件往往会在教育者心理上产生强烈的刺激。这时，教育者必须最大限度地控制自己的情绪和心态，使自己的意识实现对其行为的明确控制。特别是课堂上，突发事件的出现往往会打乱正常的课堂秩序，自控能力较差的教育者在情绪和心理上会受到影响，对于突发事件不知如何处理，甚至有时会出现一些过激行为，如训斥、辱骂，或体罚受教育者，以致伤害受教育者的自尊心和人格，使受教育者产生对立情绪，扩大突发事件带来的消极影响。

（2）可纳性。心理承受能力既然表现为对冲突、情绪或者事物本身等因素的控制性，那就必然包含了最大限度的接受和容纳。心理承受能力的可纳性，通常表现为教育者能够清晰地意识到问题的存在，在心理上能够认同问题的焦点。"一触即发"说明教育者的心理可纳性很低，心理承受能力有限；"引而不发"，说明教育者处在接受状态，心理承受能力较高。

（3）变通性。所谓变通性，是指教育者能够从各种不同角度来选择解决矛盾的方法，思维不为当时情境所左右。教育者的变通性，通常表现为一种积极的同化和调节能力。这种心理特性，与教育者思维的灵活、敏捷有关，并与教育者的个性、教学经验紧密联系。如果教育者处理问题时，总是"老一套"，总是囿于固有的解决模式，说明思维刻板，变通性差。若能跳出问题的圈子，暂时转移注意力，从各个不同的角度去思考和运用解决问题的方法或必要时对矛盾采取冷处理，从而使自己在复杂的情境中变得自主，则说明教育者的心理承受能力的变通性较强。

3. 德育时机意识

自古以来，我国先贤非常重视时机意识在发现与把握时机过程中的作用，并主张"时极未至，而隐于德"，[①] 即在时机未到之前，人们蓄势以待发，积极地准备。"实践表明教育时机只提供给'有准备的头脑'。因此，教师要想利用教育时机对学生进行教育，就必须使自己的头脑成为'有准备的头脑'。"[②] 在德育过程中，教育者只有具备"有准备的头脑"，即时机意识，才能在德育时机出现之时机智地采取行动。

① 《黄帝四经·称》。

② 刘永曾、鲍东明：《捕捉最佳教育时机》，辽宁师范大学出版社 1995 年版，第 25 页。

在这里，德育时机意识中的“意识”是指心理学上的一个概念。心理学界对意识的理解分为广义的意识概念和狭义的意识概念两种。广义的意识概念表现了心理学脱胎于哲学的一种特殊的学术现象，而心理学对意识的论述则主要是指狭义的意识概念。广义的意识概念认定，意识是赋予现实的心理现象的总体，是作为直接经验的个人的主观现象，表现为知、情、意三者的统一。知，指人类对世界的知识性与理性的追求，它与认识的内涵是统一的；情，指的是情感，是指人类对客观事物的感受和评价；意，指的是意志，是指人类追求某种目的和理想时表现出来的自我克制、毅力、信心和顽强不屈等精神状态。狭义的意识概念则是指人们对外界和自身的觉察与关注程度，或者说是指广义的意识概念中知、情、意相统一中的意志部分。① 按照狭义的意识在行为中的倾向，可分为对外的外在意识和对内的内在意向两种。外在意识是指人们在行为中大脑对外界事物觉察的清醒程度和反应灵敏程度，人们在睡眠时外在意识水平最低，在注意力高度凝聚时外在意识水平最高。内在意向是指人们对待或处理客观事物的活动，表现为欲望、愿望、希望、意图等。内在意向也是个体对态度对象的反应倾向，即行为的准备状态，准备对态度对象做出一定的反应，因而是一种行为倾向，或叫作意图、意动。

本书所表述的德育时机意识偏向于狭义的意识概念，指的是教育者对德育时机的关注，对获得德育时机的渴望，以及在心理上积极的准备状态。从其外在层面上看，德育时机意识是教育者对德育时机的关注程度。通常，具有较强德育时机意识的教育者往往在德育活动中表现出高度的积极性和主动性，随时关注情境和受教育者的变化，一旦发现时机已成熟，便及时采取行动。相反，德育时机意识淡薄，甚至没有时机意识的教育者，在德育过程中往往是按部就班，缺少主动性和创造性，即使发现了德育时机，其采用的方法与策略也难有所创新和突破。从内部层次来看，德育时机意识是教育者对获得德育时机的渴望以及在心理上积极的准备状态，其产生则源于教育者的“需要”，这种需要可以理解为教育者实现德育目标的迫切愿望和对受教育者的热爱和期盼。苏联心理学家在汲取“本能论”和西方需要理论中合理部分的基础上，提出了需要变形理论，

① http://baike.baidu.com/view/51715.html? wtp=tt [OL].

认为需要是活动的基本动力，动机、兴趣、理想、信念等都是需要的变形。而从心理学上讲，意识的对内意向通常表现为欲望、愿望、希望、意图等，是一种行为倾向。因此，根据需要变形理论，可以看出，内在意识源自人的需要。在德育过程中，教育者对实现德育目标的迫切愿望无疑源自其“工作需要”，但德育不仅是一种精神层面的实践活动，而且还是一种师生之间在情感上的交流与互动。教育者对受教育者的热爱和期盼，通常能够形成一种动力推动着教育者时时刻刻关注着受教育者的成长，及时了解他们的困惑和不解，适时地给予帮助与引导。这种源自“师爱”的情感，是教育者崇高人格的体现，也是教育者对自我价值实现的追求。

### （四）专业素质

#### 1. 高度的责任感

高度的责任感不仅是教育者必需的专业素质，同时也是教育者德育机智的重要组成部分。具体可从以下几个方面来分析：首先，高度的责任感能够促进教育者积极主动地捕捉和利用德育时机。德育机智不仅仅表现为教育者处理偶发事件的应变能力及创造性地运用德育理论的实践能力，还表现为创造、捕捉和利用德育时机的能力。而德育时机，无论是对于教育者德育目标的实现，还是对于受教育者思想品德的发展都具有十分重要的意义。此外，在德育过程中，高度的责任感能够促使教育者与受教育者建立良好的师生关系，缩短师生之间的心理距离，增进相互之间的了解。只有这样，在师生交往中，受教育者才会乐于向教育者敞开心扉，并乐于接受教育者的指点。正如一位教师所说，师生贵相知。你如果能在通向学生心灵间架起一座感情的桥梁，又能赤诚地将心交给学生，那么最佳教育时机是会频频向你招手的。因为“道德总是存在于儿童的生活之中，没有脱离生活的纯道德活动。教育者只有以强烈的责任感，带着道德教育的意识去关注儿童的现实生活，参与并理解儿童的生活、解读儿童内心秘密时，才能捕捉到有教育意义的道德事件，把握好教育的契机”。[①] 所以，只有具备高度责任感的教育者，才会深入地了解受教育者，才会在受教育者“正常”的行为表现、精神状态中发现“异常”，从“异常”中捕捉到德育时机，从而机智地采取有效措施。其次，高度的责任感促使教育者

---

① 王健敏：《道德学习论》，浙江教育出版社 2002 年版，第 239—240 页。

了解和把握受教育者的内心世界。受教育者的内心世界是十分复杂的。即使处于同一种心理状态，也会因不同的个性、不同的环境而有不同的表现，有的明显，有的隐蔽，有的则心口不一。这就需要教育者对受教育者各种复杂的内心世界进行由表及里、去伪存真地认真分析，从而准确地掌握受教育者的思想脉搏。只有这样，在受教育者出现思想问题时，教育者才能机智地采取行动并获得最佳德育效果。再次，高度的责任感促使教育者正确地处理受教育者的思想问题或一些偶发事件。在德育过程中，有些缺乏责任感的教育者面对受教育者出现的思想问题及一些偶发事件，采取视而不见或回避的态度，有时甚至“耍小聪明”愚弄、欺骗受教育者。即使这些教育者表面上处理了偶发事件，解决了受教育者的思想问题，却对受教育者造成了潜在的负面影响，因此，对于这样没有任何教育意义，甚至对受教育者的思想品德产生负面影响的行为表现，可称为“虚假机智”。只有具备高度的责任感，教育者才能秉着认真负责的态度，在处理偶发事件和解决受教育者思想问题时，机智地采取有效的德育策略，并对受教育者产生积极的德育影响。

2. 正确的德育思想

正确的德育思想，是教育者处理偶发事件时或创造性灵活运用德育理论时的指导思想，即教育者发挥德育机智的方向。教育者正确的德育思想不仅包括正确的德育目标和德育原则，还包括教育者看待问题的正确态度。例如，对于受教育者身上的一些苗头性表现，不同的教育者有时会做出不同的评价。对于一些性格外向的受教育者遇事爱发表议论并提出不同意见，有的教育者认为，这是一种应予以鼓励的探索精神，应把握时机激发受教育者产生向上发展的动力，使受教育者产生更高层次的道德需要；而有些教育者则可能认为，这是不虚心、翘尾巴的表现，应及时对其进行批评教育。这两种大相径庭的态度就在于教育者德育思想的差异。再比如，在一些具有创造精神的受教育者身上常常出现一些与众不同的特点，如我行我素、固执己见等，有些教育者可能非常重视受教育者身上的创造精神，对具有创造天赋的受教育者会给予及时的赞赏和鼓励，使他们脱颖而出。相反，有些教育者却认为这是缺点，并借各种机会对其进行矫正。可见，德育思想是教育者在把握时机并发挥德育机智时的重要导向。

## 三　德育机智与德育时机的关系

德育机智总是与德育实践活动紧密相连的。无论教育者是处于常态的德育情境还是处于非常态的德育情境，其所发挥的德育机智总是与具体的情境或环境氛围相联系。而这种“教育的情境是我们每天教育活动、教育实践的场所。教育时机就位于这种实践的中心”①，“机智这一实践性的概念确定了教师在教育时机的所作所为。机智是一种教育学上的机智和天赋，它使教育者有可能将一个没有成效的、没有希望的，甚至有危害的情境转换成一个从教育意义上说积极的事件”。② 如果离开了具体的情境，离开了实践活动，教育者所具备的德育机智只能是一种静态的主体能力。只有这种主体能力与变幻莫测的情境相结合，并在选择、捕捉和利用德育时机的行动中表现出来，才可谓是德育机智。可以说，德育机智是教育者发现、捕捉、利用，甚至创造德育时机时自身主体能力的体现，它体现的是教育者的知识、经验、专业素质等智力因素和情感、情绪、意志等非智力因素所构成的综合能力，与德育时机存在着密切联系。

如前所述，德育时机与主客观条件相互作用的关系可被表述为：

$$V = S \cdot Pt \tag{1}$$

$$S = M + Pm \tag{2}$$

其中，$M$ 表示构成教育者主体能力的知识、经验等智力因素及情感、意志等非智力因素；$Pm$ 表示教育者在德育时机产生的“临界点”时的思想状态，主要是指包括受教育者在内的外部环境对教育者的情绪和心理产生的影响。教育者的情绪和心理状态对于其主体认知能力的发挥会产生积极或消极的影响。本书认为，$S$ 则为教育者已有的主体能力在“临界点”情绪和心理的影响下表现出的德育机智。

$$Pt = (S' + I) \cdot t \tag{3}$$

$S'$ 表示受教育者当前的身心成熟水平和思想品德发展现状。$I$ 表示外部环境中的诱因，如突发事件、特定的情境或教育者本身的言语和行为等。$t$ 则表示时间，即德育时机形成、显现和消失的整个过程所经历的时

---

① ［加］马克斯·范梅南：《教学机智——教育智慧的意蕴》，李树英译，教育科学出版社 2001 年版，第 55 页。

② 同上书，第 172 页。

间，体现了德育时机的形成是一个由诸多因素相互作用的动态过程。

把 $Pt$ 等式右边的因素代入原公式，可得：

$$V = S \cdot (S' + I) \cdot t$$

$$= S \cdot (S' + I) \cdot t \quad (4)$$

$$= S \cdot S' \cdot t + S \cdot I \cdot t$$

于是，我们可以看到在德育时机形成过程中，德育机智 $S$ 与构成德育时机各个客观因素的几组关系，即德育机智 $S$ 与时间 $t$ 的关系，德育机智 $S$ 与受教育者 $S'$ 之间的相互关系，德育机智 $S$ 与外部环境 $I$ 的关系。下面，本书将对这几组关系进行一一分析，从而揭示德育机智与德育时机的关系。

### （一）德育机智与时间的关系

马克思主义认为，“空间和时间是运动着的物质存在的基本形式”。[①] 显然，德育时机同一般事物一样，存在于特定的时间和空间之中。德育机智作为一种教育者在创设、捕捉和利用德育时机的过程中所表现出来的主体能力，并非无限制的发挥，其主体能力的发挥程度是受客观因素制约的。其中，时间则是制约教育者德育机智发挥的客观因素之一。然而，教育者主体能力并非被动地受到时间单方面的制约，教育者通过发挥主观能动性，运用德育机智对德育时机出现的时间进行预测和把握，就能够通过利用德育时机获得最佳德育效果。对于德育机智和时间之间的关系，本书将从以下两个方面进行具体分析。

1. 德育时间对德育机智发挥程度的制约

德育时机存在的时间，对德育机智发挥程度的制约作用，主要是源于德育时机存在的时间具有不可逆性和易逝性。德国哲学家狄尔泰认为：“时间并不仅仅是由一条由同样价值的部分组成的线索，同时也是由各种关系组成的系统，是一个由系列、同时性和连续性组成的系统”。[②] 这一观点表明了，时间是各种关系的组合，而各种关系的组合则是价值的载体。德育时机之所以被教育者认为是有利于获得最佳德育效果的有利条件，正是因为德育时机作为存在于特定时间之中的客观条件在“当时”

① 冯契：《哲学大辞典》，上海辞书出版社 2000 年版，第 28 页。

② ［德］德威廉·狄尔泰：《历史中的意义》，艾彦译，中国城市出版社 2002 年版，第 45 页。

是具有价值的。但这种价值是潜在的，也是应然的，需要教育者发挥德育机智去发掘并加以利用，把这种潜在的、应然的价值转化为实际的德育效果，即实然价值。然而，“根据时间的本质，时间的每一时刻都规定了时间的其他时刻不能替代的一种存在”。[①] 也就是说，时间是不可逆的，包含其中的价值是不可复制的，每一个时刻的此在价值都有它的独特性，它们不能互相代替，因此，此时的德育时机与彼时的德育时机在价值上也绝不相同，即在德育时机初现和即将消逝时，其价值最小；在德育时机成熟时，其价值最大。作为教育者主体能力的德育机智，只有在德育时机成熟之时被有效发挥出来，教育者才能获得最佳的德育效果。如果过早或者过晚地捕捉和利用德育时机，无论教育者如何发挥德育机智，都不会取得预期的德育效果。此外，德育时机是由各种客观因素在某一特定时间上的动态组合。一旦其中的某个客观因素或者各种客观因素之间的作用关系发生变化，德育时机便转瞬即逝，因此，德育时机存在时间的短暂性、易逝性和不可逆性，制约了教育者德育机智的发挥，即教育者在发现德育时机时必须在短时间内进行分析和判断并做出决策，至于判断是否准确，所采取的决策行动是否有效，教育者则无暇进行推理分析。有时，教育者面对某个偶然性事件时不知如何处理，仓促之间做出了不正确的判断并采取了不适当的措施，最终对受教育者造成了不良影响。事后，尽管教育者进行多次补救，但德育效果也是大打折扣。

2. 德育机智对德育时间的预测和把握

德育时机存在的时间是短暂的、易逝的且不可逆的，制约了教育者德育机智的发挥，但教育者通过发挥主观能动性，也能够对德育时机出现的时间进行预测和把握，发挥德育机智，更加有效地创设、捕捉和利用德育时机。在教育者认知系统中，时间知觉是教育者在预测和把握时间时所运用到的一项重要的认知能力。所谓时间知觉，指的是：“个体对客观现象的延续性和顺序性的反映。个体的这种反映总是通过某种媒介来实现的。媒介可以是自然界的周期现象，也可以是机体的生理状态。”[②] 其中，“人的活动内容、情绪状态和态度等，都会影响个体对时间的估计”。[③]

通过前面章节对德育时机有关概念的分析和论述可知，德育时机是存

① ［法］梅洛·庞蒂：《知觉现象学》，姜志辉译，商务印书馆 2005 年版，第 492 页。

② 林崇德、杨治良、黄希庭：《心理学大辞典》，上海教育出版社 2003 年版，第 603 页。

③ 同上。

在于特定的时间之中，有利于教育者和受教育者共同获得最佳德育效果的客观条件，是以受教育者内心的德育需要为内驱动力，以受教育者情绪、行为、言语上的变化为显现形式。对于德育时机存在的特定时间，有人认为，“所谓时间，是主体认识客体、主体间交流和主体自我认识过程中抽象出来的，反映事物运动顺序性、客观因果性和心理状态持续性的一种认知框架，并以此作为认识客观世界变化发展进程和主体间交流的最普适尺度”。[①] 可以看出，德育时机所存在的那段特定时间表征的是构成德育时机的各种客观要素之间动态变化，以及各种客观要素之间的因果关系，更确切地说，德育时机所存在的那段特定时间反映了受教育者德育需要与自身思想品德发展现状之间矛盾心态的变化，以及在情绪、行为、言语上的持续性变化。而受教育者德育需要与自身思想品德发展现状之间矛盾心态，以及在情绪、行为、言语上的持续性变化则是教育者通过时间知觉预测和把握最佳德育时间的“媒介”。特别是在教育者有意识地设置德育情境创造德育时机时，受教育者在特定情境中出现的情绪上、神色上的变化时时刻刻都在传递着自身心理状态的信息，教育者通过捕捉这些反映受教育者心态变化的“信息”并从中把握受教育者心态变化趋势，从而通过时间知觉来预测出受教育者接受德育的最佳时机。比如，《学记》中记载的“不愤不启，不悱不发”教学思想，表达的就是在受教育者感到困惑时，教育者不能马上给予帮助；直到受教育者表现出“愤”“悱”的情绪和行为状态时，才是最佳教育时机，这无疑反映了在启发式教学中，教育者能够发挥主观能动性，即发挥德育机智，对德育时机出现的时间进行预测和把握。然而，有时，受教育者通过自我意识的控制和调节作用将自身的这种矛盾心态隐藏起来，这就影响到教育者通过时间知觉去预测和把握德育时机出现的时间——教育者无法通过受教育者情绪、行为上的变化来洞察其内心世界及其变化趋势，也就不可能通过时间知觉来把握受教育者接受德育的最佳时间（即德育时机）了。

### （二）德育机智与受教育者之间的关系

根据时机理论可知，一般时机的形成除了具有主体主观条件方面的知识经验及在时机出现之前的“临界点”上主体积极的思想状态之外，还

---

① 汪天文：《时间理解论》，人民出版社 2008 年版，第 41 页。

需要必要的客观条件。而德育时机不同于一般时机，捕捉和利用德育时机的是教育者，促使德育时机形成和出现的客观条件主要来自于受教育者，虽然还包括外部环境中的客观因素，但这种客观因素是通过受教育者发生作用的。如此看来，受教育者与构成一般时机的客观条件不同，其原因就在于受教育者作为德育接受主体，其本身在德育过程中发挥着主观能动作用。这种主观能动作用不仅表现在对于外部环境中刺激因素的认知和选择上，还表现在对教育者的影响上。在德育过程中，"教育者与受教育者二者是可以相互转化的"……"教育者也经常受到来自受教育者思想、情感、行为方面的教育，使其思想、情感、行为发生相应的变化。这时，教育者就成了受教育者。受教育者在接受教育者教育的同时，也会以各种不同的方式，反作用于教育者……"① 换句话说，受教育者的情绪、行为、言语上的变化时时刻刻都在影响着教育者，特别是影响着教育者处于德育时机出现之前的"临界点"时的情绪和心理状态。根据情绪认知理论可知，情绪对认知活动具有组织作用，包括对认知活动的瓦解或促进——正性情绪，如愉快、高兴等，对认知活动起协调、促进的作用；负性情绪像担忧、沮丧等，对认知活动则起破坏、瓦解或阻断的作用。因此，在德育时机出现之前，受教育者引起教育者在情绪和心理上的变化直接影响到教育者对德育时机的认知和判断，进而影响到了德育机智的发挥。例如，在问题情境中，虽然教育者通过设置"问题"引发受教育者产生了学习动机和求知欲，但有些受教育者却缺乏耐性而中途放弃探究问题的答案，而没有出现教育者所期望的"愤""悱"状态时，有些教育者可能会受到受教育者这种沮丧情绪的影响，索性提前结束探究活动，而不是鼓励受教育者继续思考，直到出现最佳德育时机。

然而，教育者的德育机智是教育者知识经验、观察力、思维能力、道德移情能力、心理承受能力等理性因素和非理性因素构成的一种综合能力。对于来自受教育者带来的负面情绪，教育者可以凭借已有的知识经验和良好的心理素质降低或控制这种负面情绪带来的影响，从而机智地处理问题，发掘蕴含其中的德育时机。

### （三）外部环境对德育机智的影响

在德育时机的形成过程中，外部环境不仅能够对受教育者产生刺激作

① 范树成：《德育过程论》，中国社会科学出版社 2004 年版，第 122 页。

用进而引发受教育者产生德育需要，而且对教育者也起着一定的影响作用。本书认为，这里的外部环境可包括两个层面：一是建立在教育者和受教育者二者师生关系之上的心理氛围；二是教育者和受教育者共处的特定外部环境，如课堂环境，课外活动环境等。外部环境对教育者德育机智的影响，具体可从以下两个方面来分析。

1. 建立在师生关系之上的心理氛围对德育机智的影响

有一名高中学生，学习成绩虽然较好，但平时对自己要求不严，比较散漫，影响了他的进步。班主任一有机会，就与他谈心。久而久之，由于认识不高，他感到老师盯住他不放，对班主任产生了反感，因此与班主任比较疏远。这种情况老师也有所察觉，在以后的接触中班主任注意了这一问题，师生关系有所改善。在一次游览活动中，班主任与这位学生一起划船，尽情玩乐，海阔天空谈得甚为投机，彼此间感情比较融洽。此时，班主任老师联系谈话内容，顺便提了一下他的缺点，这个学生乐意地接受了老师的批评，并在以后的行动中注意改正自己的缺点。

从以上案例中，可以发现在融洽良好的心理氛围之下，受教育者更容易接受教育者的影响，更有利于教育者发挥德育机智，捕捉德育时机从而实现德育目标。

由于“师生之间不仅有正式的教育关系，还有因情感的交往和交流而形成的心理关系。心理关系是师生为完成共同的教学任务而产生的心理交往和情感交流，这种关系能把师生双方联结在一定的情感氛围和体验中，实现情感信息的传递和交流”。[①] 师生关系不仅是师生之间保持有效信息沟通的桥梁，也是营造良好心理氛围促进教育者发挥德育机智的保障。在国外对偶发事件众多研究中，最有名的是美国 M. 康曼迪所领导的“和解咨询公司”（CPI）。康曼迪认为，受教育者对教育者的知觉印象决定了受教育者在课堂中的表现，教育者言谈中自然流露的尊重使受教育者感到安定、放心，同时也使其对教育者充满崇敬之情，加上对教育者教学水平的满意，这就构成了教育者作为课堂行为调控者赖以建立和维持威信的基础。

建立在师生关系之上的心理氛围对教育者和受教育者的影响具有同一性，对师生双方的情绪、行为、认知等方面起着共同促进和抑制作用。虽

① http：//baike. baidu. com/view/618915. html？ wtp=tt ［OL］.

然在良好师生关系的形成过程中教育者起着主导作用，但最终还是以师生双方互为交往对象而共同营造一种心理氛围。建立在良好师生关系之上的心理氛围能够给教育者带来积极的、愉快的情感体验；同时，处于良好心理氛围之下的受教育者会产生同样的感受。很难想象，处于同一心理氛围之下，教育者感受到的是愉快的气息，而受教育者却感到很痛苦。也许不同的受教育者在同一心理氛围下，因个体差异会产生不同程度的心理感受，但在大体上，受教育者与教育者的心理体验是相同的。在愉快的心理氛围之下，受教育者通常会思维活跃、情绪高涨，表现出强烈的学习动机和求知欲，教育者在这种热烈气氛的感染下，更易于闪现智慧的火花，发挥德育机智，积极地捕捉和利用德育时机。相反，假如师生关系恶劣，矛盾尖锐，心理气氛沉闷、紧张，受教育者对学习缺少积极性，甚至出现厌学情绪。在这种情况下，教育者也会被受教育者的消极情绪所影响。正如美国心理学家班尼所说："如果一个集体的气氛是友好的，相互理解的，相互支持的，那么集体对于动机、工作表现和成就的影响就会是积极的。而敌对的、常受挫折的、不断发生冲突的气氛，就不仅对成员的成长和行为，还会对成员的工作及成就动机，产生消极的影响。"① 德国教育人类学家博尔诺夫也认为心理氛围能够对人产生一定的影响，提到："如果某人处于忧郁情绪中，他的整个生活就会变得阴沉，他无力去接受并保持与外界的关系，所有在以前力求发展的力量也会衰退，他又缩回到自我之中，毫无兴致地、冷漠地过着颓废的生活。而愉快的心境则相反，它能使人完全振奋起来。这时一切枯萎的力量将振作起来面对新的生活，使人们重新关心其环境，并对自己的这种活动感到快乐。"②

2. *教育者和受教育者共处的特定外部环境对德育机智的影响*

教育者和受教育者所处的外部环境，包括校园环境、课堂环境、社区环境甚至社会环境等。对于环境对人的影响作用，马克思曾指出，人创造环境，环境也创造人。在学校德育过程中，良好的校园环境、班级环境作为隐性课程的一部分，不仅对受教育者有着潜移默化的德育功能，而且也影响着教育者德育机智的发挥。例如，光荣榜上记录的好人好事，校园广

① ［美］班尼、约翰逊：《教育社会心理学》，邵瑞珍等译，云南教育出版社1986年版，第235页。

② ［德］O. F. 博尔诺夫：《教育人类学》，李其龙等译，华东师范大学出版1999年版，第44页。

播里播报的先进个人事迹，甚至花园里的一草一木，都是教育者在进行德育时可以利用的德育资源。例如，教育者用爱迪生的故事教育受教育者时，受教育者能够联想起悬挂在墙壁上那张熟悉的画像，从而对故事的内容产生浓厚的好奇心和兴趣。此外，现代多媒体技术的运用也丰富了德育课程教学内容和教学手段。教育者通过在课堂上播放图像及影像资料，设置虚拟情境，不仅能够激发受教育者的学习兴趣，还能使受教育者融入其中并从中获得情感体验，从而打破课堂教学在空间上的局限，使教育者能够充分发挥德育机智，有效地创造、捕捉和利用德育时机。

# 第五章

# 德育时机的创设

德育时机之所以被认为是“可遇不可求”的，是因为它的出现具有偶然性。即使出现，也是转瞬即逝。然而，根据唯物主义辩证法可知，德育时机的这种偶然性中蕴含一定的客观必然性和规律性。在德育过程中，教育者只要遵循客观规律，发挥德育机智，就能够创设出德育时机，以实现德育目标并取得最佳德育效果。

## 一 创设德育时机的理论依据

关于能否创造时机，历来有不同的看法。由于时机的偶然性，有些人认为时机是一种可遇不可求的有利条件，即认为时机是不能创造的。西汉《淮南子》在历史上主张“不能生时”，即机遇不能创造的观点。《淮南子》指出：“夫圣人者，不能生时，时至而弗失也。”① 在《三国志》中，裴松之注引《汉晋春秋》，其中说辞就有：“古人有言，圣人不能为时，时至亦不可失也。”② 其中，“不能为时”这句话可以理解为与“不能生时”同义，因为“不能生时”，所以时机到来时“不可失也”而要紧紧把握。苏轼曾提到，“苏子曰：圣人不能为时，亦不失时。时非圣人之所能为也，能不失时而已”。③ 这句话中的“不能为时，亦不失时”则表明了人不能创造时机的观点。持相同观点的还有当代学者冯友兰，认为“机遇又非吾人力之所能制”。英国当代科学家贝弗里奇认为，“我们无法有

---

① 《淮南子·览冥训》。

② 《三国志·吴书·诸葛腾二孙濮阳传第十九》。

③ 苏轼：《秦废封建》。

意制造这种捉摸不定的机遇”。[①] 总之，以上观点倾向于人们不能创造时机，而强调乘势待时，并在时机到来时要好好地把握和利用时机，“不可失时”。与这种观点不同，有些学者认为时机是“可遇也可求”的，即认为时机是能够创造的。英国学者培根提到，“贤者造出机会多于发现机会”。[②] 他强调人应该发挥主观能动性去创造时机。法国思想家拉罗什福科认为：“在重大的事务上，我们应该少用心去创造机会，而更多地注意利用现有的机会。”[③] 虽然拉罗什福科主张科学合理地利用现有的时机，但也认同了时机是能够创造的。对于创造时机的问题，有些学者提出了一些颇有见地的看法。对于一些完全偶然的时机，特别是历史及社会发展领域中的时机，是很难创造的。然而，对于某些时机，人们是可以发挥主观能动性，通过创造时机形成的客观条件从而创造出时机。这一观点不仅对于社会各个领域的实践工作具有重要的指导作用，而且对于德育时机理论的研究也具有颇为重要的借鉴意义。本书认为，在德育活动中，教育者通过发挥主观能动性，运用德育机智，创造能够促使德育时机形成的情境从而创设出德育时机。具体创设途径，我们可从“学习动机理论”和“情境认知理论”中找到理论依据及重要启示。

### （一）学习动机理论

学习动机作为一种人类行为的动机，又称学习动力，主要指受教育者学习活动的推动力，是直接引发、推动个体进行学习的内部动力，是一种为满足个人的物质需要和精神需要而渴望了解、认识世界的心理状态。受教育者的学习活动，是由各种不同的心理因素组成的整个动机系统所引起的。其中，心理因素主要是需要及其表现形态，诸如兴趣、爱好、理想、信念等，还包括动力因素、情感因素等。在德育活动中，受教育者的学习动机是其德育需要的一种表现形态，更确切地说，是受教育者的德育需要引发了学习动机，并产生学习行为。因此，通过对学习动机理论进行梳理，从而为探究创设德育时机的核心问题——如何创设受教育者德育需要的产生条件，即德育时机核心的形成条件，提供了理论依据。

---

① ［英］贝弗里奇：《科学研究的艺术》，科学出版社 1979 年版，第 34 页。

② ［英］弗兰西斯·培根：《培根论说文集》，海南出版社 1996 年版，第 141 页。

③ ［法］拉罗什福科：《道德箴言录》，新世界出版社 2008 年版，第 86—87 页。

对于受教育者学习动机和学习行为产生的原因，综观众多心理学家提出的观点，根据其不同侧重点，学习动机最初被分为内部动机和外部动机两种类型。内部学习动机是指由受教育者内在的学习需要引发的学习动机。求知欲、兴趣和爱好等可视作这种内部学习动机产生的动力。倾向于内部学习动机观点的有本能论、驱力论和认知主义理论等。本能论认为，受教育者的学习行为发自内在的冲动，如奥地利心理学家S. 弗洛伊德主张“本能内驱力是一种动力”——人类行为的根本原因归结为先天力量，即本能。驱力论认为，受教育者的学习行为源于生理需要的动力或活动，并非出于本能，如美国心理学家赫尔提出，生理缺失（需要）促使有机体产生某种旨在补偿这些需要的行为。认知主义理论认为，学习动机的产生是受教育者生活空间失去平衡的结果。德国心理学家勒温认为，学习行为取决于个体所处的心理场，即心理的生活空间，也就是“心理动力场”，它主要由个体的需要及其与心理环境相互作用的关系所组成。外部学习动机是指来自受教育者的外部环境、由某种诱因引发的学习动机。倾向于外部学习动机观点的有认知失调理论、归因论及诱因论等。认知失调论以认知因素解释学习行为产生的原因。归因论以认知观点对受教育者自己和他人行为的原因作解释。诱因论提出，受教育者的学习动机受一时性因素的影响，如奖赏与惩罚、赞扬与批评等。行为主义理论强调学习动机产生原因来自于外部环境。

随着对动机理论的深入研究，许多心理学家开始把内部和外部因素结合起来进行考虑。社会学习理论在结合行为主义和认知主义观点的基础上，提出了“交互决定论”，认为行为、受教育者和环境是相互影响地联结在一起，即学习行为、学习动机是受到受教育者本身和环境（内部动力、外部动力）共同影响，随后产生的行为又会进一步对受教育者和环境发生作用。米勒根据马斯洛的需要层次理论、勒温的“认知—场”理论和甘斯的社会阶级论，提出了如下观点：受教育者参与教育活动的动机与其生活的社会结构和社会势力密切相关；社会结构和社会势力不仅影响受教育者学习动机的强度，也决定受教育者学习动机的水平。鲁宾森通过建构期待价量模式提出，学习动机是受教育者对外界环境的知觉交互作用而产生期待价量的结果。而且受教育者参与教育活动时，参照团体在很大程度上也会影响其学习动机的水平。诺尔斯的研究表明，学习动机必定与受教育者在社会中所扮演的角色及要求相一致，而受教育者的学习需求又必定与其工作、生活等现实要求相关联；受教育者越趋向成熟，其学习动机、学习需求与其“社会角色”和“发展任务”的联系越紧密。说到底，使自己与“发展着的社会”“变化着的任务”保持平衡，是学习动机形成的最重要源泉。博希尔等通过“教育参与量表”所得到的数据清晰地反映了学习动机的形成是基于社会现实情境的特点。我国心理学家朱智贤认为，“从事学习活动，除要有学习的需要外，还要有满足这种需要的学习目标”① ……“利用一定的诱因使已形成的学习需要由潜在状态转入活动状态，使学生产生强烈的学习愿望或意向，成为学习活动的动力。”② 这一观点表明，学习动机的产生是外部诱因和学习需要相互作用的结果。

通过对以上有关学习动机理论的不同观点进行梳理，本书比较认同学习动机是在受教育者自身内部因素和外部因素相互作用下产生的这一观点。因此，在创设德育时机的过程中，教育者先要深入了解受教育者自身的学习目标、兴趣、爱好及内心需要等受教育者内部因素，然后以此为依据来创设或利用与受教育者内部因素相适应的外部因素，从而激发受教育者对德育内容产生学习动机，进而引发德育时机的产生。

### （二）情境认知理论

在构成德育时机的客观要素中，外部环境诱因是教育者唯一能够把握和利用的客观因素。教育者通过设置特定的德育情境，间接地对受教育者施加影响，激发受教育者产生德育需要（或学习动机），从而达到创设德育时机的目的。作为建构主义取向的新兴学习理论，情境认知理论有关情境与学习行为之间相互关系的观点对于创设德育时机的问题研究具有一定的借鉴意义。

#### 1. 情境认知理论的主要观点

情境认知理论源于对传统灌输式教学的反思。在传统灌输教学模式下，大多数的受教育者都无法在学习的内容和如何应用所学的知识之间建立联系。这是因为传统的课堂教学并没有更多地考虑受教育者处理信息的方式和学习动机。杜威早在 20 世纪初就提出了“思维源于直接经验的情

---

① 朱智贤：《心理学大词典》，北京师范大学出版社 1989 年版，第 816 页。

② 同上。

境”的观点，认为教育即生长，教育即生活，教育即经验的不断改造与改组。自20世纪80年代以来，西方学习理论出现了从行为主义范式向建构主义范式的转向，主张弥补正规学校教育与真实情境生活之间差距的情境认知理论便是其中一支重要的学习理论派别。作为建构主义取向的新兴学习理论，情境认知理论融合了建构主义与人类学视角及心理学视角的学习观点，形成了包括以莱夫、温格为代表的人类学视角情境认知理论，和以布朗、柯林斯和杜林斯为代表的心理学视角情境认知理论。

布朗、柯林斯和杜林斯在1989年一篇名为《情境认知与学习文化》的论文中，从心理学的视角提出了“情境认知”这一概念。布朗认为，“知识只有在它们产生及应用的情境中才能产生意义。知识绝不能从它本身所处的环境中孤立出来，学习知识的最好方法就是在情境中进行”。①这一观点可以理解为，受教育者在情境中通过活动获得知识，学习与认知本质上是情境性的。与灌输式教学下的被动获得性学习不同，心理学视角下的情境认知更重视受教育者在真实互动的情境中获取知识，受教育者由被动的学习转为主动获取。这一情境认知理论主要关注在学校情境下学习活动中的情境化内容，即创建模拟真实活动的实习场。

与心理学情境论观点并行发展的还有人类学的观点。人类学视角下的情境认知理论将研究重点放在完整的人的身上，将知识视为个人和社会、物理情境之间联系的属性以及互动的产物，即强调情境认知的社会性交互作用。莱夫和温格研究发现：一些从事职业性工作的人，譬如厨师、木匠、裁缝等专门行业的普通人，并没有像专家一样接受过完整的教育和正式的训练，思考及行动模式也没有理论作为依据，但面对专业问题和工作上的困难，他们却能如专家般地解决并能够探究其原因。不难发现，这些人是在真实的工作活动中学习并获得解决问题的经验和技能的。因此，他们在《情境认知：合法的边缘参与》（*Situated Learning*：*legitimate peripheral participation*）中把情境认知的过程称为“合法的边缘性参与”。所谓合法，是指实践共同体中的各方都愿意接受新来的不够资格的人成为共同体中的一员；所谓边缘，是指学习者开始只能围绕重要的成员转，做一些外围的工作，然后随着技能的增长，才被允许做重要的

① Brown.，J. S.，Collin. A，& Duguid.，P.，Situated Cognition and the Culture of Learning，Educational Research，1989.

工作，进入圈子的核心；所谓参与，是指在实际的工作参与中，在做中学习知识，因为知识是存在于实践共同体的实践中，而不是书本中。此外，莱夫和温格还提出另外两个概念——实践共同体（community of practice）和学徒制（apprenticeship）。所谓实践共同体，指的是由从事实际工作的人们组成的"圈子"，而新来者将进入这个圈子并试图从中获得这个圈子中的社会文化实践；学徒制，就是采用师傅带徒弟的方法进行学习。巴伯和达菲指出，人们在某种现实情境中通过实践活动不仅获得了知识与技能，同时还形成了某一共同体成员的身份，即发展认知和身份建构两者不可分离。可以看出，人类学视角下的情境认知理论更强调：学习是学习者适应与获得特定的实践共同体成员身份的过程。

2. 对创设德育时机的启示

受教育者的道德学习行为发生在特定的情境中，通过设置特定的情境能够诱发受教育者产生学习动机，从而达到创设德育时机的目的。情境认知理论主张，受教育者能够在真实互动的情境中进行主动的学习，这一观点也间接地说明了特定的情境能够诱发受教育者产生学习动机。因为"人的行为与其动机方向一致，行为总是在动机的指引下向一定目标前进，而放弃其他方向，动机越强烈，人的行动目标也越明确"。[①] 所以，受教育者在情境中的学习行为，必然是受学习动机驱使，而这种学习动机的产生与受教育者所处的特定情境不无密切联系。由于"动机是在需要的刺激下直接推动人进行活动以达到一定目的的内部动力"，[②] 因此，由情境诱发受教育者产生的学习动机也是其德育需要的表现形式，而德育需要恰恰又是德育时机的内驱动力。

情境认知理论认为成为一个合格的"社会人"的渴望，是受教育者进行学习的原动力。当前的学习理论不仅包含了学习动机是在受教育者与外部环境（情境）相互作用下产生的这一观点，还包括了"参照团体"和"社会角色"对学习动机产生影响的观点，更确切地说，受教育者在特定情境中的学习行为并不一定是由兴趣、爱好等直接的近景性动机[③]引

---

① 高玉祥：《个性心理学》，北京师范大学出版社 2002 年版，第 67 页。

② 同上。

③ 直接的近景性动机，是指个体由于对活动本身的直接兴趣，或对活动的直接结果的追求所产生的动机。

发的，而是在一种间接性的远景动机①驱使下发生的，即受教育者的学习是为了成为一个合格的“社会人”。情境认知理论学派代表人温格认为：“我们是社会人。这一事实远不是一般的正确，而是学习的核心方面。”②因此，教育者在设置情境时，要注意情境的社会生活化，贴近生活的情境内容不仅能够激发受教育者的参与热情，还能使受教育者从中获得社会道德经验从而满足其成为“社会人”的需要。

## 二　创设德育时机的影响因素

结合学习动机理论和情境认知理论，本书认为，影响教育者创设德育时机的因素有受教育者的年龄特征、受教育者的思想品德发展现状和德育目标。

### （一）受教育者的年龄特征

“个体的需要（包括道德需要）并不是由他人的主观意识所决定的，而是根源于不同个体的结构与条件的特殊规定性。”③ 因此，受教育者的主体结构决定了受教育者会产生何种德育需要，能够接受何种道德教育。而受教育者主体结构（包括生理因素、心理因素、知识与经验的理性要素和情感——意志的非理性要素）的不同发展阶段所表现出的年龄特征则决定了受教育者何时产生何种德育需要。同时，“受教育者作为一个具有主体性的个体，其对任何思想道德信息的真正接受，都是以自身的判断、选择、内化等一些系列内在思维运动为基础的，都受制于其本身的接受水平和接受能力，同时也受心理倾向和习惯的影响”。④ 可以说，受教育者的年龄特征制约着教育者在德育时间、德育方法和德育内容上的选择。苏联教育家巴班斯基认为：“注意学生的年龄特征和个性特征，能够

① 间接的远景性动机，是指对行为或活动本身没有直接联系，而是与行为或活动的社会意义或个人的前途相联系而产生的动机。

② ［美］M. P. 德里斯科尔：《学习心理学——面向教学的取向》（第3版），王小明等译，华东师范大学出版社2008年版，第138页。

③ 鲁洁、王奉贤：《德育新论》，江苏教育出版社1994年版，第191页。

④ 万光侠：《思想政治教育的人学基础》，人民教育出版社2006年版，第212页。

促进教学和教育过程获得最佳效果……”① 因此，受教育者的年龄特征是教育者创设德育时机时首先要考虑的因素。

年龄特征是受教育者身心发展在各个阶段中表现出的一般特征（带有普遍性）、典型特征（具有代表性）或本质特征。它是和年龄有联系的，因为年龄是时间的标志，代表一定的时期和阶段，一切发展都是和时间相联系的。对于人类发展阶段和年龄特征，诸多教育家和心理学家分别从不同的角度进行了划分。例如，认知发展理论代表人物皮亚杰认为，认知发展过程是一个内在结构连续的组织和再组织的过程，过程的进行是连续的；但由于各种发展因素的相互作用，儿童认知发展就具有阶段性。各个阶段都有它的独特的结构，标志着一定阶段的年龄特征。皮亚杰以智力、思维发展作为划分标准，大致划分为四个阶段，即：（1）感知运动阶段（0—2 岁）；（2）前运算思维阶段（2—7 岁）；（3）具体运算思维阶段（7—12 岁）；（4）形式运算阶段（12—15 岁）。由于各种因素，如环境、教育、文化以及主体动机等的差异，每个阶段可以提前或推迟，但每个阶段的先后次序不变。有的学者以生理发展为划分标准，如柏曼以内分泌腺为分期标准：胸腺时期（幼年时期）、松果腺时期（童年时期）、性腺时期（青年时期）；有的学者则以个性发展为划分标准，例如，埃里克森对人格的划分。他把儿童心理发展分为：第一阶段，信任感对怀疑感（0—2 岁）；第二阶段，自主性对羞怯或疑虑（2—4 岁）；第三阶段，主动性对内疚（4—7 岁）；第四阶段，勤奋感对自卑感（7—16 岁）。虽然人类在生理、智力、个性等发展各有其特点，但其各个阶段在年龄上趋于一致，这并非巧合，而是说明受教育者的身心发展确实有一些一致性的年龄阶段和年龄特征。

对于道德发展，其发展过程同样具有一定阶段性和顺序性，并呈现出一定的年龄特征。美国心理学家德里斯科尔认为：“儿童会展示出每个阶段独有的特点：例如，就前运算儿童的自我中心主义而言，‘皮亚杰的工作……记录了一种深刻的认识：对每一项涉及观点的任务来说，可以找到一个年龄点，低于这个年龄的儿童通常会因不能看到其他人的观点而出错’。这表明，儿童是自我中心主义的，任务的性质（而不是发展的阶

① ［苏］Ю·巴班斯基：《要注意学生的年龄特征》，施小珍译，《外国中小学教育》1983 年第 6 期。

段）看来是决定他们何时是自我中心的关键因素。”① 可见，受教育者的道德发展每个阶段都相应表现出一定的年龄特征，具体可从以下两个方面来分析。

一方面，道德发展内在于受教育者身上，并随着受教育者的身心成熟而发展，具有一定的阶段性和顺序性。美国教育心理学家柯尔伯格系统地扩展了皮亚杰的理论和方法。他和他的同事经过 20 多年的实证研究（即从 20 世纪 50 年代中期到 80 年代），提出了人类品德发展的顺序原则及数百种特征，并由此发现：道德思维能力是内在于受教育者身上，并随着受教育者的成熟而发展，其发展过程呈现出一定的阶段性和顺序性。柯尔伯格把道德判断分为三个水平，每个水平又各包括两个阶段，提出了三水平六阶段品德发展理论。柯尔伯格根据自己的大量研究，得出结论：0—9 岁儿童属前习俗水平；9—15 岁多属习俗水平；16 岁以后，一部分人向后习俗水平发展，但达到的人数很少。柯尔伯格认为，这种发展的顺序是由低级阶段依次向高级阶段发展的，这种顺序既不会超越，更不会逆转。受教育者在某个发展阶段，主要使用某个阶段的推理，而同时使用其他几个阶段的推理。阶段代表了认知的质的变化：这一判断有两个方面的含义：（1）发展是不连续的；（2）在某一特定阶段，在不同问题上的推理是一致的。在受教育者的道德发展期间发生的认知变化是连续的还是不连续的，很难判断。西格勒提供了一个桥梁倒塌的类比来表明发展可以合理地视作连续的或是不连续的。例如，导致桥梁倒塌的力量累积了很长一段时间，但坍塌本身是突然的。同理，受教育者思维发展中看起来突然的变化，或许实际上是逐渐进展的一部分。②

另一方面，不同道德发展阶段具有不同的年龄特征。例如，道德发展过程中的“关键期”或“敏感期”就是受教育者特定年龄特征的表现形式。现代生物学和心理学的研究表明，人一生的发展中有许多最佳发展期，又称关键期。关键期就是：人的某种潜在能力存在于人一生的某一特定的时期中，由于环境恰好提供了某种特定的刺激，就能使之得到最好的发展。因此，在某一特定的时期内，恰当地进行某种特殊的教育和训练，

① ［美］M. P. 德里斯科尔：《学习心理学——面向教学的取向》（第 3 版），王小明译，华东师范大学出版社 2008 年版，第 171—172 页。

② 同上书，第 181 页。

人就会获得某种特殊的能力；如果错过了这个时期，这种能力就难以获得。关键期这一概念的引用，应推到奥地利习性学家 K. Z. 洛伦茨的研究。洛伦茨发现出生的小鸡、小鹅有印刻现象，并指出，个体印刻现象只能在个体生命中一个短暂的“关键期”发生，个体在这时刻所印刻的对象，可以使该个体对它接近并发生偏好，而且不会被忘却，由此形成了一种对它的永久约束性的依恋。洛伦茨的研究引起心理学界对关键期的注意，并进行大量研究。近些年来，我国诸多学者提出了受教育者的道德发展中存在“关键期”的观点，并进行了大量的实证研究。20 世纪 70—80 年代，以我国发展心理学家李伯黍为首的儿童道德发展协作组在瑞士心理学家让·皮亚杰研究框架的基础上，运用科学实证的手段在全国范围内进行了系统研究，从而也考察了品德关键期的问题，且取得了极具研究价值的成果。曾欣然、陈旭等也认为：“所谓品德发展关键期，是指某种品德心理品质、品德结构功能，品德行为习惯出现转折或飞跃时期，或者说，良好的品德特质最容易形成和培养的时期。”① 我国心理学学者林崇德认为：“包括品德在内，每一个心理过程或个性心理特征都要经过由量变引起的几次质变与飞跃，并表现出一定的年龄特征，这种年龄特征的形式，叫‘关键年龄’。”② 可见，受教育者的各个道德发展阶段是以“年龄特征”表现出来的。

与“关键期”相类似的另一个概念是“敏感期”。“敏感期”一词是荷兰生物学家德·弗里在研究动物成长时首先使用的名词，后来意大利著名教育家、蒙台梭利教育法的创始人玛丽亚·蒙台梭利在长期与受教育者的相处中，发现受教育者的成长也会产生同样的现象，因而提出了敏感期的原理，即受教育者在特定的时期会出现特定的喜好倾向，若顺着敏感期学习该特性，可获得良好的学习效果。如在社会规范敏感期（2. 5—6 岁），两岁半的受教育者逐渐脱离以自我为中心，而对结交朋友、群体活动有了明确倾向。这时，父母应与其建立明确的生活规范和日常礼节，使其日后能遵守社会规范，拥有自律的生活。

由以上分析可知，由于道德发展内在于受教育者内部，因此其与受教育者的生理、智力、个性等主体结构要素的发展过程相同——在时间上呈

① 曾欣然、陈旭：《中小学生“爱人民”品德素质发展的情境模拟测查》，《西南师范大学学报》（哲学社会科学）1997 年第 3 期。

② 林崇德：《发展心理学》，人民教育出版社 1995 年版，第 333 页。

现出一定的阶段性和顺序性，并表现出一定的年龄特征或“关键期”。这表明了受教育者身心发展到一定阶段，必然会出现易于接受某种道德教育的年龄特征。另外，我国著名心理学家朱智贤教授指出：“心理发展的年龄特征，不仅具有稳定性，而且也有可变性。在同一年龄阶段中，既有本质的、一般的、典型的特征，又有人与人之间的差异性，即个别特点。”[①] 因此，年龄特征的稳定性和可变性决定了教育者创设德育时机时，不仅要考虑受教育者的共同特点，而且也要考虑不同受教育者之间的不同点；不仅要创设具有共同性的德育时机，还要注意利用客观条件创设具有个体差异性的德育时机。

### （二）受教育者的思想品德发展现状

受教育者的思想品德发展现状是制约教育者创设德育时机的一个重要因素。教育者设置的德育情境只有与受教育者的思想品德发展现状相契合，才能激发受教育者的学习动机和德育需要，从而进一步创设德育时机。

信息加工理论认为，“学习和行为源于环境与学生已有的知识的相互作用”，“除了习得各种图式之间的联结之外，学习还包括习得新图式。但新图式必须与已有图式存在某种联系，否则，建立新的图式只能成为一种空中楼阁”。[②] 德国教育学家赫尔巴特认为，“使之意识到与旧有经验或旧有知识与技能的关系，使之直接面对凭借旧有经验、旧有知识与技能及业已形成的思考方式与活动方式并不能解决的问题情境、困难、障碍，乃是使学生致力于解决新课题、从事新学习的两大条件。缺少了其中任何一个条件，都不能使他们的探究活动、思考活动积极化、能动化”。[③] 也就是说，激发受教育者的学习动机必须要有两个必要条件，即受教育者面临的问题情境、困难、障碍等与其现有的知识和经验是有联系的；问题情境、困难、障碍等是受教育者在现有的知识和经验水平下无法解决的。赫尔巴特进一步指出，问题情境、困难、障碍以及应当学习的新知识，与受教育者的旧有经验、旧有知识与技能或业已习惯化了的思维方式与活动方式之间构成矛盾时，受教育者才会产生学习动机。苏联心理学家维果茨基

---

① 林德崇：《发展心理学》，人民教育出版社 1995 年版，第 60 页。

② 施良方：《学习论》，人民教育出版社 2000 年版，第 277 页。

③ 参见［日］佐藤正夫《教学原理》，钟启泉译，教育科学出版社 2001 年版，第 261 页。

认为，受教育者的发展水平有两种：一种是现有的水平；另一种是通过他人的帮助、集体活动或者模仿可能达到的发展水平，介于这两种水平之间的就是“最近发展区”。维果茨基进一步指出，应把教学目标建立在“最近发展区”内，使教学目标和受教育者的现有水平处于矛盾之中，这样二者的对立会引起受教育者心理上产生内部矛盾，受教育者则会在这种矛盾的动力作用下得以发展。苏联教育学家、心理学家赞科夫继承了维果茨基这一外部条件通过受教育者的内部矛盾而推动其发展的观点，认为在受教育者的学习活动中，外部刺激触发的学习动机只能暂时奏效，不能保持学习的稳定性和持久性，更谈不上进行创造性学习。也就是说，受教育者保持持续的学习动力主要源于其内部作用。此外，赞科夫将维果斯基所关注的“智力发展”扩展为“一般发展”，即受教育者的发展不仅包括智力发展，还包括非智力因素的发展。他认为，受教育者除了进行感知、思维、记忆、想象等认识活动外，兴趣、动机、情感、意志，性格等个性心理状态也同时发挥影响作用，而且这些心理状态往往对认识过程具有较大的能动性。他认为，在激发学生“内部诱因”的过程中，情绪具有形成动机的力量，而动机又决定着意志行动的方式和结果——“教学法一旦触及学生的情绪和意志领域，触及学生精神需要，这种教学方法就能发挥高度有效的作用。”[①] 由此可见，教育者在通过设置情境来创设德育时机时，不仅要考虑受教育者现有的道德认知水平，还要考虑受教育者的兴趣、爱好、情感等非理性因素，只有如此，才能激发受教育者产生持续的学习动机和德育需要，从而进一步创设德育时机。

### （三）德育目标

教育者创设的情境并不等同于一般的外部环境，它蕴含着、体现着教育者德育目标，并包含着一定德育内容。它们源于真实的生活，能够使受教育者如临其境并产生真切的感受。情境中所蕴含的情感因素能够感染受教育者，使其形成与情境中的情感因素相一致的道德情感；情境中所蕴含的深刻道理，有助于受教育者通过情境体验来建构自身的思想品德。可以说，创造德育情境是一种能够有效促进受教育者知、情、信、意、行相统一从而提升其思想品德发展水平的德育方法。在德育过程中，教育者所选

① ［苏］赞科夫：《教学与发展》，杜殿坤等译，文化教育出版社 1980 年版，第 168 页。

择和利用的任何德育内容和德育方法均是为实现德育目标服务的。教育者在设置情境创设德育时机的过程中，也必然受到德育目标的制约。

## 三　创设德育时机的途径

根据前面章节对德育时机形成过程的分析可知，受教育者的德育需要是引发德育时机形成和显现的内驱动力。需要变形理论认为，动机、兴趣、理想、信念等倾向性的东西都是需要的表现形式。被意识到的需要往往以动机的形式表现出来，它是直接推动活动的动力。兴趣在本质上是需要所固有的，它与需要不可分割地联系着，人们对某种事物需要水平越高，在这方面的兴趣也越浓厚。兴趣以被意识到的需要水平为指标。在德育过程中，受教育者的德育需要往往以“学习动机”或“学习兴趣”的形式出现，或者说，学习动机和学习兴趣是受教育者德育需要的“变形”。因此，教育者要创设德育时机，首先要创造德育时机的内驱动力，即引起受教育者的德育需要，进而激发受教育者产生道德学习动机或学习兴趣。

在德育过程中，受教育者所处的情境是教育者所能把握的重要条件。教育者可以通过设置或利用各种各样的情境，激发受教育者产生德育需要和学习动机，从而引发德育时机的形成和显现。

### （一）利用偶然性事件创设德育时机

“教育中的偶发事件是在教育过程中突然意外发生的一种特殊的教育现象。它可以这样出现，也可以那样出现。它是由教育领域内部偶然因素或外部原因所引起的，对教育进程的发展有加速或延缓作用。”① 偶然性事件既包含着积极因素，也包含着消极因素，如果教育者能够发挥德育机智充分利用偶然事件中的积极因素或者将其消极因素转化为积极因素，那么则能够从偶然性事件——非意识的德育情境中创设出德育时机。

通过追溯“偶然”的英文词源可以发现，“偶然”的英文解释为chance。chance 一词在英文中最早出现于 1297 年，在古法语中是cheance，意为“意外的，骰子的下落”；在通俗拉丁语中是 cadentia，意

① 刘永曾、鲍东明：《捕捉最佳教育时机》，辽宁师范大学出版社 1995 年版，第 9 页。

为“发生，产生”；在古拉丁语中是 cadentern，意为“坠落”，其在英语中有着“机会”和“随意”这样古老的含义。同时，作为动词有“冒险”的意思。另外，在其他词性中，还有“幸运的”“危险的，不可靠的”等含义。此外，表示“偶然性”的英文单词 contingency，其意为“不确定的事件”。古代汉语中的“偶”字，其本义乃是用于祭祀与崇拜的木偶、人像，后引申为相对而坐的两人，有双、对之义，与“奇”相对。从这一含义出发，又可以引申出凡事皆有两面性，在汉语中，偶然性表征一种双向的不确定性。综合上述的各种意义，“偶然”基本上包含三方面的含义，即机会（opportunity）、风险（risk）、不确定性（uncertainty）。“偶然”的日常语言用法常常反映了人们对它的认识，故而偶然事件在德育活动中也是被如此理解的。根据这三种含义，本书将对偶然事件在创设德育时机中的意义做如下理解：

第一，偶然事件是一种能够引发德育时机并带有不确定性的客观因素。心理学研究表明，受教育者的心理在平时通常处于相对平衡状态，偶发事件的出现会使这种心理平衡被打破。这时，他们对周围信息反应特别敏感，思想矛盾特别尖锐，是受教育者最易接受教育的时机。教育者如果正确、客观地认识到偶然事件所能产生的影响，利用其中包含的有利因素或将不利因素转化为有利因素，创设最佳德育时机，则能够取得很好的德育效果。然而，偶然事件通常带有不确定性，有的带有一些“先兆”，有的却出乎意料，甚至连事件的当事人也预料不到。偶然事件既可能发生于德育过程之中，例如，课堂上，受教育者之间突然发生冲突，一些人为的恶作剧等；也可能发生于德育过程之外，但对德育过程有直接影响，例如，受教育者家庭中发生的变故、受教育者本人或其家庭的意外灾难等，虽然没有发生在德育过程中，但对受教育者的心理能够造成很大的冲击和影响。因此，作为教育者不仅要善于捕捉和利用课堂上的偶然事件，更要深入受教育者所处的家庭和社会环境，并与其共同参与各种活动，捕捉课堂之外的偶然事件，从而发掘其中各种有利因素，创设更多的德育时机。

第二，利用偶然事件也会带来一些风险。在德育过程中，并不是所有的偶然事件都能够引发德育时机，偶然事件的利用是具有两极性的——如果教育者处理得当，则会引发德育时机，对受教育者品德的形成与发展具有一定的积极意义；相反，如果不及时处理或处理不当，则会对受教育者产生消极影响或者是徒劳无功。有些偶然事件的发生会使受教育者品德的发展呈现出一定的非连续性，例如，一次意外人身伤害、一次重要考试失利、家庭生活上的重大变故……诸如此类的偶然事件常常会使受教育者遭受失败、挫折和痛苦。如果教育者没有及时发现这些偶然事件带来的消极影响或者对其进行了错误的引导，受教育者品德发展会因此而出现中断或者偏离了正确的方向，从此一蹶不振，消极面对人生；如果教育者能够给予适时、正确的帮助，受教育者则会重新获得动力，其自我意识和道德水平将会上升到新的高度。再比如，受教育者的一些“坏习惯”或“不良行为”往往是由一些偶然事件诱发产生的，“小时偷针”可能只是一个偶然的行为，但如果教育者或者家长不加制止，给予适当的教育，一旦这种偶然行为成为一种习惯，危害性就很可能演变到“大时偷金”的程度。所谓“千里之堤，溃于蚁穴”，一个偶然事件如果不被教育者加以注意，就有可能带来严重后果。面对这样的情况，教育者就要对偶然事件抱有高度警觉的风险意识，防微杜渐、防患于未然，从细微的偶然事件当中发现其破坏因素，及时预防破坏性因素的影响进一步扩大。

第三，教育者应根据偶然事件的类型来创设德育时机。根据引发偶然事件发生的偶然性因素的不同来源，偶然事件可被分为外部偶然性因素引起的偶然事件和内部偶然性因素引起的偶然事件。

外部偶然性因素引发的偶然事件，指的是引发偶然事件的不确定因素来源于外部环境。例如，抛掷一枚硬币，落在地上是正面还是反面是不确定的，这是由用力的方向、用力的大小、风速等外部条件所造成的，是由一种外在的偶然性所致。通常，这种由外部环境中的偶然因素引发的偶然事件在一定范围内是具有可控性的。根据法国数学家蒲丰所做的抛硬币实验可知，抛硬币的次数越多，正反面出现的概率就越可能接近相同。也就是说，运用一定的方法或手段，尽量改变外部因素的影响，可以控制此类偶然事件的发生。因此，这类偶然事件又可称之为可控偶然事件。由于可控的偶然事件主要由外部的客观因素所引发，因此它的出现就需要通过改变外部环境来控制。例如，在德育活动课程中，由于天气反常，会导致原计划的德育活动突然中断，无法正常进行，受教育者参与活动的积极性也因此受到影响，以至于教育者不得不重新设计活动内容，并重新激发受教育者的兴趣和热情。所以，当可控的偶然事件出现时，教育者是能够充分发挥主观能动作用，改变外部因素，使德育活动回归“正常状态”。

内部偶然性因素引起的偶然事件，指的是引发偶然事件的不确定因素源自事物内部，这种偶然性因素可以称为内在偶然性（内随机性）因素。这种由内部因素引发的偶然性变化在此过程中是不可控的，同时，也成为左右事物发展的关键所在。在德育活动中，不可控的偶然事件一般以意外事件的形式呈现——它出现在有序的、确定的德育过程中，然而却不可预料，像所谓的“问题学生”在课堂上的恶作剧，出于对教育者不满而做出的某种挑衅行为，受教育者之间打架、课堂纠纷、冲突等均是一些意料之外的偶然事件。对于这类不可控偶然事件，教育者要透过事件的背后，了解受教育者内心深处的心理矛盾、困惑和痛苦，并给予适时的教育和引导，真正解决他们思想上的“问题”。否则，即使教育者维持了秩序，德育活动回归了“正常状态”，但只要受教育者内心矛盾得不到解决，受教育者之间的问题得不到化解，这类不可控偶然事件不仅会继续发生，而且会对受教育者品德的形成和发展造成消极影响。

**“失误”，也能焕发力量**

在我们班上，有两个男生，名字就差那么一点儿。一个叫刘治，一个叫刘冶。两个孩子名字虽然只有“一点”之差，但学习、生活上的表现却有天壤之别。刘治学习刻苦，成绩名列前茅；乐于助人，深受同学和老师的好评。刘冶却是典型的淘气包，学习成绩总拖班级后腿。我经常感叹：名字就差一点，怎么做人竟会差别那么大！

期中考试后，班里要进行表彰奖励，我熬了一个晚上，写出了被表彰和奖励的同学的奖状。第二天班会上，我大声地向全班同学宣读获奖者名单：“获得助人为乐好标兵的是——”我正想叫出刘治的名字，猛然发现，奖状上写的是刘冶。由于我的疏忽，多写了“一点”儿，而眼前的情况让我必须当机立断：是承认错误，还是顺水推舟？我犹豫了片刻，还是洪亮地念出了刘冶这个名字。同学们愣了片刻，马上爆发出热烈的掌声，那是所有获奖同学中最响亮的。那一刻，我看见刘冶的眼中含着泪花，在同学的掌声和注视中，刘冶用颤抖的手接过奖状。目睹这一幕，我庆幸自己能有这样失误。最后我宣布，刘治同学将得到的是一份更加特殊的奖励：他将参加全校举行的表彰大会。

班会后，刘冶来到办公室，小心翼翼地问我：“杨老师，你是不是把我和刘冶弄错了，这个奖励是我的吗？”我心里一惊，看似大大咧咧的刘冶却这么心细，说明他是非常在乎这个奖励的，决不能让他刚刚建立起来的自信心在瞬间崩溃。我马上肯定地说：“当然是你的。你看，咱们班输球时，你虽然气愤地摔坏了一个杯子，但说明你很珍惜班级荣誉；值日生来检查时，你把废纸踩在脚底下，虽然方式不对，但说明你不想给班级抹黑；你的同桌病了，你很焦急，把自己的药都掏了出来，虽然不对症，但能看出来，你对同学很关心；考试成绩下来了，你把卷子撕了，虽然太冲动了，但说明你很在意自己的学习，有上进的愿望。如果你能改正自己的小毛病，你一定和刘治不分上下的。”刘冶玩世不恭的脸上露出了真诚的微笑和坚定的神情。

正是这一小小的失误，带给了刘冶全新的变化。原来那个调皮捣蛋、让老师家长头痛的刘冶渐渐消失了，一个努力进取的刘冶正在不断赢得和刘治一样的赞扬。①

在以上案例中，可以看出，教育者对这一偶然性事件的处理方式是因势利导，在给予受教育者尊重、关爱和信任的基础上，发掘受教育者身上的“闪光点”，利用“错误”的荣誉对其进行鼓励，打开了受教育者的“心门”，创设了德育时机。同时，教育者抓住时机对受教育者进行了批评和教育，使受教育者从内心深处迸发出向上的动力。如果这位教育者当场承认了“错误”，把“刘冶”改为“刘治”，或者课后向刘冶说出事情的真相，恐怕就不会有这样明显的德育效果——刘冶可能会继续保持原来的状态，或者感到自尊心受到伤害而自卑，或者索性自暴自弃起来。西方“性善论”教育者们认为，教育的最高目的和职能是充分发挥人固有的善性；充分发展人的天性。教育过程的本质在于它是一个人性自然展开的过程，教育和教育者的作用在于为人性展开提供适应的环境，创设必要的条件。我们可以这样来理解：作为人，每个个体都有追求真、善、美的倾向，都有求发展、求上进、求完善的愿望和能力。正是在这个前提之下，案例中教育者利用一次小失误，因势利导，创设了德育时机，并取得了良好的德育效果。可见，只要教育者善于运用德育机智发掘偶然性事件中的

① 唐汉卫、张茂聪：《中外道德教育经典案例评析》，山东人民出版社 2005 年版，第 121 页。

积极因素，“失误”也会带来德育时机。

### （二）利用角色扮演法创设德育时机

社会心理学理论认为，每个人在社会中都要扮演一定的角色，它是一个社会成员的思想、情感、行为和责任的集中体现，反映个体与自己、周围人群和客观事物之间发生作用时，独特和一贯的行为方式。个人角色的形成与其接受的教育、所处的文化背景、社会制度规则和人际交往作用等因素有着直接而密切的关系。一个人要想很好地融入社会，对社会做出贡献，就必须对自己以及他人的角色有一个正确、完整的认识。如果缺乏角色意识，不清楚自己的角色定位，也不了解别人的思想、情感和价值观念，就会被社会所淘汰。所谓角色扮演，就是运用戏剧表演的方法，使人发现问题，了解问题的症结所在，进而更好地调整心理状态，解决心理问题。在角色扮演中，人们能够亲身体验和实践他人的角色，从而能够更好地理解他人的处境，体验他人在不同情况下的内心情感，同时，反映出个体深藏于内心的情感。

通过角色扮演这种方式设置虚拟德育情境来创设德育时机，可从以下几个方面进行分析：首先，在角色扮演中，每个角色都被赋予了社会道德要求的印记，受教育者通过角色扮演，了解到了社会的道德要求，而这种社会道德要求一旦超过受教育者自身现有思想品德水平并形成差距，则会使受教育者在思想上处于一种失衡状态。从前面对德育时机的分析可知，受教育者在思想上出现失衡、矛盾或冲突时就预示着德育时机的出现。其次，角色扮演其实是营造一种虚拟的道德情境。受教育者以特定角色身份进入到情境，除了了解这种道德情境所蕴含的社会道德要求之外，通过与不同角色进行互动，还产生了道德情感体验，感悟到了社会道德要求的重要性和必要性，从“知道”转化为“体悟”。受教育者在这一过程中形成道德认知的同时还产生了道德情感，从而实现了对社会道德要求的内化，完成了自我教育。苏霍姆林斯基认为，没有自我教育就没有真正的教育，自我教育是学生能否真正接受教育的关键因素。因此，通过角色扮演法创设的德育时机，实质上是为受教育者创设自我教育的机会。所谓“教是为了达到不需要教”，“不教之教”是教育的最高境界。

### 演“情景剧”改变了一个“小霸王”

王艳玲是北京师范大学实验小学的老师，在“德育新理念的实践与探索”的经验交流中，她讲了通过演“情景剧”改变了一个“小霸王”式的学生的故事。

在王老师班里有个叫张宇的男孩子，经常制造打架事件，还毁坏他人东西，经常有学生家长来校告状，班中同学被他打过的有一半以上，搞得老师焦头烂额。妈妈对张宇苦口婆心但无济于事。爸爸动辄打骂，不知如何正确教育。对于这样的孩子王老师并没有放弃。

一次，班级召开“没头脑漫游礼貌城”主题中队会，其中有一个与张宇非常相似的反面角色，王老师安排让他出演。演出当天，张宇真实、自然的“本色表演”赢得了台下观众的热烈掌声，获得了班级同学的一致好评。演出结束后，张宇开始变了。他不再打架，不再满口脏话，对老师也彬彬有礼。他的父母也惊讶于他的变化：过去离家、回家都闷声不响的孩子现在知道和父母道别、问好了，还经常跟父母讲学校的事。爸爸的脸上也多了笑容。张宇不再欺负同学，还经常帮助同学，同学们都改变了对他的看法，夸他是个有爱心的好学生。

在上述案例中，教育者通过组织情景剧的活动，运用了角色暗示的原理，使受教育者在表演后心灵受到震撼，通过表演剧中角色而完成了自我教育，有了自我约束的意识和内在道德要求。可见，这次角色扮演的情景剧为受教育者带来实现自我转变的契机。

### （三）设置问题情境创设德育时机

心理学研究表明，人的思维总是在特定的问题情境中产生，思维活动其实就是不断地发现问题和解决问题的过程。所谓问题情境，指的是受教育者能够觉察到的一种有目的但又不知如何达到的心理困境，其核心是教育者向受教育者呈现出新问题，它与受教育者现有的知识和经验发生矛盾，进而引发受教育者产生学习动机。通过设置问题情境创设德育时机，可从认知失调理论和认知同化理论中找到依据。认知失调理论认为，认知因素能解释人类行为产生的原因。认知，既包括对事物的认知，也包括人们的行为、知识、信念、态度等。人的认知由许多因素构成，它们之间有些是彼此独立的，有些则是相互关联的。在有关联的认知因素之间存在两种情况：一是两者呈现协调状态；二是呈现不协调状态，即失调。在对待任何问题和事件上，人总有一种要保持其各种认知协调的倾向，保持自身态度与行为协调一致的动机。一旦不协调，便产生矛盾和冲突，人就会感到紧张、不安和烦闷，就会产生减少或消除这种不协调的内在动力，通过知识、信念、态度或行为的改变以使内心达到新的平衡。认知失调程度取决于两个因素：一是认知对个体的重要性；二是失调的认知数量与协调的认知数量的相对比例。认知失调程度越大，人们想要减轻或消除它的动机越强烈。认知同化理论代表人物奥苏贝尔认为："认知驱力（cognitive drive）是成就动机三个组成部分中最重要、最稳定的部分，它大都是内在于学习任务本身之中的。所谓认知驱力，就是受教育者渴望认知、理解和掌握知识，以及陈述和解决问题的倾向。简言之，即一种求知的需要。这是意义学习①中最重要的一种动机。它发端于受教育者好奇的倾向，以及探究、操作、理解和应付环境的心理倾向。"② 无论是认知失调理论还是认知同化理论，均把"问题"视为引起认知失调（或求知需要）从而激发学习动机的重要因素。在德育过程中，"问题"引起受教育者的认知失调程度越大，求知欲望越强烈，学习动机也就越强，当突破一定"阈值"显现出来时就出现了德育时机。

通过设置问题情境创设德育时机，这一过程可简单地表述为：

问题情境的设置条件大致包括两个方面：一方面是，"问题"的难度要适宜，即"问题"的难度应处于受教育者的"最近发展区"内。奥苏贝尔认为，对于意义学习的发生，有两个先决条件：学生表现出一种意义学习的心向，即表现出一种在新学的内容与自己已有的知识之间建立联系的倾向；学习内容对学生具有潜在意义，即能够与学生已有的知识结构联系起来。可见，奥苏贝尔提到的这两个条件，无疑就是学习内容与受教育

① 意义学习（meaningful learning），奥苏贝尔认为，学生的学习，如果要有价值的话，应尽可能地有意义。

② 施良方：《学习论》，人民教育出版社2000年版，第242页。

者现有水平有联系，但要高于现有水平，受教育者发挥自身潜力能够掌握，从而使受教育者能够对其产生学习兴趣，也就是说学习内容处于受教育者的“最近发展区”内。问题过难，受教育者难以将其与已有的知识和经验相联系，无法理解问题的内容，因此不会对其产生兴趣和求知欲；问题过易，受教育者能够在现有认知水平下解决，也不会产生学习动机。因此，对于“问题”难度的把握是设置问题情境和创设德育时机的关键。另一方面，“问题”要明确具体。即使所设置的问题难度适宜，但问题并不具体明确，势必造成受教育者思维混乱、目标不明，教育者则无法把握引导方向，受教育者的求知欲可能会因此而打消。

**“老师，我要做个好苹果！”**

“报告老师，曾宁又打人了”，“报告老师，曾宁乱动我的铅笔”……一走进教室，班上的学生又围在我旁边叽叽喳喳地打着报告。这似乎成了一种惯例。

曾宁是这学期新转来的男孩，他是个特别好动、调皮的学生。上课时，时而折纸飞机，时而捏橡皮泥，甚至钻到桌子底下不知搞些什么小玩意。下课后，有时拉拉小姑娘的辫子，有时吓得小个子同学哇哇大哭。班上的同学认定他是个坏孩子，都不愿意和他交往，甚至有的老师都觉得他是个问题学生。

我深知，问题学生更需要大家的关怀和努力，如何让大家一起来帮助他，不歧视他呢？我思索着……

一天，语文课上，我声情并茂地读着课文，学生们兴趣盎然地听着。这时，我发现坐在教室后排的曾宁耷拉着脑袋，在课桌下捣鼓着什么，突然，“啪”的一声，一个红苹果从他的课桌里滚了出来，教室里顿时骚动起来。曾宁的脸色也变得苍白起来，他低着头一声不吭。我轻轻捡起这个苹果，看着低头不语的曾宁和嘲笑他的同学们，我示意他们安静下来。忽然，我发现这是一个一半好、一半坏了的苹果，我灵机一动，何不利用这个“苹果事件”来对学生们进行一次启发教育呢？我走上讲台，平静地举起这个苹果好的一面问学生们：“你们觉得这个苹果是好苹果，还是坏苹果？”“好苹果！”学生们响亮地回答。随即，我又展示了苹果坏的一面。“哇，这是一个坏苹果！”我接着问道：“那究竟是一个好苹果，还是一个坏苹果呢？”学生们都沉默不语。我顿了顿对他们说："其实，我们不能只看到苹果的一面，我们不仅要看到苹果坏的一面，更要看到苹果好的一面。我们对同学也一样，觉得一个同学差，就不相信他有能力改正缺点。这学期我们班新来的曾宁同学虽然好动、调皮，可同学们想想他是不是也有许多优点呢？"于是，学生们七嘴八舌地议论开了。有的说："曾宁同学制作的小飞机很漂亮。"有的说："曾宁同学上体育课时跑得很快，像小鹿。"有的说："曾宁最会做脑筋急转弯的题目。"……曾宁身上的亮点慢慢变多了。听着同学们的发言，曾宁的小脸变得通红了。我觉得时机成熟了，拿起学生的铅笔刀把苹果坏了的地方削去，再给学生们看。学生们异口同声地说："这还是一个能吃的好苹果。"我把这个苹果放到了曾宁的手上，突然，曾宁站起来激动地说："老师，我，我要做个好苹果。"

教室里一阵哄笑，随即又响起了一阵热烈的掌声。①

在以上案例中，教育者不仅机智地通过一个"苹果事件"对受教育者进行了思想教育，使其受到心灵上的震撼并决心做一个好学生，成功地达到了教育目的，同时，还从"苹果事件"中提出"好苹果和坏苹果"的问题，创设了具有启发意义的问题情境，当全体受教育者处于"这是个好苹果，还是个坏苹果？"的困惑中不得其解时，教育者把握时机地进行引导，使其知道了任何事物都具有两面性，看待同学不能只看到缺点，更要看到优点，从而改变了全体受教育者对"问题学生"的一贯看法。

### （四）设置道德冲突情境创设德育时机

所谓道德冲突，是指"个体或群体中因道德认知、情感或行动不一致而产生的矛盾。可发生在多种场合：如个体在道德判断、道德行为选择、道德情感等方面遇到两难情境时，个体与个体之间发生不一致时，个体与群体之间、群体与群体之间的道德价值不一致时，都可有道德冲突发生"。② 从受教育者个人体验角度看，道德冲突情境主要有两种类型：虚拟道德冲突情境和真实道德冲突情境。虚拟道德冲突情境是一种教育者根

① 唐汉卫、张茂聪：《中外道德教育经典案例评析》，山东人民出版社 2005 年版，第 212 页。

② 朱智贤：《心理学大辞典》，北京师范大学出版社 1989 年版，第 100 页。

据德育目标，虚设的能够引发受教育者产生道德认知冲突的情境。真实道德冲突情境，是指受教育者在真实生活中亲身体验到的自身已有道德水平和现实之间发生“不协调”的道德情境。

无论是虚拟道德冲突情境还是真实道德冲突情境，其中的道德冲突具体表现为道德认知冲突、道德情感冲突与道德行为冲突三种形式。首先，是道德认知冲突，指的是教育者所教授的道德知识与受教育者已有的缄默道德知识①，或受教育者所观察到的道德事件与已有的道德知识之间发生的冲突。其次，是道德情感冲突，指的是教育者表达、传递出的道德情感，或社会主流道德情感与受教育者自身道德情感发生矛盾和冲突，如教育者与受教育者之间、受教育者与其父母之间、受教育者与其他群体和个人之间难以接纳与理解对方的道德情感而发生冲突。由于情感冲突的产生源于个人知识、经验、文化背景等各方面因素，因此与道德认知冲突相比，道德情感冲突更加具有隐蔽性。再次，是道德行为冲突，在本质上，这是一种“利益”冲突，是受教育者作为道德主体在道德实践中依据已有道德认知进行道德行为抉择时与他人或其他外部利益之间发生的对立和冲突。

之所以能够通过设置道德冲突情境来创设德育时机，是因为冲突情境能够引发受教育者产生“不平衡”。根据认知失调理论可知，受教育者所接触到的道德情境（包括真实道德冲突情境和虚拟道德冲突情境）所反映出的道德认知因素与受教育者已有的道德认知“不一致”时，便会引起受教育者认知的失调，使受教育者产生减少或消除这种不协调的内在动力，并表现出强烈的学习动机，渴望获得新的认知以使内心达到新的平衡。这种冲突和矛盾越尖锐，受教育者的学习动机则越强烈。而受教育者的学习动机正是其内心的德育需要——德育时机内驱动力的核心，因此，通过创设虚拟的道德冲突情境，或利用真实道德冲突情境是能够创设德育时机的。需要指明的是，道德冲突的化解需要教育者给予受教育者积极的引导，从而使受教育者的思想品德向社会道德要求的方向发展。

---

① 缄默知识：由英国著名物理化学家和思想家波兰尼提出，人类的知识有两种，通常所说的知识是用书面文字或地图、数学公式来表达的，这只是知识的一种形式，还有一种知识是不能系统表述的，例如，我们有关自己行为的某种知识。如果我们将前一种知识称为显性知识的话，那么我们就可以将后一种知识称为缄默知识。

## 小费不“小”

我是思想政治课教师，在高三年级担任班主任。我们学校是首都一所重点中学，学生基本上是大城市的孩子，对农村特别是还处于贫困状态的农村缺乏了解。一次，我通过班委会和团支部组织学生去远离城市的燕山搞社会调查，进行国情教育和为人民服务的教育。这次社会调查，既是团支部组织的活动，又是思想政治课的课外活动。

活动过程就是教育过程。我让两名学生干部去联系租用公共汽车。由于路上要七八个小时，还要在村里逗留几个小时，租车费和司机加班费共480元。租车时，负责租车的师傅告诉两位学生：“除了480元外，你们要给司机50元小费。”这两位同学反问：“480元中已有司机加班出差费了，为什么还要小费?”这位师傅回答说：“这是账上的，那50元的事我是好意告诉你们，怎么处理你们看着办。”

两位同学回校后跟我讲了上述情况，表示宁愿去不成也不给小费。我劝他们先别急，最好在班里向同学汇报一下，让同学们讨论讨论这50元小费要不要给。班会上，同学们讨论得非常热烈。有的说：“他们要了加班费，还要小费太不应该了。”有的说：“50元，全班每人才合一块多钱，我们拿得起，但对这种不良行为，我们要做斗争。”还有的说：“他们太不像话了，不能惯着他们!”也有的说：“现在加强社会主义精神文明建设，他们却在败坏社会风气，不可容忍!”

同学们七嘴八舌，说个不停，讨论结果一致认为50元小费不能给。班会快结束时，班长和团支书要我发表意见。我觉得教师不能简单地当裁判员，应引导学生了解改革开放和发展商品经济的社会实际，使学生自己悟出应该采取什么态度。于是我对同学们说：“大家民主地讨论问题，又有正义感，是好的。今天时间不早了，我们明天再讲。回去之后每个人把班会讨论的情况跟家长谈谈，征求家长的意见。”

第二天下午，班会继续讨论小费问题，结果很多同学的态度与昨天不同了，班会的气氛也变了。有的说：“给小费是不正之风，但是，咱们老师和同学不可能一下子把司机的思想转变过来，如不给小费，司机心情不舒畅，途中出点事故，整个活动就不能正常进行了。”有的说：“咱们对社会实际的复杂性了解太少，简单的坚持原则，并不能真正的坚持原则，有些问题一时解决不了，就要有灵活性，给小费就属于灵活性问题。”最后，我在会上作了小结：同学们今天的看法可以归结为三点：一是要50元小费是不正之风；二是我们要看到现实生活的复杂性，改变社会风气需要时间，需要我们共同努力；三是同学们无论是现在还是未来，都要严格要求自己，从我做起，不搞不正之风。

这次班会开得很民主、很坦诚，大家心情舒畅。看来在改革开放的大潮中，引导学生进行自我教育，既有必要也有可能。

星期天，我们乘车出发了。我嘱咐班上的干部和同学，对司机师傅要诚恳、热情。开车前学生干部把50元钱给了司机，同学们和司机师傅融洽地相处了10个小时，圆满完成了农村社会调查任务，乘车返回了校园。我和班干部向司机师傅表示感谢，司机师傅却诚恳地把50元小费还给了班干部。我们劝他收下，他却坚决不收，并说：“赵老师，你们进行为人民服务的教育，搞社会调查，相比之下，我要小费，太不像话了！”

汽车开动时，师傅深情地说：“赵老师，同学们，在你们身上我看到了向上的力量，再见！”①

在上述案例中，现实生活中的“小费”问题引起了市场经济条件下的社会不良风气与受教育者已有的道德认知及价值理念之间的冲突。受教育者无法理解和认同现实生活中的“小费”现象，并坚持自己的立场——拒付小费，这虽然体现了受教育者的道德意志和道德信念，但恐怕解决不了现实问题，两者之间的矛盾和冲突仍然存在。在这种情况下，教育者并没有急于给出答案，而是通过调动家庭教育的力量，让受教育者从父母那里了解到现实社会的复杂性，和处理具体问题时把握道德原则的灵活性，从而使受教育者的认知冲突得到了化解，其自身道德认知水平得以提升。在发现冲突到化解冲突的整个过程中，教育者没有强行的灌输和说教，而是通过对话讨论的形式，充分尊重受教育者的主体地位，让不同的

① 唐汉卫、张茂聪：《中外道德教育经典案例评析》，山东人民出版社2005年版，第259页。

观点和看法发生碰撞、激化，激发了受教育者的求知欲望，创设了德育时机。此外，在途中教育者要求受教育者和司机融洽相处，创造良好的道德体验气氛，使受教育者在这种情境中通过实践来“体悟”新获得的道德认知并产生了道德情感。

# 第六章

# 德育时机的捕捉和利用

作为一种能够加速或延缓德育活动进程的重要因素，德育时机是以时间为主导因素，在主客观条件相互作用下而产生的有利于教育者和受教育者获得最佳德育效果的客观条件。德育时机所存在的时间、促进德育时机形成的内驱动力、德育时机的显现形式及价值是构成德育时机的四个要素。其中，德育时机的价值则是区别德育时机与其他一般客观条件的标志，也是教育者对德育时机进行判断和捕捉的依据。德育时机的价值能否实现，教育者能否通过利用德育时机获得预期的德育效果，则需要教育者遵从德育时机的利用原则。

## 一　德育时机的捕捉

在第三章有关德育时机形成过程的分析中，本书用公式 $V = S \cdot Pt$ 来概括德育时机的价值（$V$）与教育者的德育机智（$S$）及德育时机的显现程度（$Pt$）。德育时机的价值（$V$）包括两个方面，即德育时机的应然价值和实然价值。德育时机的实然价值，指的是德育时机带来的实际德育效果；德育时机的应然价值，是指教育者预期从德育时机中获得的德育效果，是德育时机作为有利的客观条件区别于一般客观条件的标志，也是教育者捕捉德育时机的依据。本书认为，对德育时机价值的判断与评价，即德育时机价值的有无和价值的大小（$V$），取决于教育者的德育机智（$S$）和德育时机的显现程度（$Pt$）。

### （一）德育时机的捕捉依据

德育时机作为一种客观条件，与一般客观条件的区别就是德育时机具有“价值”。本书认为，对德育时机的捕捉其实就是对德育时机价值的判断。由于“价值判断是以教育事实的价值为对象的评价性命题，它是价值评价主体依据价值主体的需要，在衡量价值客体的属性是否满足价值主体的需要以及满足其需要的程度而做出的一种判断”,① 因此，在德育活动中，德育时机的价值判断可以理解为：教育者（价值评价主体）以德育时机的价值为对象进行评价，发挥主体能力（主要是德育机智），依据实现德育目标的需要，衡量德育时机是否满足需要以及满足其需要的程度而做出的一种判断。具体可从两个方面进行分析。

1. 德育时机是否具有价值取决于其能否满足教育者实现德育目标的需要

在德育时机价值判断的过程中，德育目标的实现需要起着决定性的作用。苏联教育家马里延科认为：“需要、兴趣、动机、理想、远景目标、志向、立场、倾向性、判断力和情绪是促使个人在道德上采取行动的那些矛盾的最重要的源泉。”② 马克思在《关于费尔巴哈的提纲》中提到，凡是有某种关系存在的地方，这种关系都是为我而存在的。“为我而存在”的价值关系的根本特性，就在于它的主体性，其中，价值主体对价值关系的认识起着决定的作用。价值是客体能满足主体需要的功能和属性；价值关系是主体和客体在需要与满足需要上形成的一种特定的关系。这里的价值主体是具有一定需要和创造能力的人。他既可以是个体，也可以是群体。价值主体的需要和主体认知能力在价值关系中处于支配地位，起着主导作用。价值客体是主体需要的对象，是事物本身的属性、结构和功能。价值就是客体的属性、功能对主体需要的满足，主体需要是主客体之间是否形成价值关系，客体是否具有价值的决定性因素。因此，在外在客观条件与教育者的价值关系中，教育者德育目标的实现需要和教育者的主体认知能力处于主导地位，外在客观条件能否满足教育者实现德育目标的需要取决于教育者对这种外在客观条件属性的主体认知。教育者通过主体认知，认为这种外在客观条件能够满足其德育目标实现的需要，这种客观条件就具有正价值，即为德育时机；如果教育者认为这种客观条件不能满足

① 李田伟、肖海军、沈小碚：《价值判断与事实判断的比较分析——关于教育评价的科学化问题》，《成人教育》2006 年第 11 期。

② ［苏］伊·斯·马里延科：《德育过程原理》，牟正秋、王明辉译，人民教育出版社 1985 年版，第 145 页。

其目标实现的需要，它就没有价值；教育者认为这种客观条件阻碍了德育目标的实现，那么这种客观条件具有负价值，即为不利条件。此外，教育者的主体认知能力是因人而异的，有的教育者能够发挥德育机智将不利条件转化为德育时机；而有的教育者则会无视一些有利条件而因此坐失良机。

2. 德育时机价值的性质和大小取决于德育目标的性质和层次

教育者德育目标的实现需要决定了教育者与外在客观条件（德育时机）之间价值关系的形成，或者说教育者这种需要的性质和层次决定了德育时机价值的性质和大小。一方面，教育者德育目标的性质决定了德育时机价值的性质。如果教育者认为德育时机能够满足其道德认知教育目标的实现需要，那么德育时机就具有了道德认知的教育意义（价值）；如果教育者认为德育时机能够满足其道德情感教育目标的实现需要，那么德育时机就具有了道德情感的教育意义（价值）；如果教育者认为德育时机能够满足其道德行为教育目标的实现需要，那么德育时机就具有了道德行为的教育意义（价值）。另一方面，教育者需要实现的德育目标层次的高低及其满足的程度决定了德育时机价值的大小。通常，教育者的德育目标具有不同的层次。能够满足高层次德育目标实现需要的德育时机价值要比满足其低层次德育目标实现需要的德育时机价值要大。例如，在德育活动中，某位受教育者有了道德认知上的疑问，需要教育者解答，有的教育者认为这是一个进行个别教育的时机；然而，有的教育者认为这位受教育者的道德疑问也可能会引起其他受教育者的疑惑，于是便利用这一道德疑问设置问题情境，引发全体受教育者产生道德认知冲突，从而创造了具有共同性的德育时机。相比之下，这种共同性德育时机的价值要比个别性德育时机的价值要大，因为它带来的是全体受教育者道德认知水平的提升。因此，可以说，教育者不同层次的德育目标实现需要决定了德育时机价值大小的不同。而德育时机价值的大小正是教育者捕捉和选择德育时机的依据。

### （二）捕捉德育时机的影响因素

本书认为，教育者自身是否具备德育机智及其发挥程度，以及德育时机的显现程度是教育者对德育时机价值判断的主要影响因素。由于德育时机具有一定的隐蔽性，在受教育者内心的德育需要并不十分强烈时，其在情绪和行为上很难出现明显的变化，因此，在这种情况下，教育者很难捕捉到德育时机；另外，受教育者在自我意识的调节下，即使心理处于矛盾状态，有着强烈的德育需要，也会将这种情绪和心理上的变化隐藏起来，使得教育者难以察觉；另一方面，如果教育者具备德育机智，即具备敏锐的洞察力、直觉、知识经验、专业素质、心理承受能力和自制力等，那么即使德育时机显现得很微弱，也会被教育者捕捉到，相反，如果教育者不具备德育机智或者不善于主动发挥德育机智，那么即使德育时机显现得非常明显，教育者也会坐失良机。对于教育者是否具备德育机智及其发挥程度和德育时机的显现程度对捕捉德育时机的影响，本书进行如下具体分析。

1. 教育者是否具备德育机智及其发挥程度

虽然在捕捉德育时机的过程中，教育者实现德育目标的需要是判断德育时机是否具有价值及价值大小的依据，同时，在教育者与德育时机建立价值关系过程中处于主导地位。然而，教育者对其自身这种实现德育目标的需要或愿望的认识以及对德育时机价值的认识和判断，需要依靠教育者知识经验方面的理性因素。另外，教育者的情绪、意志等非理性因素，在捕捉德育时机的过程中也起到影响作用。在前面关于影响德育时机形成的主观条件分析中，本书把教育者在创设、捕捉和利用德育时机的过程中，所运用的知识、经验等理性方面因素和情感、意志等非理性方面因素用“德育机智”来概括。德育机智是教育者在创设、捕捉和利用德育时机过程中的主体能力，也是影响德育时机价值判断的重要条件。例如，专业素质较高、知识经验比较丰富的教育者在德育活动中，更善于捕捉德育时机，更善于在处理偶然事件时发现其中所包含的积极因素来创设德育时机，更善于选择合适的方法利用德育时机。情绪控制力较强、意志坚定的教育者在面对偶然事件时，则能更好地把握和控制偶然事件的发展态势，冷静地分析德育时机的价值属性。时机意识较强的教育者，则更主动地发挥其主观能动性去捕捉课堂上和生活中的点点滴滴，更主动地去洞察受教育者心理细微的变化并对其进行准确的价值判断，捕捉包含其中的德育时机。因此，教育者是否具备德育机智及其发挥程度，是教育者捕捉德育时机的重要影响因素。

2. 德育时机的显现程度

根据德育时机的价值与教育者主体能力（德育机智）及德育时机显

现程度的关系式：$V=S \cdot Pt$，可知，德育时机的价值（包括应然价值和实然价值），一方面和教育者的主体能力（是指德育机智）有关；另一方面还和德育时机的显现程度有关。根据德育时机的显现程度，本书将德育时机的显现过程大致分为萌芽阶段、成熟阶段和衰退阶段。

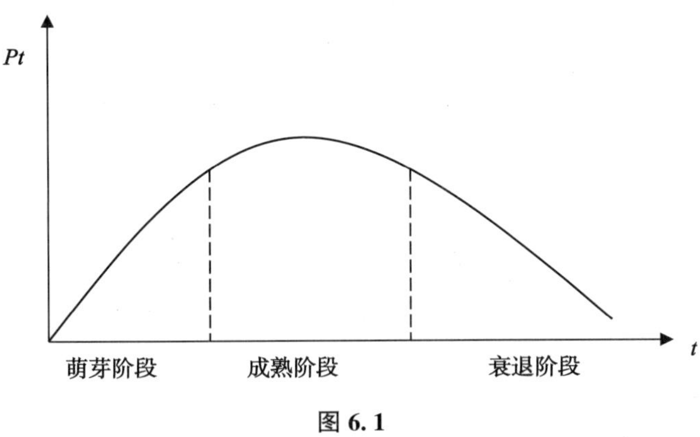


图 6.1

（1）萌芽阶段。在德育活动中，德育时机并非一开始就以某种形式显现出来，而是要经历一个萌芽阶段。在萌芽阶段，德育时机的形态并没有完全显现，需要教育者等待和观察其发展方向，有时甚至要促使其发展到成熟阶段。由于德育时机具有易逝性的特点，很多教育者认为对德育时机的捕捉越早越好。但正所谓“欲速则不达”，如果在萌芽阶段捕捉和利用德育时机，即在受教育者没有强烈德育需要的情况下进行德育，教育者则很难取得最佳的德育效果，甚至会对受教育者产生不良影响。

（2）成熟阶段。从时间学角度讲，德育时机的成熟阶段就是存在于最佳时区中的最佳时间点。在成熟阶段，促使德育时机形成的诸多客观条件将达到最佳组合。对此，英国科学家培根认为：“时机之成熟与否必须永远熟虑，而一般而言，最好把一切大事的起始交给百眼的阿加斯而把终结交给百手的布瑞阿瑞欧斯；在这两位之中，头一位的职务是注视，第二位的职务是速行。”[①] 可见，时机成熟与否对于人们能否到达行事目标有着重要的意义，人们一方面要时刻关注着时机的变化从而能够及时捕捉到时机成熟的那一刻；另一方面人们要在时机成熟时迅速地采取行动从而顺利达到行事目的。同样，在德育过程中，教育者也要根据德育时机的显现

① ［英］弗朗西斯·培根：《培根论说文集》，商务印书馆 1983 年版，第 81 页。

程度来判断时机是否成熟。德育时机一旦成熟，教育者应及时采取适当的方法利用德育时机以取得最佳德育效果。否则，如果错过了成熟阶段，德育时机则会进入衰退阶段，就是所谓的逸机，无论教育者如何发挥德育机智，都难以取得最佳德育效果。

（3）衰退阶段。德育时机从萌芽阶段开始，经过成熟阶段，最后进入到衰退阶段。

在现实的德育实践活动中，这三个阶段并没有明显的界限。德育时机成熟阶段的捕捉和把握在很大程度上依赖于教育者的判断和选择。同时，由于促成德育时机形成和发展的客观因素各种各样，因此，德育时机的显现过程很难用一种或几种形式概括，目前少有学者对这一方面进行探讨，本书仅对德育时机显现过程的四种形式进行探索性分析。

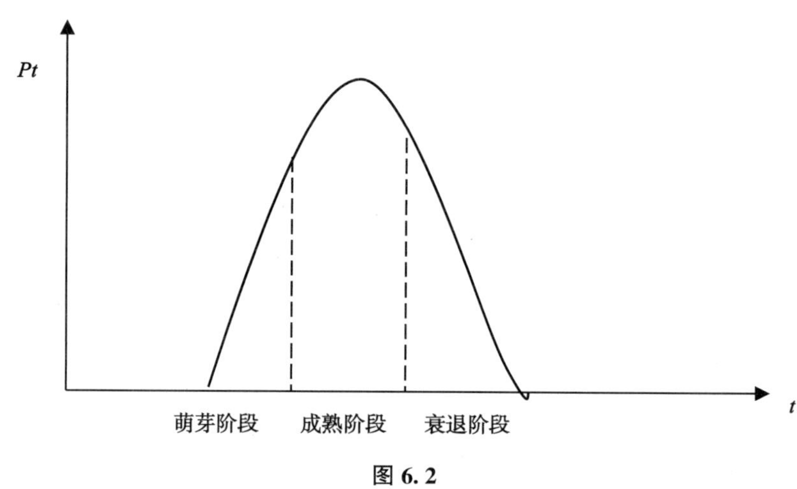


**图 6.2**

如图 6.2 所示，德育时机在萌芽阶段发展十分迅速。在经历短暂的萌芽阶段后很快地进入到成熟阶段，而且成熟阶段转瞬即逝，德育时机又迅速地进入到了衰退阶段。可以说，这种德育时机存在的时间非常短暂，比如一些偶然事件带来的德育时机。这种德育时机的短暂性决定了教育者除了具备德育知识和经验以外，还需要有一定的时机意识和直觉。只有教育者具备这些素质，才能够快速、果断地发现、捕捉和利用德育时机。在德育实践中，捕捉这类德育时机，通常使用“热加工”的方法。

如图 6.3 所示，这种德育时机显现过程的特点是萌芽阶段和衰退阶段比较短暂，而成熟阶段的时间相对较长。可以说，这种德育时机的显现过程是比较理想的。由于萌芽阶段比较短暂，德育时机在短时间内便显现出

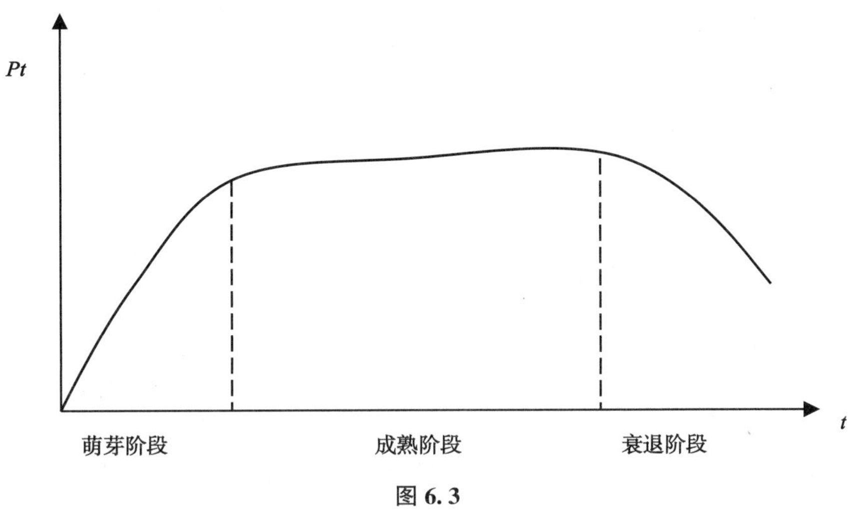


图 6.3

来，因此教育者比较容易发现和识别。而且成熟阶段时间相对比较长，使得教育者能够获得充足的时间对德育时机进行价值判断，从而进一步捕捉和利用德育时机。

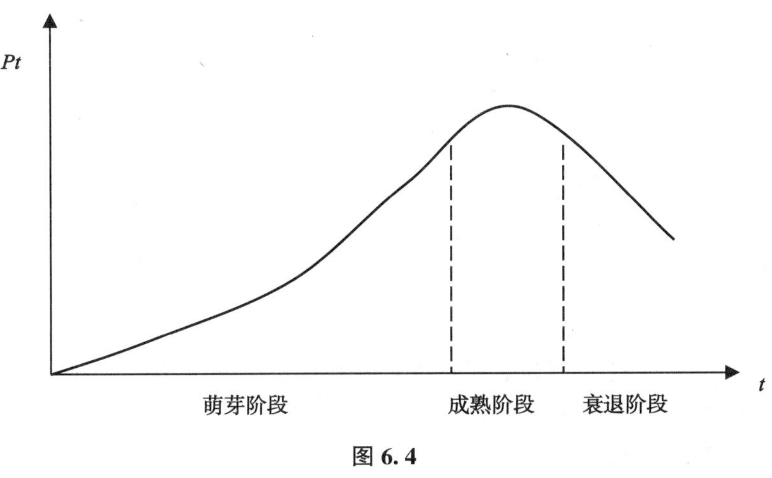


图 6.4

如图 6.4 所示，此类德育时机的特点是萌芽阶段的时间相对较长，而成熟阶段和衰退阶段则相对较短。由于这类德育时机在萌芽阶段发展比较缓慢，在初现形态时容易被教育者发现和识别，因此，容易过早地被教育者捕捉和利用。由于德育时机尚未成熟，即使教育者充分发挥了德育机智，也难以取得预期的德育效果。对于这类德育时机，在德育实践中通常采用“冷处理”的方法进行捕捉。

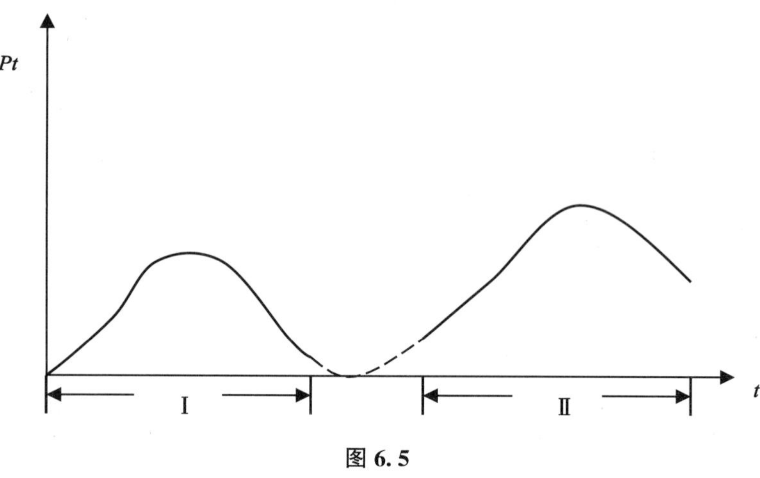


**图 6.5**

如图 6.5 所示，此类为“连续型”德育时机，即德育时机Ⅰ和德育时机Ⅱ之间存在着因果关系，即德育时机Ⅰ是产生德育时机Ⅱ的前提条件，德育时机Ⅱ是德育时机Ⅰ引起的结果。当然，接下来德育时机Ⅲ，德育时机Ⅳ，Ⅴ……会随着这种因果关系的发展而相继出现。它们之间的这种因果关系是伴随时间的流程而确定的。在这一时间流程上，出现的所有德育时机先后之间像一个完整的链条，相互联系，环环相扣。李文颖在其著作《机会论》中，把这种关系定义为“机会链”。也正是因为某些德育时机之间存在因果联系，教育者在把握住当前的德育时机之后，有时就能够预测下一个德育时机的出现，并提前做好准备。

### （三）捕捉德育时机的方法

由于德育时机的显现过程种类多样，且对其研究尚处于探索阶段，因此，本书主要针对“缓慢呈现”型（图 6.4 所示）和“转瞬即逝”型（图 6.2 所示）这两种德育时机提出具体的捕捉方法，即“冷处理”和“热加工”的方法。

1. 冷处理

“冷处理”原意是指加工金属过程中，金属工件淬火后立即放进低冷空气中，以保证其规格稳定并提高机械性能的一种工艺。把“冷处理”这一概念借用到德育中，就包含如下两个方面的含义：一方面，在教育者与受教育者之间或受教育者之间发生各种矛盾冲突时，教育者暂不评论造成矛盾冲突的是非曲直，而是有意地将问题暂且搁置，让双方都“冷静”

下来，从而为最终妥善解决矛盾创造良好的氛围与条件。另一方面，通过将矛盾或冲突进行“冷处理”，教育者能够有较为充分的时间冷静地分析和判断是非，以便找出解决问题、处理矛盾的最佳方案。在德育实践中，实施“冷处理”，并不是对问题特别是偶发事件不作处理，也不是拖拖拉拉不及时处理，而是争取时间分析造成矛盾冲突的原因及对策，等待最佳德育时机的出现，为全面、彻底解决问题并获得最佳德育效果做好充分准备。通常，教育者在面对以下两种情况时，适宜采用“冷处理”的方法捕捉德育时机。

第一种情况，是当受教育者内心矛盾冲突十分激烈，情绪波动很大时。在有些教育者看来，当受教育者情绪及其内心矛盾表现得十分明显时，是对其进行德育以帮助其解决内心矛盾的好时机，然而，在情绪波动很大的情况下，受教育者很难冷静地接受教育者的教导，甚至内心矛盾会不断继续加剧、恶化。同时，教育者的情绪和判断力也可能会受到影响，以致会选择一些不明智的教育方式。因此，在这种情况下，教育者给予受教育者及自身充足的时间去调整情绪状态，同时也给自身争取充足的时间洞察受教育者的内心世界，了解矛盾和冲突背后的真实原因，等待受教育者情绪稳定并对自己的问题有了清醒的认识时再“对症下药”。苏联教育家苏霍姆林斯基在对有严重错误的受教育者进行惩罚时，就曾运用“延续性惩罚”，即“冷处理”的方法。他认为，这样进行惩罚，避免了孩子们刚犯过失立即处罚时常有的那种激愤情绪。

**宽恕也是一种教育**

王名是班里一个喜欢斤斤计较的孩子，经常因为同桌不小心碰了他的文具而生气，因为同学无意的玩笑而向老师告状。可我怎么也没有想到发生那件事情……

那天下午，学校放学后不久，学校附近的超市就打来电话，说王名在超市偷拿一副乒乓球拍被当场抓住了，让马上去领孩子。匆匆赶到超市保安室，看到因为惧怕而泪流满面的王名，我怒气中夹杂着“教不严，师之惰”的羞愧。我脸憋得通红，一阵赔礼道歉后，交上罚款，匆匆把他带出了超市。走在回学校的路上，刚才向超市保安人员求情的那份耻辱，简直把我的愤怒提到了极点，正准备回头把我的愤怒发泄出来，但与他那含满泪水的眼睛相对时，我却分明看到了透过泪水折射出来的惊恐与羞愧，一种说不清的感觉竟把我的话硬压了回去，我狠狠瞪了他一眼，终于没有说什么。沉默中逐渐冷静下来的我，思考着怎样教育这个误入歧途的孩子。陶行知先生用“四块糖块”召回了孩子的自信与自尊，纠正了孩子的不良习惯，让他走向了光明的前途，“错能改之，善莫大焉”。想到这里我有了主意。快到校门时，一直跟在我身后的王名突然抓住了我的衣角。没等开口，已是泪流长河了。在他的抽噎中我断断续续地听出，他怕家长打他，所以给我打了电话。现在又怕同学们知道了瞧不起他，请求我不要把这件事告诉他家长和同学，并一再保证不会再偷东西。看着他后悔莫及的样子，我感觉到现在是教育的最好时机。我蹲下身来，擦了擦他脸上的泪水，平视着他的眼睛，语重心长地说：“你怕别人知道，说明你自尊心强，你能主动承认错误，说明你认识到了自己的错误，你能保证以后不再犯，说明你知错能改，这些优点都应该表扬。但是采取不正当的手段，获得不属于自己的东西，是必须批评的。老师相信你一定会改。今天的事就当作我们俩的秘密，老师答应你会保守秘密，不仅同学们不会知道，你的家长也不会知道。老师也相信你会遵守你给老师许下的‘一定改’的诺言。有错误不要紧，只要我们勇于承认，勇于改正，对吗?”看着他眼中感激与悔恨交织的泪水，小鸡吃米似的点头，我知道我的话打动了他的心。

以后的日子里我们相互严守着自己的承诺，王名不仅没有再出现类似的事，而且他生活的方方面面发生了巨大的变化，学习变得勤奋，纪律表现优秀，劳动积极了。更让人惊喜的是，这件事使他学会了宽容别人，再没有像以前那样三天两头和别的同学闹矛盾，相反还常常帮助别的同学。①

在上述案例中，这位教育者采用的是“冷处理”的方法来捕捉德育时机的。这位教育者在知道受教育者有偷盗行为时并没有立刻对其进行教育。虽然当时受教育者表现出了内心的愧疚和惊慌，但更多的是对教育者的畏惧，不知道教育者会用什么方式惩罚他。同时，这位教育者也为受教

① 唐汉卫、张茂聪：《中外道德教育经典案例评析》，山东人民出版社 2005 年版，第 197 页。

育者的不良行为感到羞耻。虽然此时对受教育者进行教育、批评和惩罚，受教育者也能够接受，但受教育者的自尊心会因此而受到伤害，可能会从此一蹶不振。这位教育者及时地控制了自己的情绪，给受教育者一定时间去反思自己的错误，经过“冷处理”之后，教育者及时把握住时机，对受教育者先鼓励、后批评，使其在教育者的关怀和宽容之下有了焕然一新的改变。

第二种情况，是教育者提出的德育要求与受教育者已有的道德认知发生冲突，受教育者一时难以将德育要求转化为自身德育需要，并与教育者发生对峙时。根据认知失调理论可知，教育者的德育要求会使受教育者产生认知上的不协调，从而在教育者德育要求和受教育者思想品德发展现状之间产生矛盾和冲突。而此时受教育者因认知失调而感到紧张、不安和烦闷，就会产生减少或消除这种不协调的内在动力。在德育过程中，受教育者这种以消除认知失调以重新获得平衡的内在动力表现为学习动机或求知欲，即教育者所期望出现的德育时机。然而，教育者的德育目标与受教育者思想品德发展现状之间的矛盾，是在一定的时间和条件下，才能够转化为受教育者自身的德育需要与思想品德发展现状之间的矛盾，并进而促使受教育者出现强烈的学习动机。因此，教育者提出的德育要求与受教育者已有的道德认知发生冲突时，并非意味着出现了德育时机。此时，教育者应冷静观察，给予受教育者一定的时间去认识德育要求，了解德育要求对于自己发展的重要性及自身现有水平与德育要求之间的差距，从而将德育要求转变为自身的德育需要。通常，德育要求对受教育者越具有重要性，受教育者的德育需要和学习动机就越强烈。著名教育家鲁宾斯坦在《心理学发展的原则和道路》中提到，任何有效的教育工作都是以受教育者的自身精神活动作为自己的内部条件的。在形成人的精神面貌方面的成就如何，取决于这一内部活动，取决于教育者能在多大程度上促进和指导这一内部活动，这是最主要的。在德育实践中，采用“冷处理”之所以能够捕捉到最佳德育时机，很重要的一个原因是它能给受教育者以较充分的“精神活动”的时间。在这个时间内，受教育者在各种“外因”的推动下，通过自我意识进行自我认识，对德育要求及其重要性有一个全面的认识和了解，并将其转化为自身的德育需要，进而产生了积极向上的发展动力，而这一时刻才是进行德育的最佳时机。

2. 热加工

所谓“热加工”，是指当教育者发现德育时机时，立即把握时机，趁热打铁，进而取得良好的德育效果。一般而言，“热加工”的方法适用于以下两种情况：第一种情况，是在德育过程中，教育者发现受教育者表现出兴趣点、兴奋点、学习动机、强烈的上进心，或表现出一些“闪光点”时，捕捉时机对受教育者进行引导、鼓励或肯定，从而进一步增强受教育者努力向上、力争上游的信心和决心。例如，在一节小学劳动课上，教师给学生讲怎样做菜汤。教师讲完后，组织学生分组进行操作。有一个组迟迟做不出来，先做完的一位学生主动跑过去帮助他们。课堂小结的时候，教师对这位学生主动帮助他人的态度和做法给予了肯定。这就是通过“热加工”的方法抓住了德育时机对学生进行了德育。再如，在一节小学数学课上，一名平时学习较差的学生，正确地回答了教师的提问，教师立即说：“你答得很好，真聪明。”同样，这位教师也是“趁热打铁”抓住了时机，及时地对学生进行了鼓励，提升了学生的自信心。相反，如果教育者错过时机，没有及时对受教育者进行引导、表扬或肯定，就会使受教育者失去应有的热情和信心。另一种情况是，当遇到性质严重、影响恶劣的事件时，如不加以及时处理就会造成更严重的后果，教育者也应采用“热加工”的方法，抓住时机对受教育者进行德育。一方面，能够及时遏制事件对全体受教育者造成的恶劣影响；另一方面，能够表明态度，让受教育者对事件带来的严重后果有个清醒的认识并从中吸取经验教训。当然，教育者采用“热加工”的方式捕捉德育时机时，要注意分寸，批评要恰如其分，合情合理，这样才能获得受教育者思想上的认同。

> 去年，我带一个差班，刚接班，一个学生下课时与同学发生争吵，并拿出匕首用劲插在桌子上，对这位同学进行威胁，而且口出狂言。这一场面被正准备上课的我发现了，我当即对这位学生的凶暴行为进行了严肃的批评，并当场缴获了凶器，还让他当着全班同学的面交代匕首的来历，且当场向被威胁的同学赔礼道歉。随即我与家长联系，发现这个学生在家中也有过类似行为，为了这个孩子的健康成长，我和家长跟踪教育了一学期，直至该学生口服心服为止。

在以上案例中，教育者用“热加工”的方法及时处理了这个偶然事件，抓住了对受教育者进行德育的良机。这样，既平息了风波，防止了事态的发展和恶化，又使受教育者明辨了是非。

## 二　德育时机的利用

如果说德育时机的捕捉是德育时机价值判断的过程，那么德育时机的利用就是德育时机价值实现的过程，或者说是德育时机应然价值向实然价值转化的过程。在德育时机的价值构成公式 $V = S \cdot Pt$ 中，各项表示的是德育时机的价值判断（$V$，即应然价值）来自于教育者识别德育时机的主体能力（$S$，即德育机智），特别是认知能力，这一过程受到教育者主体能力水平（$S$，即德育机智）和德育时机显现程度（$Pt$）的影响。同时，这一公式还表示在教育者利用德育时机的过程中，或者说，在德育时机应然价值向实然价值转化过程中，德育时机的实然价值（$V$）同样受到教育者主体能力水平（$S$，即德育机智）和德育时机显现程度（$Pt$）的影响。在捕捉到德育时机之后，教育者能否发挥德育机智，正确、合理地利用德育时机，直接决定了德育时机的应然价值向实然价值的转化。然而，教育者对德育时机的利用并非随意的，而是要受到一些主客观因素的影响和制约，以及遵从一定的利用原则。

### （一）利用德育时机的制约因素

在德育时机的利用过程公式 $V = S \cdot Pt$ 中，$Pt = (S' + I) \cdot t$ 中的 $S'$（Student，受教育者）表示受教育者当前的身心成熟水平和思想品德发展现状，$I$（Inducement，诱因）表示外部环境中的诱因，$S' + I$ 表示受教育者在外部环境诱因刺激作用下产生的德育需要，$t$ 表示在德育时机利用过程中教育者的最佳德育时间。因此，在德育时机的应然价值转化为实然价值过程中，教育者利用德育时机要受到来自受教育者方面的身心成熟水平（主体结构和年龄特征）及其思想品德发展现状、受教育者的德育需要、最佳德育时间这些客观因素制约，同时还受到来自教育者自身方面的主体能力，即德育机智水平的制约。

1. 受教育者的主体结构、年龄特征及思想品德发展现状

受教育者的主体结构、年龄特征及思想品德发展现状是制约教育者利用德育时机的重要因素。受教育者的主体结构主要反映了受教育者身心成熟水平；年龄特征主要反映了受教育者当前的身心成熟水平所处的阶段；思想品德发展现状反映了受教育者当前所处的道德发展阶段。

处于不同年龄段的受教育者，由于身心成熟水平不同，以致其道德接受能力也有差异。幼儿时期的受教育者，对新鲜事物都充满了好奇心，总爱问“为什么?”，教育者或家长常常借机对其进行道德教育。然而此时的受教育者心智发育尚不成熟，他们对教育者或家长的情感或情绪反应，决定了其是否将教育者或家长所要求的行为方式或规则纳入自己的规则体系中。因此，说理、灌输的德育方法只能让受教育者被动地接受道德规范，教育者应发掘受教育者内心的情感因素，设置情境，让其在情感体验中“接触”道德规范。例如，讲故事，可以使受教育者认识到人物形象所体现的诚实、勤劳、善良等品质；做游戏，可以使受教育者通过了解和遵守游戏规则从而树立规范意识。青少年时期的受教育者，由于已经具备了自我意识，认知能力已经达到了一定水平，因此，当教育者发现德育时机时可以选择启发和激励的方法。处于同一年龄阶段的受教育者，由于主体结构和思想品德发展水平各不相同，教育者在利用德育时机时也要因人而异——没有任何一种方法适用于所有受教育者，只有“一把钥匙开一把锁”，才能取得良好的德育效果。苏联教育家马卡连柯教育他的学生古德的事颇能说明这个道理。一次，古德偷吃了食堂里的一块鸡肉，马卡连柯叫另一名学生到食堂又拿来一块鸡肉，让古德当着众多学生的面把这块鸡肉吃掉。这件事给古德以深刻的教育。直到古德成年后，他还经常拿这个事来教育自己的孩子。后来，有一位校长也遇到一名犯同一类错误的学生，这位校长也用马卡连柯的方法教育这名学生，结果却适得其反。这说明，教育者不仅要及时捕捉德育时机，还要针对受教育者的特点选择合适的方法利用德育时机，才能取得预期的德育效果，实现德育时机的价值。

2. 最佳德育时间

在利用德育时机的过程中，德育时机存在（持续）的时间就是教育者利用德育时机进行德育的最佳时间。由于不同类型的德育时机，其存在或持续的时间长短不一，特别是有些德育时机给予教育者的最佳德育时间十分短暂，导致教育者对于德育时机的利用受到其影响和限制。因此，最佳德育时间是教育者利用德育时机的制约和影响因素之一。最佳德育时间对教育者利用德育时机的影响主要有两个方面：一方面，影响教育者对具体德育方法的选择；另一方面，德育时间制约和影响着教育者德育机智的发挥。关于时间对于教育者德育机智的制约作用在本书第四章已作详细说明，在此不再重复赘述。

3. 教育者的主体能力

在德育活动中，教育者的主体能力，包括知识经验等方面的理性因素及情感意志等方面的非理性因素。这种主体能力在德育时机的创设、捕捉和利用过程中表现为德育机智。然而，每个教育者的主体能力都有不同的特征，即每个教育者自身的知识经验、兴趣爱好、能力、气质及性格等方面是各不相同的。有些教育者擅长认知教育，在捕捉到德育时机后，多采用启发和引导的德育方法；有些教育者擅长情感教育，多采用情境体验、角色扮演等德育方法利用德育时机，让受教育者通过情感体验进行自我教育。教育者的主体能力特征影响到其对德育时机利用策略的选择。正如教育家苏霍姆林斯基所说，教育者工作的对象是正在形成中的个性最细腻的精神生活领域，即智慧、情感、意志、信念、自我意识这些领域，也只有用同样的东西，即智慧、情感、意志、信念、自我意识去施加影响。因此，教育者对自身要有一个全面的了解和认识，在利用德育时机时，要充分发挥自己的长处，才能实现德育时机的价值。

4. 受教育者的德育需要

如果说德育时机的价值判断依据，即捕捉德育时机的依据，是教育者德育目标的实现需要，那么德育时机的价值实现则依赖于受教育者的德育需要是否得到满足，而受教育者德育需要满足与否则取决于教育者是否选择了合适的德育方法和德育内容。德育过程理论认为，“教育者提出的德育目标与受教育者思想品德发展现状的矛盾转化为受教育者自身德育需求与其思想品德发展现状的矛盾，这一矛盾更是德育过程发展的动力，而且是最大的、持续的动力”[①]，“当教育者提出的德育目标与受教育者的德育需求相统一时，矛盾产生的动力最大；当教育者提出的德育目标与受教育者的德育需求不一致时甚至对立时，德育过程就会产生多个方向的力，这些力相互抵消，矛盾产生的动力就会内耗，它对德育过程的推动作用就小”。[②] 从整个德育过程来看，教育者把德育目标转化为受教育者的德育需要，把德育目标与受教育者思想品德发展现状这一外部矛盾转化为受教育者自身德育需要与思想品德发展现状的内部矛盾，通过满足受教育者的

① 范树成：《德育过程论》，中国社会科学出版社 2004 年版，第 154—155 页。

② 同上书，第 155 页。

德育需要，解决受教育者自身的内部矛盾，从而使外部矛盾得以解决，实现德育目标。可以说，受教育者德育需要的满足是教育者德育目标实现的前提，没有受教育者德育需要的满足，教育者德育目标也就不可能实现。因此，如果说德育时机的应然价值是由教育者德育目标的实现需要所决定的，那么受教育者的德育需要满足与否则决定了德育时机应然价值的实现，而德育时机的利用显然是满足受教育者德育需要和实现德育时机应然价值的重要环节。可以说，受教育者的德育需要决定了教育者如何利用德育时机。

### （二）利用德育时机的原则

利用德育时机的方法多种多样，但无论采用何种方法，都应遵循一定的原则。通过前面分析可知，教育者在利用德育时机过程中，要受到受教育者的主体结构、年龄特征及思想品德发展现状和教育者自身主体能力等因素的影响和制约，因此，教育者要结合这些制约因素，遵从一些具体原则来科学、合理地利用德育时机。

1. 当机立断原则

法国作家罗曼·罗兰曾说道："生命很快就过去了，一个时机从不会出现两次。必须当机立断。"① 这句话告诉人们，一旦抓住了时机，必须当机立断，马上采取行动。所谓当机立断原则，指的是教育者在捕捉到德育时机之后，要灵敏反映、果断决策的原则。这一原则强调教育者对德育时机的利用要及时、果断。一方面，德育时机存在的时间非常短暂，其价值也随着时间不断变化，如果教育者犹豫不决，不能及时采取有效德育策略，那么之后不管采取什么样的措施都难以取得最佳德育效果。另一方面，德育时机存在的时间，即可供教育者利用的最佳德育时间制约着教育者德育机智的发挥。最佳德育时间越短，其对教育者的影响和制约作用越大。教育者决策时间越长，而可供其利用的德育时间也就越短，取得最佳德育效果的可能性也就越低。所以，鉴于最佳德育时间的短暂性、有限性以及对教育者德育机智的制约作用，教育者在捕捉到德育时机之后，要当机立断。

① ［法］罗曼·罗兰：《母与子》（上），人民文学出版社 1980 年版，第 468 页。

## 以情动情

在一次班会上，我宣讲了《长江日报》头版头条以“活着就要为祖国留下点东西——记卧床三十秋，赤子一片情的刘建勋”为题的通讯报道后，教室里一片寂静，学生们被他的事迹所感动，我也沉浸在和谐的教育给予一位教师特有的愉快之中。“假的！报上登的很多都是吹的。”邵军同学差不多是用嘲弄的口气嚷道。“哄！”教室的寂静突然被打破了，有的在笑，有的在议论，有的用怀疑的眼光看着我……我万万没有想到会有这样的事情出现。我又气又急，脸涨得通红。后来，学生们逐渐平静下来，我强烈地感到多少期待的目光在等待着我的回答。我迅速地思考着：邵军是一个典型的“调皮捣乱”型的差生，外貌滑稽，表情生动，喜欢以自己奇特的言行博得别人一笑。但此时我所面临的远远不是一个纪律问题，更不是我个人尊严的问题了。一种对党报和教师教育的怀疑情绪，使我痛心疾首，这是对包括邵军在内的全班学生的一个重大的教育课题。眼前的事情虽是一次剧烈的冲突，却也是一次难得的教育时机。多年班主任工作经验告诉我，此时任何说教、训斥、搪塞只会产生相反的结果。一个教育计划的轮廓逐渐形成。我冷静而自信地对全班讲：“邵军同学提出了一个值得调查的问题，让我们去调查吧。”

当天我给被誉为“武汉市张海迪”的刘建勋同志写了信，讲明事情经过，并提出了要求。三天后收到了回信。他告诉我，通讯中所报道的全是事实，并表示如果不是路远，一定请我们到他家看看。我异常地激动和兴奋。一个星期天，我带领各类学生代表八人，来到了刘建勋的家。大家被眼前的情景惊呆了。一位脸色苍白却十分乐观的中年人躺在已睡了三十年的床上，正熟练地写着什么。原来他正在翻译一本苏联的冶金专业书。他回答了学生们提出的问题，在谈到人生价值、英雄品质时，他讲了卓娅、保尔，也谈到自己自学的情况。这位高位截瘫患者连轮椅都没法坐，全凭对祖国赤诚的爱和顽强的毅力，就在这张床上刻苦自学。掌握了四门外语，自修了工科大学全部基础课，翻译了三百五十万字的科技书籍和文献资料，校阅了五十万字译稿……在场学生耳闻目睹这一切，都感动得热泪盈眶。这实实在在的人和事使学生的心灵受到强烈的撞击，邵军也羞愧地低下了头。自此以后全班学生思想上产生了一个飞跃。不少学生在作文中写道：

张海迪、刘建勋身残志坚，为祖国做了这么多事，我们好手好脚，又该如何学习和生活呢？我们又将为祖国留点什么呢？学生们在思索做人的道理，反省自己的过去，开始掂量“人生价值”的分量了。

我充分利用班上出现的良好气氛和学生们心理上积极向上的情绪波动，把握教育良机，邀请刘建勋任我班校外辅导员，让学生与刘老师开始书面对话。通过对话，有针对性地把已被激发出的可能是短暂的道德情感转换为较稳固的道德信念。程红和魏涛对学外语认识不足，英语成绩不佳，刘老师将自己学外语的亲身体验告诉他们。朱芳认为只要成绩好，入不入团不要紧。刘老师又将自己在病床上宣誓入团的心情告诉她……元旦，同学们给刘老师寄了挂历，刘老师寄来了《大地的儿子周恩来》《语文知识千问》等书。在校诗歌朗诵会上，我班自编自演歌颂刘建勋，情真意切的演出荣获了一等奖。临近中考，刘老师又寄来一句话：“行百里而半九十”，鼓励同学们持之以恒地学习。一系列活动形成一种凝聚力，将全班引向一种健康向上的轨道，学生们你追我赶，中考时全班 50 名同学都考上了高一级学校。①

在上述案例中，教育者从“问题学生”对“先进个人事迹”的质疑中发现了德育时机。这位教育者当机立断，抓住时机，通过实际调查将被质疑为“假的”“捏造的”榜样形象“还原”为实实在在的人和事，使受教育者的心灵受到强烈的震撼。在受到榜样人物先进事迹的感染之后，教育者发现全体受教育者表现出了奋发向上的心理和情绪状态时，再次趁热打铁，果断地利用时机邀请榜样人物与受教育者沟通交流，充分发挥榜样人物的示范作用，使受教育者在思想上得到进一步升华。

2. 因势利导原则

因势利导原则，是指教育者在捕捉到德育时机之后，根据德育时机所显现出的态势和发展趋势，向有利于实现德育目标的方向引导受教育者的原则。在德育过程中，教育者在面对具有消极影响的偶然性事件引发的德育时机时，要注意遵从因势利导原则。通常，受教育者的心理在平时处于相对平衡状态，但偶然事件的出现会使这种心理平衡被打破。通过第五章

① 刘永曾、鲍东明：《捕捉最佳教育时机》，辽宁师范大学出版社 1995 年版，第 150—153 页。

对偶然事件的分析可知，偶然事件作为引发德育时机的外部环境诱因，具有很强的不确定性，其带来的可能是积极影响，也可能是消极影响。对于带来消极影响的偶然事件，教育者要充分发挥德育机智，将这种消极影响转化为积极影响，进而引发德育时机的出现。在德育时机成熟时，要及时捕捉，把握受教育者的思想变化趋势，因势利导，有效地利用德育时机对受教育者进行德育。

教室里，同学们正在认真地写作业，我也埋头忙着做自己的事情。突然，王波站起来说："老师，肖寒给郭岩岩写条，说他喜欢郭岩岩。"这一"晴天霹雳"打破了教室原本的沉静，大家都笑了起来，有的同学还在私下里嘀咕着什么。我也被弄了个措手不及，不由把目光投向了郭岩岩，只见她把头压得更低了，一言不发地继续写着作业。如何处理？我犯难了。为了给自己留一点思考时间，我示意王波把纸条拿过来。"必须立即对学生进行正面引导！"当我脑子里产生了这个想法后，我就让学生放下笔，开一个讨论会。我先说道："同学们，从你们进入校园的那一天起，我们朝夕相处已近四年了。四年来，你们的点滴进步，老师都看在眼里，并暗自为你们高兴。凭我的直觉，有很多同学也非常喜欢老师，是吗？今天老师想听你们说一说为什么喜欢我。"同学们的话匣子开了。有的说老师天天教我们学知识，很辛苦；有的说老师长得漂亮，还很有气质；有的说老师特别会打扮，什么衣服穿上去都很好看；还有的说老师你戴着眼镜，一看就有学问。听了同学们对我的一番夸奖，我又把话题抛给学生，说："老师真是太感动了，没想到老师在你们的心目中是这样完美。我相信肖寒同学喜欢郭岩岩也有他的理由，下面我们就请他来说一说。"由于我的铺垫，肖寒的不好意思没有了，大大方方讲起了郭岩岩的优点。为了扩大教育成果，我又结合肖寒的发言对郭岩岩的优点进行了总结："是啊，郭岩岩是我们班的班长，不但长得漂亮，而且做事认真，课上总能看到她专注的神态，听到她响亮的声音，作业本上漂亮的字体更使同学们羡慕不已。我觉得班中喜欢郭岩岩的同学不止肖寒一个，喜欢的同学请举一下手。"班里几乎所有的同学都把手举了起来。我又接着说："肖寒同学能把自己的真实想法勇敢地表达出来，如果再拿出自己的行动向郭岩岩学习，我相信通过他的努力，一定会成为一个像郭岩岩那样出色的学生。”这一番讨论不但教育了全体同学，也为郭岩岩挽回了面子，她的表情渐渐恢复了常态。[①]

在上述案例中，偶然事件给教育者和受教育者带来的不利影响犹如“晴天霹雳”。面对这种尴尬的情境，教育者并没有通过批评教育的方式来解决，而是先避开“肖寒喜欢郭岩岩”这一话题，并将这个话题转移到“同学们为什么喜欢老师?”上，让受教育者理解了“喜欢”是师生之情的表达，为受教育者理解“喜欢”也是同学之情的一种表达做了铺垫。在时机成熟时，教育者将话题回归到偶然事件的当事人身上，因势利导，利用德育时机引导和教育了当事人，消解了当事人紧张不安的情绪，同时还教育了全体受教育者如何正确看待同学之间的情谊。

3. 因机设教原则

“因机设教”是明末清初杰出思想家王夫之所主张的“因材施教”教育思想中的一个重要原则。在这里，本书受到这一思想的启示，将“因机设教”作为教育者利用德育时机的一个原则。在利用德育时机过程中，因机设教原则主要有两个层面意思。第一，教育者在利用德育时机时，要考虑受教育者身心发展所处的“关键期”。王夫之认为，“教者之所以教，学者之所以学，皆以因人心自有之机，而纳之于道”,[②] 教育者之所以能够施教，受教育者之所以能够接受教育，是因为受教育者身心发展遵循一定规律并存在着接受教育的关键期。所以，教育者在利用德育时机并选择德育策略时，首先要考虑受教育者思想品德发展所处的“关键期”，选择适合受教育者的德育方法和内容从而实现德育目标。第二，教育者在利用德育时机时，要根据不同德育时机的性质、呈现态势及发展趋势来选择相应的德育策略。对于“因机设教”中的“机”，王夫之认为，“其一时一事之机也”,[③] 可见，不同的德育时机其性质、呈现态势及发展趋势都是不同的。所以，教育者如果采用固定的德育策略来应对各种不同的德育时机，那么只会事半功倍，而只有发挥德育机智，因机设教、施教，才能够充分利用德育时机，促进受教育者思想品德的形成与发展。

① 谢心兰：《德育要因势利导》，《中国德育》2006 年第 10 期。

② 王夫之：《四书训义》。

③ 王夫之：《周易内传 · 卷五》。

4. 随机应变原则

苏联著名教育家赞可夫曾经说，教师教育技巧的必要特征之一就是要有随机应变的能力。随机应变，在《汉语成语辞海》中的解释是："机：时机。随着具体情况的变化、灵活应付。"① 宋代学者罗大经在《鹤林玉露·乙编》中提到："大凡临事无大小，皆贵乎智。智者何？随机应变，足以弭患济事者是也。"② 就是说，不管遇到什么事情，成败皆取决于智慧。只要能够随机应变，都会克服困难而成事。利用德育时机所要遵从的随机应变原则，指的是在教育者发现并捕捉到德育时机之后，根据德育时机的具体情况，灵活地改变已有的策略，采用其他方法、方式对受教育者进行德育的原则。此外，德育时机也处于变化之中的，所以，在利用德育时机时，教育者要注意遵从随机应变原则，根据德育时机的性质、显现态势、发展趋势及自身的主体能力等各种具体情况，随机制定科学、合理的德育策略以取得最佳德育效果。

---

① 朱祖延：《汉语成语辞海》，武汉出版社 1999 年版，第 1317 页。

② 罗大经：《鹤林玉露·乙编》。

# 结　论

本书在借鉴我国古代先哲及当前国内外诸多学者观点的基础上，从哲学、心理学、教育学等多个视角，对德育时机的定义、特征、类型以及构成进行了界定和系统的分析。通过分析德育时机的逻辑前提并对比当前具有代表性的观点，本书将德育时机定义为：在特定的时间之中，通过主客观条件相互作用而产生的有利于教育者和受教育者获得最佳德育效果的客观条件。从德育时机的这一定义出发，提出了德育时机的构成要素——时间、内驱动力、显现形式和价值。其中，时间不仅是德育时机的存在方式，同时，也表征着构成德育时机的各种客观要素之间相互关系的动态变化；内驱动力是促进德育时机形成和显现的动力系统，以受教育者德育需要为核心，同时在受教育者德育需要基础上产生的情感、情绪在内驱动力形成过程中对德育需要有着调节、放大和引导的作用；显现形式，即德育时机的外显形式，如受教育者表现出来的"兴奋点""兴趣点""挫折点"等形式。价值是德育时机能够满足教育者需要（即德育目标的实现）的客观属性，也是德育时机作为一种有利的客观条件区别于其他一般客观条件的标志。由于时间是德育时机的构成要素之一，因此，德育时机具有一定的时间性特征——不可重复性和易逝性；由于德育时机是由诸多客观因素在某一特定时间点上偶合而成的最佳组合，可以说，在德育时机的形成过程中存在着一定的偶然性。根据唯物辩证法可知，偶然性的背后存在着必然性，德育时机的形成过程受到一定客观规律的支配和制约，因此，德育时机具有偶然性的同时还具备必然性。此外，共同性和差异性、客观性和主体选择性也均是德育时机的重要特征。德育时机存在于现实生活中的方方面面，本书分别从时间和个体活动空间角度出发，对德育时机进行了分类，从时间的纵向角度来看，可分为不同道德发展阶段和品德形成阶段中的德育时机；从空间的横向角度来看，可分为课堂活动、师生交往活动、同伴交往活动、社会环境、社区环境和家庭环境中的德育时机。对于德育时机的形成过程，本书结合一般时机形成过程理论及德育活动的主体间性特征，分别对促进德育时机形成的主客观条件及其相互作用关系进行了分析。同时，用“德育机智”这一概念来概括教育者的知识、经验、思维能力、直觉、心理承受能力等构成主观条件的理性因素和非理性因素。本书结合德育时机定义、特征、类型及促进德育时机形成和出现的主客观条件，并以德育时机形成过程为线索，提出了德育时机的创设途径，捕捉方法及利用原则。

目前，本书对德育时机的研究仅限于理论研究，缺少具体的实证分析，今后还应对德育时机的相关问题进行实证分析和研究，从而增强德育时机论在德育实践工作中的可操作性和实用性。

# 参考文献

《马克思恩格斯选集》（1—4 卷），人民出版社 1995 年版。

《列宁选集》（1—4 卷），人民出版社 1995 年版。

《毛泽东选集》（1—4 卷），人民出版社 1991 年版。

《邓小平文选》（1—3 卷），人民出版社 1994 年版。

《江泽民文选》（1—3 卷），人民出版社 2006 年版。

彼得斯：《道德发展与道德教育》，邬冬星译，浙江教育出版社 2000 年版。

车文博：《当代西方心理学新词典》，吉林人民出版社 2001 年版。

陈娟、蒋春芳：《德育时机十谈》，《山东教育科研》1997 年第 5 期。

陈言贵：《德育"无痕"——走向生活化的德育》，《滁州师专学报》2004 年第 1 期。

谌启标：《论对话与德育》，《思想教育研究》2005 年第 2 期。

程少堂：《重视闲暇教育　促进素质发展》，《教育研究与实验》1991 年第 3 期。

褚建军：《大学生随机教育工作的几点思考》，《中国成人教育》2010 年第 19 期。

单振涛：《论德育时机》，《湖南教育》2002 年第 1 期。

单中惠、朱锐人：《外国教育经典解读》，上海教育出版社 2004 年版。

丁海东、李春芳：《德育时机新探》，《学校管理》1998 年第 5 期。

丁锦宏：《品格教育论》，人民教育出版社 2005 年版。

范树成：《德育过程论》，中国社会科学出版社 2004 年版。

房良钧：《机遇论》，天津社会科学院出版社 2003 年版。

高德胜：《生活德育论》，人民出版社 2005 年版。

高德胜：《知性德育及其超越》，教育科学出版社 2003 年版。

高玉祥：《个性心理学》，北京师范大学出版社 2002 年版。

郭晋平：《略论马克思主义选择观》，《江汉论坛》1987 年第 1 期。

H. R. 谢弗：《发展心理学的关键概念》，胡清芬等译，华东师范大学出版社 2008 年版。

韩玉琳：《班主任工作艺术 60 例》，黑龙江少儿出版社 1988 年版。

侯晶晶：《关怀德育论》，人民教育出版社 2005 年版。

胡斌武：《社会转型时期学校德育的现代化》，中央编译出版社 2006 年版。

胡林英：《道德内化论》，社会科学文献出版社 2007 年版。

胡志刚：《教育时机论》，黑龙江人民出版社 2003 年版。

胡志刚：《论教育时机》，《哈尔滨学院学报》（社会科学）2002 年第 9 期。

胡志刚、戴淑范：《把握教育时机的艺术》，《教育艺术》2001 年第 8 期。

黄向阳：《德育原理》，华东师范大学出版社 2000 年版。

江滨：《把握思想政治教育中激励人的最佳时机》，《思想政治教育研究》2008 年第 1 期。

金哲：《关于开创时间学的探索》，《社会科学》1980 年第 3 期。

金哲、陈燮君：《时间学》，浙江人民出版社 1992 年版。

拉瑞 · P. 纳希：《道德领域中的教育》，刘春琼、解光夫译，黑龙江人民出版社 2003 年版。

李翠白：《西方情境学习理论的发展与应用反思》，《电化教育研究》2006 年第 9 期。

李海洲：《挫折教育论》，江苏教育出版社 2001 年版。

李社教：《略论苏霍姆林斯基的道德教育思想》，《河南大学学报》（社会科学版）2001 年第 5 期。

李蔚红：《如何选择教育孩子的最佳时机》，《祝你幸福》（知心）2009 年第 2 期。

李子华：《教师的教育机智及其培养》，《安徽师范大学学报》（人文社会科学版）2003 年第 7 期。

厉建华：《把握提问时机　启迪受教育者思维》，《中国教师》2007年第1期。

林崇德、杨治良、黄希庭：《心理学大辞典》，上海教育出版社2003年版。

林群珍：《把科普英语阅读引入中学课堂》，《语文学刊》2007年第16期。

刘辉：《教学机智论》，华东师范大学出版社2008年版。

刘徽：《〈教学机智——教育智慧的意蕴〉精粹解读》，《基础教育》2004年第10期。

刘慧：《生命德育论》，人民教育出版社2005年版。

刘惊铎：《道德体验论》，人民教育出版社2003年版。

刘永庆：《随机教育探讨》，《政工学刊》1995年第11期。

刘永曾、鲍东明：《捕捉最佳教育时机》，辽宁师范大学出版社2005年版。

鲁洁：《道德教育的当代论域》，人民出版社2005年版。

鲁洁：《德育社会学》，福建教育出版社2002年版。

鲁洁、王逢贤：《德育新论》，江苏教育出版社2010年版。

M. P. 德里斯科尔：《学习心理学——面向教学的取向》，王小明译，华东师范大学出版社2008年版。

马克斯·范梅南：《教学机智——教育智慧的意蕴》，李树英译，教育科学出版社2001年版。

马兰霞：《真实的德育其实是一种“静悄悄”的过程》，《上海教育》2005年第1期。

梅艳：《生命中的德育》，《山西教育》（综合版）2005年第6期。

彭柏林：《道德需要论》，上海三联书店2007年版。

皮亚杰：《儿童道德判断》，傅统先、陆有铨等译，山东教育出版社1984年版。

戚万学：《冲突与整合——20世纪西方道德教育理论》，山东教育出版社1995年版。

戚万学：《道德学习与道德教育》，山东教育出版社2006年版。

戚万学、唐汉卫：《现代道德教育专题研究》，教育科学出版社2005年版。

戚迎春：《把握教学时机　提高课堂效率》，《新课程》（教育学术版）2008 年第 10 期。

任俊、周凌、罗劲：《情绪变化的最近发展区探讨》，《浙江师范大学学报》（社会科学版）2010 年第 1 期。

任丽平：《论德育机智》，《成都中医药大学学报》（教育科学版）2007 年第 2 期。

沈殿忠：《机遇》，辽宁人民出版社 1987 年版。

沈火种：《德育：呼唤真实的回归》，《班主任之友》2005 年第 2 期。

沈祖芸：《德育季》，《上海教育》2005 年第 7 期。

施良方：《学习论》，人民教育出版社 2000 年版。

宋农村：《生活教育与德育》，南京师大出版社 2006 年版。

苏振芳：《道德教育论》，社会科学文献出版社 2006 年版。

孙孔懿：《教育时间学》，江苏教育出版社 1998 年版。

孙自强、黄建英：《杜威的德育方法对我国德育工作的启示》，《班主任之友》2005 年第 9 期。

覃遵祥：《〈四经〉的雌节思想与时机意识》，《江西社会科学》2000 年第 5 期。

檀传宝：《德育原理》，北京师范大学出版社 2007 年版。

檀传宝：《学校道德教育原理》，教育科学出版社 2003 年版。

唐汉卫、戚万学：《现代学校道德教育的问题与思索》，山东教育出版社 2008 年版。

唐汉卫、张茂聪：《中外道德教育经典案例评析》，山东人民出版社 2005 年版。

田秀云：《社会道德与个体道德》，人民出版社 2004 年版。

童润生、李晓蕾：《论德育与生活的关系》，《班主任》2004 年第 4 期。

万俊人：《人为什么要有道德?》（上），《现代哲学》2003 年第 1 期。

汪天文：《时间理解论》，人民出版社 2008 年版。

王健敏：《道德学习论》，浙江教育出版社 2002 年版。

王仕杰：《论人的需要的德育价值》，《教育研究与实验》2010 年第 1 期。

王仕民：《德育功能论》，中山大学出版社 2006 年版。

魏贤超：《道德心理学与道德教育学》，浙江大学出版社 1995 年版。

吴合春：《随机教育三要诀》，《政工学刊》1995 年第 12 期。

吴良根：《“时机”意识与“时机”艺术》，《教育科学论坛》2006 年第 5 期。

肖川：《主体性道德人格教育》，北京师范大学出版社 2002 年版。

肖湘绪：《大学思想政治教育时机探讨》，《高等建筑教育》1993 年第 2 期。

休谟：《人类理智研究》，吕大吉译，商务印书馆 1999 年版。

杨韶刚：《道德教育心理》，上海教育出版社 2007 年版。

杨韶刚：《人本主义心理学与教育》，黑龙江教育出版社 2003 年版。

伊·斯·马里延科：《德育过程原理》，牟正秋、王明辉译，人民教育出版社 1985 年版。

易法建：《道德场论》，湖南教育出版社 2000 年版。

尹炳伦、李桂圣：《搞实随机教育》，《政工学刊》2000 年第 10 期。

于新蛟：《政工学刊》，《增强随机教育的针对性　时效性　主动性》2002 年第 6 期。

虞永平：《幼儿教育时机浪费论》，《山东教育》2000 年第 3 期。

袁本新、王丽荣：《人本德育论》，人民出版社 2007 年版。

袁桂林：《当代西方道德教育理论》，福建教育出版社 1995 年版。

约翰·杜威：《道德教育原理》，王承绪译，浙江教育出版社 2003 年版。

约翰·杜威：《民主主义与教育》，王承绪译，人民教育出版社 1990 年版。

约翰·杜威：《确定性的寻求——关于知行关系的研究》，傅统先译，上海人民教育出版社 2004 年版。

约翰·威尔逊：《道德教育新论》，蒋之一译，浙江教育出版社 2003 年版。

张大钧：《教育心理学》，人民教育出版社 1999 年版。

张健：《关于闲暇教育若干问题的思考》，《自然辩证法研究》2006 年第 9 期。

张琼、马尽举：《道德接受论》，中国社会科学出版社 1995 年版。

张澍军：《德育哲学引论》，中国社会科学出版社 2008 年版。

张雪龙：《呼唤德育的回归》，《思想・理论・教育》2001 年第 11 期。

张耀灿：《思想政治教育学前沿》，人民出版社 2006 年版。

张忠华：《当代教育理论新探》，社会科学文献出版社 2008 年版。

赵旦红：《浅谈我校德育时间的投入》，《学校管理》1998 年第 5 期。

赵健、郑太年、任友群、裴新宁：《学习科学研究之发展综述》，《开放教育研究》2007 年第 4 期。

钟敏：《抓住时机　渗透德育》，《新课程研究》（教师教育）2008 年第 7 期。

周书俊：《选择论》，中央编译出版社 2006 年版。

朱仁宝：《德育心理学》，浙江大学出版社 2005 年版。

朱宪和、李仲明：《随机教育十五法》，《政工学刊》1996 年第 6 期。

朱小蔓：《情感德育论》，人民教育出版社 2005 年版。

朱小蔓、金生鈜：《道德教育评论》，教育科学出版社 2007 年版。

朱永康：《中外学校道德教育比较研究》，福建教育出版社 1998 年版。

朱智贤：《心理学大辞典》，北京师范大学出版社 1989 年版。

佐藤正夫：《教学原理》，钟启泉译，教育科学出版社 2001 年版。

# 后　记

刚刚接触到“德育时机论”这个选题的时候，感到无从下笔。“时机”这个名词，可以说是既熟悉又陌生。什么是时机？德育时机与一般时机有什么不同？教育者在德育时机的形成过程中扮演什么角色？诸多问题让我不得不沉下心来思考它们的答案。在资料的收集和整理过程中，我学习、借鉴了诸多与该选题有关的研究成果及相关德育理论，感觉自己充实了许多，发现整个研究的过程就是一个很好的学习过程。在写作过程中，自己不时因为获得一些“新发现”而欣喜若狂，也时常因为找不到分析和解决问题的角度，把握不到其中的逻辑线索而感到痛苦。在导师的精心指导和鼓励下，我在一片迷茫中看到了一丝丝曙光和希望，从众多“歧途”中找到了正确的方向。在此，由衷地感谢我的导师范树成教授。在博士学习期间，范老师的精心培养使我在学术水平上获得了一个较高的起点，这是我收获的最宝贵的财富。范老师渊博的学识、严谨的治学精神和热诚达观的人格魅力，深深感染着我，鞭策着我，使我受益终生。在此还要感谢我的家人和朋友。在本书写作过程中，他们给予了极大的鼓励，使我能够重拾信心在研究和探索的道路上继续前行。

本书的写作参考了大量的相关文献，在此对文献的作者表示诚挚的感谢。

关于德育时机理论与实践问题的研究是一个难度很大的课题，因我自身的学识和能力有限，本书中必定会存在不少纰漏和不足，有些观点也有待进一步推敲和论证，恳请各位学界前辈和同仁不吝赐教。